权威·前沿·原创

皮书系列为
"十二五""十三五"国家重点图书出版规划项目

天津金融蓝皮书
BLUE BOOK OF
FINANCE IN TIANJIN

天津金融发展报告
（2018）

ANNUAL REPORT ON THE DEVELOPMENT
OF FINANCE IN TIANJIN (2018)

中国滨海金融协同创新中心
主　编／王爱俭　林文浩　刘　玚

社会科学文献出版社
SOCIAL SCIENCES ACADEMIC PRESS（CHINA）

图书在版编目(CIP)数据

天津金融发展报告.2018 / 王爱俭，林文浩，刘玚主编. -- 北京：社会科学文献出版社，2018.12
（天津金融蓝皮书）
ISBN 978-7-5201-3725-6

Ⅰ.①天… Ⅱ.①王… ②林… ③刘… Ⅲ.①地方金融事业-经济发展-研究报告-天津-2018 Ⅳ.①F832.721

中国版本图书馆CIP数据核字（2018）第240393号

天津金融蓝皮书
天津金融发展报告（2018）

主　　编 / 王爱俭　林文浩　刘　玚

出 版 人 / 谢寿光
项目统筹 / 恽　薇　陈　欣
责任编辑 / 陈　欣　王蓓遥

出　　版 / 社会科学文献出版社·经济与管理分社（010）59367226
　　　　　 地址：北京市北三环中路甲29号院华龙大厦　邮编：100029
　　　　　 网址：www.ssap.com.cn

发　　行 / 市场营销中心（010）59367081　59367083
印　　装 / 三河市龙林印务有限公司

规　　格 / 开　本：787mm×1092mm　1/16
　　　　　 印　张：19.5　字　数：292千字
版　　次 / 2018年12月第1版　2018年12月第1次印刷
书　　号 / ISBN 978-7-5201-3725-6
定　　价 / 98.00元

皮书序列号 / PSN B-2014-418-1/1

本书如有印装质量问题，请与读者服务中心（010-59367028）联系

▲ 版权所有 翻印必究

《天津金融发展报告2018》
学术指导委员会

主　任	刘金兰	朱光磊	史建平	王爱俭	周振海
	聂伟迅	向世文	安青松		
委　员	马超龙	王小宁	王国刚	文洪武	巴曙松
	付　钢	任海东	刘锡良	孙全胜	李　健
	李宗唐	李建军	杨兆廷	邱书民	宋　刚
	张　杰	武义青	范小云	周立群	庞　镭
	庞金华	宗　良	赵　峰	姚　峰	袁福华
	徐红霞	高德高	唐云崧	康　鹏	康书生
	梁　琪	蒋　伟	游　勤	谭万刚	戴金平

《天津金融发展报告（2018）》编委会

主　　编　王爱俭　林文浩　刘　玚

副 主 编　刘通午　王文刚　李向前　王学龙

参编人员　杜　强　刘泽东　倪　鑫　祁　林　邱　兰
　　　　　　石振宇　舒　鑫　王　韩　王璟怡　杨春波
　　　　　　杨　帆　周胜强

摘 要

《天津金融发展报告（2018）》是中国滨海金融协同创新中心组织编写的"天津金融蓝皮书"系列年度报告的第7期，旨在概括和分析2017年天津金融发展和创新的主要情况，研讨和评论重要金融事件，分析2018年天津金融发展状况。本书由总报告、指数篇、分析与展望篇、专题篇四个部分组成。总报告为《天津金融发展指数2017》，主要度量了2017年天津金融发展状况和景气程度。指数篇为"天津金融业发展"，从行业视角分析2017年天津金融业发展状况，具体包括《2017年的天津金融机构发展报告》《2017年天津金融市场发展报告》《2017年的天津金融产品创新发展报告》《2017年的天津金融人才发展报告》《2017年的天津金融生态环境发展报告》《2017年天津金融改革创新发展报告》六个分报告。分析与展望篇为"天津金融业的分析与展望"，具体包括《2017年天津金融发展状况分析》《2017年天津市金融发展环境》《2018年天津金融发展对策分析》三个分报告。专题篇为《天津经济发展新动能研究——以金融科技为例》《资管新规下融资租赁的发展战略重构与对策分析》《京津冀区域的科技金融协同发展研究》三个报告。本报告可供相关研究领域的学者、业界人士和政策部门参考，也有助于国际学术界了解天津金融发展和创新的最新动态。

关键词： 天津　金融发展　金融科技　金融改革

Abstract

Tianjin Financial Development Report 2017 is the 7th issue of a series of annual reports published by Coordinated Innovation Center for Binhai Finance in China. The report aims to give a systematic analysis of the general situation of Tianjin's financial reform and innovation, and give an objective description of the development history and boom degree of Tianjin's financial sector, on the basis of which to dig deeper the development and prospects of Tianjin's financial institutions, markets, talents, innovation and ecology, The Reports consists of three parts. The general report mainly measures the degree of financial development and prosperity in tianjin, 2017. The index reports entitled "The development of Tianjin's Financial Sector", analyses the status quo and prospects of Tianjin's development in 2017. It includes 6 Chapters: "Tianjin Financial Institutions in 2017", "Tianjin Financial Markets in 2017", "Tianjin Financial Product Innovation in 2017", "Tianjin Financial Talents in 2017", "Tianjin Financial Ecological Environment in 2017" and "Tianjin Financial Reform and Innovation in 2017"。 The special article is "Study on the New Kinetic Energy of Tianjin Economic Development—Taking Financial Technology as an Example", "Reconstruction of Strategic Development of Financial Leasing under the New Regulations and Countermeasures Analysis", and "Study on the Coordinated Development of Science and Technology Finance in Beijing-Tianjin-Hebei Region" Reports. This report can be used by scholars, industry professionals and policy departments in relevant research fields. It also helps the international academic community to understand the latest developments in Tianjin's financial development and innovation.

Keywords: Tianjin; Financial Development; Financial Technology; Financial Reform

前　言
积极贯彻习近平新时代经济对外开放思想，提升天津金融开放力度

王爱俭*

党的十八大以来，习近平总书记针对我国扩大对外开放发表许多重要论述，并在党的十九大报告中系统地阐述了这些论述的重要观点，形成了习近平对外开放新思想，这是习近平新时代中国特色社会主义思想的重要组成部分。它不仅是我国进一步扩大开放的行动指南，同时也是习近平新时代中国特色社会主义思想的重要组成部分。作为深入贯彻落实改革开放的排头兵，天津不仅应当深入学习习近平新时代对外开放思想，更应以此为指导，形成自下而上的改革路径。天津如何充分利用市场机制，加强金融对外开放力度，提升金融服务实体经济效率，营造公平和谐的金融运营环境，已成为当前和今后中长期内所面临的重大战略课题。

一　习近平新时代经济对外开放思想的主要内容

总体来看，习近平新时代经济对外开放思想主要体现在以下四个方面。

第一，推动形成全面开放新格局。党的十八届三中全会提出，要构建开放型经济新体制。十九大报告中则正式提出了推动形成全面开放新格局，即以"一带一路"建设为重点，形成陆海内外联动、东西双向互济的开放格

---

* 王爱俭，中国滨海金融协同创新中心主任，天津市政府参事，教授，研究方向为国际金融、汇率定价。

局，赋予自由贸易试验区更大改革自主权，探索建设自由贸易港。这是以中国为主体，探索中国应当如何实现全面开放的重要论断。

第二，建设开放型世界经济与经济全球化新理念。2013年9月，习近平在G20峰会第一阶段关于世界经济形势发言中首次提出要"共同维护和发展开放型世界经济"这一理念，并在十九大报告中明确指出应当支持多边贸易体制、促进自由贸易区建设、推动建设开放型世界经济。这是站在全球视角，提出了一个更加优化且可实现的全球经济未来发展方向。

第三，改革全球经济治理体系。习近平在2015年7月的金砖国家领导人会晤中强调，全球经济治理改革的主要目标是明确完善全球经济治理，加强新兴市场国家和发展中国家在国际经济金融事务中的代表性和话语权。而在十九大报告中这一观点更是总结为"中国秉持共商共建共享的全球治理观，倡导国际关系民主化，积极参与全球治理体系改革和建设"。这是由中国倡导的、全新的全球治理体系，以让全球重要的国际金融机构焕发新活力。

第四，构建人类命运共同体。2013年3月，习近平在莫斯科国际关系学院演讲时首次提出人类命运共同体这一概念："人类生活在同一个地球村里，生活在历史和现实交汇的同一个时空里，越来越成为你中有我、我中有你的命运共同体。"此后，关于人类命运共同体的新理念在十九大报告中得到进一步丰富与完善，即明确中国特色大国外交，构建新型国际关系，推动构建人类命运共同体，即实现和平、发展、公平、正义、民主和自由的全人类共同价值。这一方案已经成为中国特色社会主义思想与基本方略，也成为未来相当长一段时间中国参与国际活动所推行的重要方针。

与以往相比，新时代习近平对外开放思想处于更高的视野和地位。过去对外开放视野主要站在中国经济发展的立足点上考虑如何利用国外的资源和市场，推动国内经济贸易体制改革以适应国际经贸体制的关系。习近平对外开放思想站在全球视野和全人类命运的高度来观察和审视中国的改革开放大业，站在世界经济持续健康发展、世界各国人民福祉的高度来部署中国的对外开放举措，从而引领世界经济潮流，来塑造和完善国际经济体制。

二 习近平新时代经济对外开放思想与天津金融开放的关系与具体对策

习近平新时代经济对外开放思想，是站在国家与全球层面针对当前国际经济活动中存在的问题而提出的，这不仅是中国未来宏观经济层面的行动指南，同时也为地方层面的经济活动提供了明确的方向指导。天津作为华北地区重要的港口城市，同时也是京津冀协同发展的重要一环，在促进区域经济对外开放方面具有不可替代的作用。应当牢牢把握习近平对外开放思想的精髓，针对自身的发展特征制定和实施相应的政策与措施。

金融开放成功的关键，在于如何处理好政府与市场之间的关系。政府管控过严，容易导致市场失去活力，开放效率受到抑制；政府管控过松，又容易引发系统性金融风险，进一步影响国家金融安全。因此，政府关键要发挥两点作用：一是加强制度与产业政策的引导效率，通过制度创新营造优质开放的环境，通过产业政策引导提升本土企业竞争力；二是完善市场，发布市场供求和行业信息，防止企业和社会的盲目跟风，减少由于缺乏信息而导致的市场震荡。目前，天津GDP"挤水分"已初见成效，下一步需要以金融开放为契机，在落实京津冀协同发展和自由贸易港建设的同时，以制度开放、监管开放、产业开放和服务开放为支点，重点研究与之相应的金融服务体制和相关配套产业、配套设施的规划布局，寻找天津发展新动能。特提出以下意见。

（一）进一步推动金融开放法制化，形成自下而上法制改革新路径

一是在中国（天津）自由贸易试验区条例基础上探索更高层次的金融立法，借鉴判例法模式赋予自贸试验区更高的权威和协调能力。二是研究对金融监管部门制定的规章予以司法审查的可行性，弱化行政许可的约束力度，降低金融领域行政干预程度。三是提升审批标准的信息透明度，针对一些法律规章中相对模糊的约束条件，地方应当针对实际情况设立不同且具体

的审批标准，在保证合理性与公平性的基础上使国内外企业能够更加有针对性地实施应对策略，提升审批效率。

（二）落实国家层面金融监管措施，提升地方金融监管效率

一是转变监管思路，由以单一机构、单一市场和单一产品为对象的微观审慎分业监管框架转变为以共同市场、金融集团或金融控股公司为对象的宏观审慎混业监管框架，加快出台针对天津金融机构混业经营的具体监管办法，最大限度地抑制内部人控制、关联交易等一系列问题，防止出现监管真空，提升监管效率。二是推动天津已形成的各类交易场所规范发展，提升监管力度，坚决打击违法违规交易，彻底扭转"劣币驱逐良币"的被动局面。三是联合中国人民银行天津分行、天津银行保险监督管理局和天津金融办建立天津金融监管数据库，针对交叉性金融产品、系统重要性金融机构、金融控股公司以及金融业资产负债表等领域的地方金融组织统计，利用互联网和大数据技术加强对风险防控薄弱环节的统计监测。

（三）充分利用金融开放红利，引导绿色产业发展

一是积极落实《关于构建绿色金融体系的指导意见》，对金融机构支持绿色信贷、发行绿色债券等业务予以一定程度的政策鼓励，探索绿色金融的差异化监管。二是以滨海新区和天津自贸区为依托，建设绿色高新产业功能区，积极整合并培育相关的绿色产业，逐步打造相对成熟的绿色商业模式，形成品牌效应，为金融支持绿色产业发展奠定基础。三是通过优惠政策引导外资银行帮助他国企业在天津展开业务并提供绿色金融服务，或鼓励外资银行凭借自身优势帮助天津企业在境外市场发行与绿色产业相关的债券，为京津冀区域、全国乃至全球环境治理提供可复制经验。

（四）积极完善自由贸易区金融服务功能，探索自由贸易港建设

一是在自由贸易区内要加快推进自由贸易账户的设置与功能拓展，提升资金自由流动程度，使更多企业能够充分利用国外资本进行扩大再生产，从

而倒逼国内商业银行加快改革进度,并在此基础上将自由贸易账户扩展至证券、保险和信托等非银行金融机构,提升金融服务实体经济效率。二是要逐步并审慎放松资本项目管制,在满足投资与贸易便利化的基础上优先开放有直接真实交易的资本项目、优先与实体经济相关的资本项目、优先放开长期资本交易等。三是要扩大金融服务业与金融市场开放,进一步减少外资准入限制,持续推进包括银行业、证券业、保险业的行业对外开放,逐步放开银证保外资持股比例限制,允许设立外商独资证券公司和独资寿险公司,营造更加开放、公平、和谐的金融环境。四是探索区块链技术在跨境人民币结算和跨境贸易中的应用,促进投资贸易便利化,为天津申报自由贸易港奠定基础。

目 录

Ⅰ 总报告

B.1 天津金融发展指数2017 …………………………………………… / 001
  一 天津金融发展指数编制目的和意义 ………………………… / 002
  二 天津金融发展指数核心观点和整体分析 …………………… / 004
  三 天津金融发展指数分项分析 ………………………………… / 016

Ⅱ 指数篇

B.2 2017年的天津金融机构发展报告 ……………………………… / 060
B.3 2017年天津金融市场发展报告 ………………………………… / 082
B.4 2017年的天津金融产品创新发展报告 ………………………… / 114
B.5 2017年的天津金融人才发展报告 ……………………………… / 125
B.6 2017年的天津金融生态环境发展报告 ………………………… / 138
B.7 2017年的天津市金融改革创新发展报告 ……………………… / 156

Ⅲ 分析与展望篇

B.8 2017年天津金融发展状况分析 ………………………………… / 182

B.9　2017年天津市金融发展环境 …………………………………… / 199
B.10　2018年天津金融发展对策分析 ………………………………… / 213

Ⅳ 专题篇

B.11　天津经济发展新动能研究
　　　——以金融科技为例 …………………………………………… / 231
B.12　资管新规下融资租赁的发展战略重构与对策分析
　　　……………………………………………………………………… / 261
B.13　京津冀区域的科技金融协同发展研究 ………………………… / 281

CONTENTS

I General Report

B.1　Report on Tianjin Financial Development Index in 2017　　　　/ 001

II Index Reports

B.2　Tianjin Financial Institution in 2017　　　　/ 060
B.3　Tianjin Financial Markets in 2017　　　　/ 082
B.4　Tianjin Financial Product Innovation in 2017　　　　/ 114
B.5　Tianjin Financial Talent in 2017　　　　/ 125
B.6　Tianjin Financial Ecological Environment in 2017　　　　/ 138
B.7　Tianjin Financial Reform and Innovation in 2017　　　　/ 156

III Analysis and Forecast

B.8　Analysis of Tianjin Financial Development in 2017　　　　/ 182
B.9　Tianjin Financial Development Environment in 2017　　　　/ 199
B.10　Strategies for Tianjin Financial Development in 2017　　　　/ 213

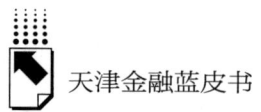

Ⅳ Special Topics

B.11 Research on the New Economic Developing Motive Force of Tianjin
  —*Taking Financial Technology as an Example* / 231
B.12 Development Strategy Reconstruction and Countermeasure Analysis
  of Financial Leasing under the New Regulations on Asset
  ManagementRan Shuqing / 261
B.13 Research on the Technology Finance coordinated development in
  Beijing-Tianjin-Hebei region / 281

总报告

General Report

B.1
天津金融发展指数2017

中国滨海金融协同创新中心重点课题*

摘 要： 本报告按照可比口径指标与数据，经过全面统计和分析，测度2006~2017年天津金融发展程度，推算出天津金融发展指数。以2006年作为基期（1000点），2017年指数达到7135点，11年平均增速达19.6%，反映出天津金融业的稳步发展。金融市场领衔增长（2017年达24354点，年均增速33.7%），创新水平不断提升（2017年达5984点，年均增速17.7%），金融机构较快发展（2017年达4728点，年均增速15.2%），金融人才和金融生态环境平稳发展（2017年分别达到1965点和1827点，年均增速分别为6.3%和5.6%）。

---

* 本报告为中国滨海金融协同创新中心重点课题"天津金融发展指数"研究成果。课题组组长：王爱俭。执笔人：林文浩。成员：李向前、王璟怡、杨帆、刘玚、杜强。

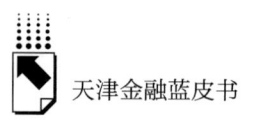

关键词： 金融市场 金融机构 金融创新 天津市 金融发展指数

一 天津金融发展指数编制目的和意义

（一）天津金融发展指数编制的背景

2013年5月，习近平总书记指出，天津需要形成与现代化大都市相适应的服务经济体系。2014年12月，中国（天津）自由贸易试验区获批，自贸区将探索金融制度创新。2015年4月，中央审议通过《京津冀协同发展规划纲要》（以下简称《纲要》）。《纲要》明确了北京市、天津市、河北省的功能定位。其中，金融创新运营示范区成为天津的崭新定位之一。2015年11月，天津启动"天津市金融改革创新三年行动计划（2016～2018年）"。2016年，天津以供给侧结构性改革为主线，深化金融领域改革。2017年，天津市深入贯彻习近平总书记视察天津时提出的"三个着力"重要要求，深化供给侧结构性改革，持续推进京津冀协同发展，金融创新运营示范区建设实现新突破。

近一段时期，天津迎来"一带一路"建设、京津冀协同发展、自由贸易区试验、多领域深化改革的政策叠加机遇，加快金融创新运营示范区建设，推进中国（天津）自由贸易试验区金融改革创新，全面提升天津金融改革开放水平和金融业发展质量。2013～2017年，天津深入推进金融改革创新，"金改30条"准予实施政策全部落地，设立海河产业基金，飞机、船舶和海工平台跨境租赁资产均占全国的80%以上，上市挂牌企业达到268家、增长4.8倍，科技金融、农业金融、绿色金融、普惠金融加快发展。

近年来，科学管理和量化评价方法在城市发展中应用日益广泛。目前，全球金融中心指数（GFCI）、新华—道琼斯国际金融中心发展指数（IFCD Index）等国内外现有金融中心指数往往应用于相对成熟的金融中心城市间的竞争力，不能完全适用于处在快速成长期，秉承特定发展思路和要求，突出金融创新运营示范功能的天津金融业的测评。因此，需要编制一个代表性强、开放全面、操作性好的金融发展指数，为评价天津金融发展、服务政府和市场决策提供依据。

（二）天津金融发展指数编制的目标

天津金融发展指数是科学、全面、精准、动态度量天津金融发展状态和景气程度的评估体系，该研究的起点和归宿是观测、记录和评估天津金融业的发展状况和景气程度。通过编制天津金融发展指数，有助于实现①明确、集成、深化天津金融业的定位目标内涵；②科学、客观、全面测度金融业发展和景气状况；③逐层解构金融发展景气状况促进行业协调发展；④为观测督导天津金融业定位实现水平提供标准等目标。

（三）天津金融发展指数编制的意义

天津金融发展指数以金融中心指数研究相关理论方法和应用经验为基础，在针对天津金融业各个领域开展深入调查研究，获得大量第一手资料的情况下，课题组综合运用跨学科交叉分析方法，实现天津金融业发展和现有理论技术的紧密结合，编制具有鲜明针对性兼具普适性的金融发展指数，应用于评价天津金融业发展状态和景气程度，服务政府部门、市场参与主体决策。

1. 功能作用明确

深入研究国内外典型的纵向发展类指数及横向竞争力比较类指数的编制方法和应用经验，获得丰富的研究思路和指标样本。结合天津金融发展状况，演绎并凝练出天津金融业发展的核心要素和关键目标。通过选取代表性强、可操作性好的指标，降低评价对象的复杂度，实现了天津金融业定位内涵、金融发展状态景气程度与各级指数一一对应式的可度量。

2. 实用价值突出

作为金融业的"晴雨表"和风向标，金融发展指数指标体系中每个指标都是跟踪天津金融业发展状态的有益工具，同时也是金融监管部门、金融机构内部交流以及对外交流的重要媒介，为推动天津金融业持续快速发展提供监测工具。

3. 应用前景广泛

基于数据收集的完善以及实践检验下的持续优化，课题组将定期连续发布天津金融发展指数。这不仅可以达成天津金融业定位实现程度、金融业发展速度与景气状况的纵向对比,还为实现多个新兴金融区竞争力的横向比较埋下伏笔。

4. 研究方法创新

与发端于20世纪80年代的传统金融中心指数不同,本指数应用于处在快速成长期,秉承特定发展思路和要求,突出天津金融业的量化评价,弥补了传统金融指数侧重于评价成熟型金融中心的空白,丰富了金融发展指数研究方法和应用经验。

二 天津金融发展指数核心观点和整体分析

(一)核心观点

课题组按照可比口径指标与数据,经过全面统计和分析,测度2006~2017年天津金融发展程度,推算出天津金融发展指数(见图1)。指数显示,自"十一五"时期以来,天津金融业整体发展势头良好。2017年,天津金融业保持平稳运行,金融创新领跑各指数,推动天津金融业发展。金融市场平稳运行,金融机构较快发展,金融人才持续聚集,金融生态环境稳步发展。

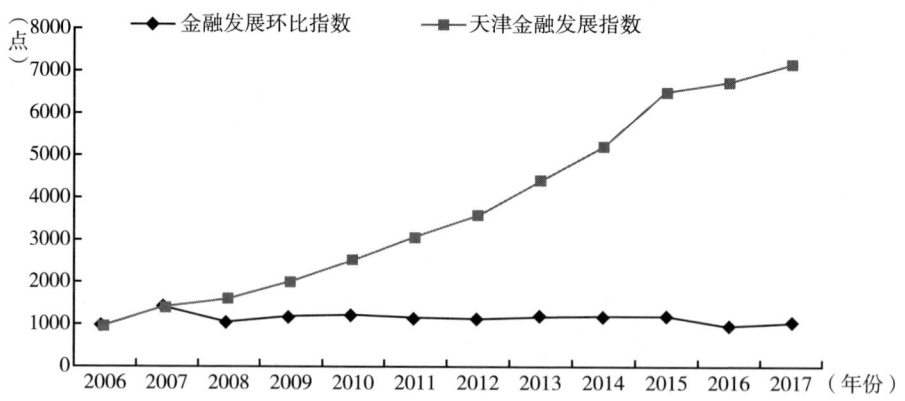

图1 2006~2017年天津金融发展指数及其增速曲线

资料来源:课题组制作。

（二）指数编制方法

本研究紧紧围绕天津金融业定位，①研发出以客观评价为主、主观评价为辅的指标体系，包括金融市场、金融机构、金融人才、金融创新、金融生态环境等五方面内容，依据指标的客观重要性以及天津金融业定位的战略定位导向，采用专家打分法设置权重。②赋予该指数有效地反映出金融发展速度和景气程度的两种内涵。其中，发展速度全面刻画了金融业发展轨迹，体现出指数的连续性；景气程度反映了金融业行情冷暖趋势，体现指数的前瞻性。通过向市场释放发展和景气信号，准确预测出未来金融业的发展前景。③通过权威机构、公开渠道、调查问卷等途径获得原始数据和评价，采用逐级加权平均法构建指数计算模型，计算出金融发展指数。

在指标体系设计思路和方法上，通过使用全面的客观指标评价体系，并对金融创新、金融生态环境、金融人才等难以量化的内容使用主观评价方法。遵循全面性、战略导向、开放性、数量精简的原则选取指标，所有三级客观指标均来源于权威机构，通过公开渠道获取的原始数据，专业团队会定期更新和维护。在金融市场、金融机构、金融人才、金融创新和金融生态环境等5个一级指标之下，设35个二级指标和104个三级指标（见图2）。

在完成评价指标体系的设计后，本研究以2006年末为基期（1000点），计算所有第三级指标自2007~2016年的相对数值（即点数），并针对各个指标分别计算其连续10年间的每年的增速。此后，以逐级加权平均法构建的指数计算模型得出各级指数的数值。

（三）金融业整体分析

课题组按照具有可比性的口径指标和数据，再经过全面统计和系统地分析，测度了2006~2017年天津金融发展水平。

第一，从发展速度看，将2006年作为计算基期（基期值设为1000点），截至2017年指数值达到7135点，2017年当年增幅达到6.5%，年均增速达19.6%，比天津GDP平均增速高出5.7个百分点，比全国GDP平均增速高出6.7个百分点；以上年为指数计算基期，景气情况能够更加清晰地识别（见图2）。其中，在2007年景气程度达到最高点，较2006年增长46.7%，随后在2008年增速出现回落，较2007年增长12.1%，2009～2011年增速保持在20.0%以上，2012年增速放缓，较2011年增长16.0%，2013～2015年增速保持在18.8%以上，2016年增速放缓，较2015年增长3.0%，2017年增速有所回升，较2016年增长6.5%，反映出金融业的周期性，见表1、图3。

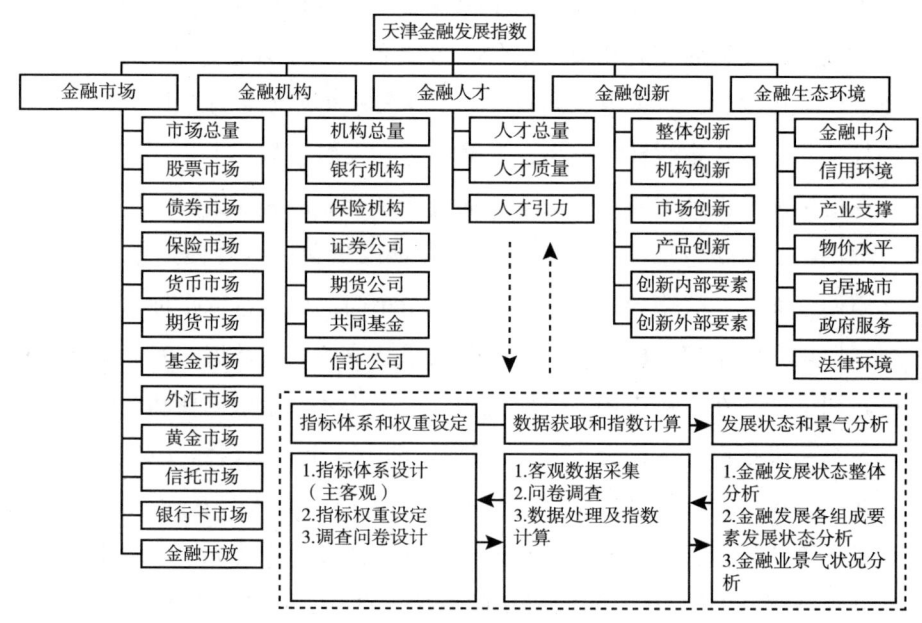

图2　天津金融发展指数指标体系框架

资料来源：课题组制作。

表1　选取不同基期的天津金融发展指数

年份	以2006年为基期指数	以上年为基期指数
2006	1000	1000
2007	1467	1467
2008	1644	1121
2009	2024	1231

续表

年份	以2006年为基期指数	以上年为基期指数
2010	2572	1271
2011	3098	1205
2012	3593	1160
2013	4393	1223
2014	5219	1188
2015	6503	1246
2016	6700	1030
2017	7135	1065

资料来源：课题组制作。

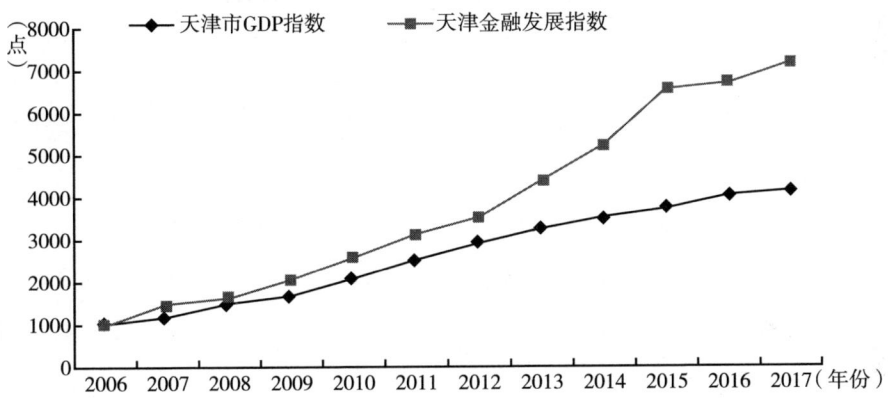

图3　2006~2017年天津金融发展指数与天津GDP指数

资料来源：课题组制作。

从指数的发展结构看，金融市场领衔增长（2017年达24354点，年均增速33.7%），创新水平不断提升（2017年达5985点，年均增速17.7%），金融机构较快发展（2017年达4728点，年均增速15.2%），金融人才和金融生态环境平稳发展（2017年分别达到1965点和1827点，年均增速分别为6.3%和5.6%），见图4。

从2017年景气程度看，金融业整体平稳运行，较往年的平均增速略有下降。2017年同比增速为6.5%，低于过去10年的年均增速21.0%。金融市场仍处于调整期，2017年同比增速为2.4%，转变了2016年同比增速为

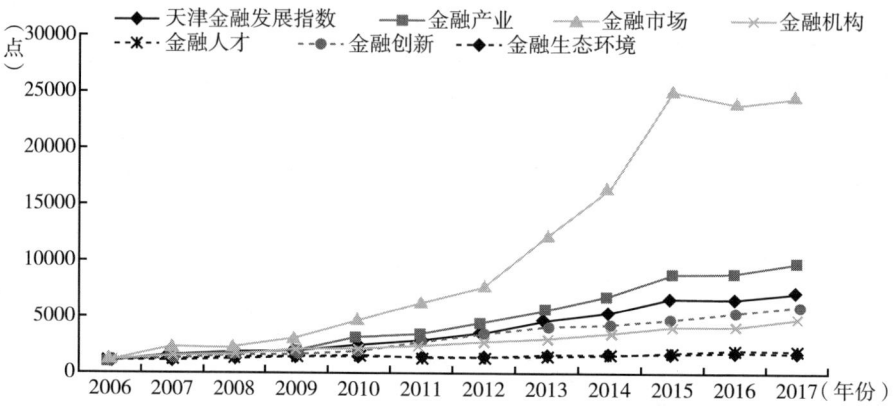

图 4 天津金融发展指数及其一级指标的发展度曲线

资料来源：课题组制作。

负的局面，但远低于过去10年37.3%的年平均增速，反映出金融市场的周期性。金融创新增长速度较快，2017年同比增速为14.3%，比过去10年的年均增速18.0%低3.7个百分点。2017年，金融机构同比增速为11.5%，比过去10年的年均增速15.5%低4.0个百分点。2017年，金融人才和金融生态环境同比增速分别为4.2%和3.0%，分别比过去10年的年均增速低2.3个、2.9个百分点，见图5。

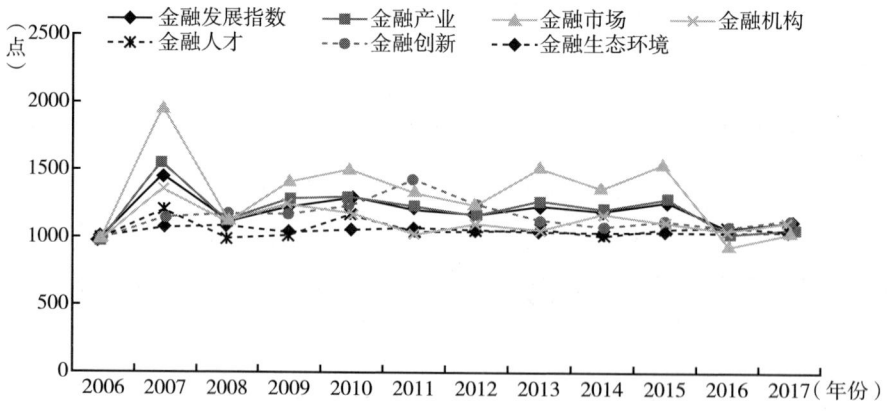

图 5 天津金融发展指数及其一级指标的增速曲线

资料来源：课题组制作。

(四)金融业分项走势分析

1. 金融市场发展指数

金融市场发展指数由金融子市场(10种)、金融市场总量、金融开放等12个要素子指数构成。

从发展速度看,以2006年为计算基期(基期数值设为1000点),2017年金融市场发展指数为24354点,2017年当年增幅达2.4%,过去11年平均增速为33.7%,为天津金融发展指数平均增速的1.72倍。其中,在2007年景气程度达到最高点,较2006年增长幅度达到96.7%,随后2008年出现放缓迹象,但仍比上年保持了12.8%的增速,2009年和2010年增速分别为40.3%和50.8%,2011年、2012年、2013年、2014年、2015年增速分别为34.5%、25.6%、50.6%、34.5%、53.9%,2016年增速为-3.7%,首次出现下降,2017年增速回升为2.4%,反映出金融市场周期调整,见表2。

表2 选取不同基期的天津金融市场发展指数

年份	以2006年为基期指数	以上年为基期指数
2006	1000	1000
2007	1967	1967
2008	2219	1128
2009	3112	1403
2010	4692	1508
2011	6311	1345
2012	7928	1256
2013	11939	1506
2014	16061	1345
2015	24713	1539
2016	23794	963
2017	24354	1024

资料来源:课题组制作。

从指数发展的结构看,过去11年间年均增速最快的市场是债券市场、基金市场和信托市场。指数11年年均增速超过37.3%,高于金融市场发展指数11年平均增速（33.7%）。期货市场、银行卡市场、货币市场、外汇市场、股票市场、黄金市场、保险市场指数较为平稳，指数11年年均增速分别为31.4%、30.1%、29.1%、26.1%、22.1%、11.2%、7.3%，低于金融市场发展指数11年平均增速（33.7%）。与此同时，市场总量和金融开放的年均增速分别为19.9%和19.9%。

从2017年景气程度看，金融市场短期调整，与往年平均增速相比有所下降。2017年同比增速为2.4%，较2016年同比增速转负为正，但低于2006~2016年10年间37.3%的年均增速。2017年，信托市场、外汇市场、货币市场较快增长，同比增幅在11.4%以上，景气程度高；银行卡市场、债券市场、保险市场、期货市场、黄金市场平稳运行，同比增幅低于10%，景气程度较高；基金市场、股票市场同比增幅为负，景气程度较低。金融市场总量和金融开放同比增幅分别为-0.7%和-3.8%。

2. 金融机构发展指数

金融机构发展指数由机构总量和各种机构（6种）等7个要素子指数构成。

从发展速度看，以2006年为计算基期（基期数值设为1000点），2017年金融机构发展指数为4728点，当年增幅达11.5%，过去11年平均增速为15.2%，低于天津金融发展指数平均增速。其中，景气程度在2007年达到高点，较2006年大幅增长35.8%，随后在2008年增长趋势放缓，但仍比上年增长14.7%，2009年和2010年增速较高分别为23.3%和18.4%，2011年、2012年、2013年、2014年、2015年、2016年增速分别为5.7%、11.3%、8.1%、19.3%、13.9%、7.8%，2017年增速为11.5%，见表3。

表3 选取不同基期的天津金融机构发展指数

年份	以2006年为基期指数	以上年为基期指数
2006	1000	1000
2007	1358	1358
2008	1558	1147
2009	1921	1234
2010	2275	1184

续表

年份	以2006年为基期指数	以上年为基期指数
2011	2405	1057
2012	2677	1113
2013	2893	1081
2014	3452	1193
2015	3933	1139
2016	4240	1078
2017	4728	1115

资料来源：课题组制作。

从指数发展结构看，过去11年间年均增速最快的机构分别是：共同基金、保险机构，指数11年年均增速均超过了19.3%，高于金融机构发展指数11年平均增速（15.2%）。证券公司、银行机构、期货公司、信托公司发展较为平稳，指数11年年均增速分别为15.0%、14.5%、10.7%、0%，低于金融机构发展指数11年平均增速（15.2%）。机构总量过去11年的平均增速为7.5%。

从2017年景气程度看，金融机构增长平稳，较往年的平均增速略有下降。2017年同比增速为11.5%，比过去10年年均增速15.5%下降4.0个百分点。共同基金、保险机构增长较快，同比增幅在24.3%以上，景气程度高；证券公司、银行机构、期货公司、信托公司运行平稳，同比增幅分别为4.6%、3.6%、0%、0%，景气程度适中。金融机构总量同比增幅为5.2%。

3. 金融人才发展指数

金融人才发展指数由人才总量、人才质量和人才引力等3个要素子指数构成。

从发展速度看，以2006年为计算基期（基期数值设为1000点），2017年金融人才发展指数为1965点，当年增幅达4.2%，过去11年平均增速为6.3%，是天津金融发展指数平均增速的0.32倍。其中，2007年和2010年景气程度达到高点，同比增长分别为19.6%和14.2%，2008年、2009年、

2011年、2012年、2013年、2014年、2015年、2016年增速分别为0.5%、1.7%、4.8%、4.3%、6.9%、1.9%、6.3%、6.8%。2017年增速为4.2%，见表4。

表4　选取不同基期的天津金融人才发展指数

年份	以2006年为基期指数	以上年为基期指数
2006	1000	1000
2007	1196	1196
2008	1202	1005
2009	1223	1017
2010	1396	1142
2011	1463	1048
2012	1526	1043
2013	1631	1069
2014	1662	1019
2015	1766	1063
2016	1886	1068
2017	1965	1042

资料来源：课题组制作。

从指数发展结构看，人才引力和人才质量过去11年间年均增速最快，指数11年年均增速超过6.4%，高于金融人才的平均增速（6.3%）。人才总量增长较为平稳，指数11年年均增速为5.6%，低于金融人才的平均增速（6.3%）。

从2017年景气程度看，金融人才稳健发展，平均增速相对于2016年略有放缓。2017年同比增速为4.2%，比过去10年年均增速6.5%下降2.3个百分点。人才总量、人才质量增长较快，同比增幅分别为4.3%和4.2%，景气程度较高；人才引力同比增幅为3.9%，景气程度适中。

4.金融创新发展指数

金融创新发展指数由整体创新、产品创新、市场创新、机构创新、创新内部要素和创新外部要素等6个要素子指数构成。

从发展速度看，以 2006 年为计算基期（基期数值设为 1000 点），2017 年金融创新发展指数为 5985 点，当年增幅达 14.3%，过去 11 年平均增速为 17.7%，是天津金融发展指数平均增速的 0.90 倍，比较接近天津金融发展指数的年均增速，反映了金融创新在推动天津金融发展中的关键作用。其中，2011 年景气程度达到 1 个高点，较上年大幅增长 42.9%，2007 年、2008 年、2009 年、2010 年，2012 年、2013 年、2014 年、2015 年和 2016 年，同比增速分别为 15.3%、17.9%、18.6%、22.6%、24.0%、13.3%、8.0%、12.4% 和 8.6%。2017 年同比增速为 14.3%，见表 5。

表 5　选取不同基期的天津金融创新发展指数

年份	以 2006 年为基期指数	以上年为基期指数
2006	1000	1000
2007	1153	1153
2008	1360	1179
2009	1613	1186
2010	1977	1226
2011	2826	1429
2012	3504	1240
2013	3971	1133
2014	4291	1080
2015	4822	1124
2016	5238	1086
2017	5985	1143

资料来源：课题组制作。

从指数发展结构看，机构创新、产品创新是过去 11 年时间中年均增速较快的创新类型，子指数 11 年年均增速分别为 35.5%、18.8%，全部高于金融创新发展指数 11 年平均增速（17.7%）。市场创新、整体创新、创新内部要素、创新外部要素指数较为平稳，子指数 11 年年均增速分别为 10.9%、9.7%、5.4%、5.2%，低于金融创新发展指数 11 年平均增速（17.7%）。

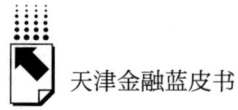

从2017年景气程度看，金融创新平稳发展，相对往年平均增速略有下降。2017年同比增速为14.3%，比2006~2016年10年间18.0%的年均增速降低3.7个百分点。机构创新、市场创新保持快速增长，同比增幅分别为48.6%、8.1%，景气程度高；产品创新、创新内部要素、创新外部要素和整体创新增速较快，同比增幅分别为4.6%、5.3%、5.2%和3.9%。

5. 金融生态环境发展指数

金融生态环境发展指数由信用环境、金融中介、产业支撑、宜居城市、物价水平、法律环境、政府服务等7个要素子指数构成。

从发展速度看，以2006年为计算基期（基期数值设为1000点），2017年金融生态环境发展指数为1827点，当年增幅达3.0%，11年平均增速为5.6%，是天津金融发展指数平均增速的0.29倍。其中，2008年、2011年景气程度达到高点，分别较上年增长8.5%和9.2%，其余各年同比增速为3%~8%，较为平稳，见表6。

表6 选取不同基期的天津金融生态环境发展指数

年份	以2006年为基期指数	以上年为基期指数
2006	1000	1000
2007	1066	1066
2008	1157	1086
2009	1218	1052
2010	1297	1065
2011	1416	1092
2012	1498	1058
2013	1571	1049
2014	1649	1049
2015	1718	1042
2016	1773	1032
2017	1827	1030

资料来源：课题组制作。

从该指数的发展结构看，2006~2017年年均增速最高的要素为产业支撑，指数年均增速为8.1%。与此同时，政府服务、法律环境、金融中介、宜居城市、信用环境指数较为平稳，年均增速分别为5.2%、5.1%、4.4%、4.0%、3.9%，低于金融生态环境发展指数11年平均增速（5.6%）。此外，物价水平指数10年平均增速为-1.0%。①

从景气程度看，2017年金融生态环境的同比增速为3.0%，比2006~2016年10年间5.9%的年均增速低2.9个百分点。其中，信用环境、政府服务、法律环境、金融中介保持增长，同比增幅分别为6.3%、5.2%、5.1%、4.6%，景气程度较高。宜居城市、物价水平的同比增速为负，景气程度较低。

（五）金融业发展信号预警

2017年，金融业整体保持稳定发展，增速比上一年略有上升。其中，2017年，金融创新同比增速达到14.3%，金融机构同比增速达到11.5%；金融人才和金融生态环境增速相对稳健；金融市场的同比增速由负转正，2017年同比增速为2.4%。从2006~2017年的综合发展状况看，在五个一级指标中，金融市场、金融创新、金融机构的年均增速相对较高。2006~2017年11年间的平均增速分别达到33.7%、17.7%和15.2%。

2017年，一级指标的环比指数大多有所回升。其中，金融创新、金融机构、金融市场的环比指数分别为1143点、1115点和1024点，比2016年有所提升；金融人才和金融生态环境环比指数分别为1042点、1030点，比2016年略有下降。

2017年，天津金融业整体、金融产业、金融市场的景气状况处于增长偏低状态；金融生态环境、金融机构、金融创新和金融人才属于正常趋缓状态（见表7）。具体来说，天津金融发展指数、金融产业指数、金融市场指数的同比增速为正，但低于过去10年历史平均增速的1/2，属于增长偏低；

---

① 本研究中物价水平指数为负，是源于物价水平为逆指标，物价上涨物价指数为负。

金融生态环境指数、金融机构指数、金融创新指数和金融人才指数的同比增速低于过去10年历史平均增速、高于过去10年历史平均增速0.5倍，属于正常趋缓状态。从2017年天津金融发展整体和分项的景气状况看，金融创新和金融机构成为促进金融整体景气的因素，金融市场的周期调整是影响天津金融整体景气的因素。

作为反映地区金融体系发育状况的指标，尤其是在京津冀协同发展和自贸区建设的大环境中，天津金融机构发展和金融创新活动更应发挥示范引领作用。此外，加快金融人才集聚，特别是创造必要的制度环境和文化"土壤"显得尤为重要。

表7 2017年天津金融业景气程度信号分析

指数	金融整体	金融产业	金融生态环境	金融市场	金融机构	金融创新	金融人才
增长趋热							
快速增长							
正常趋涨							
正常趋缓			√		√	√	√
增长偏低	√	√		√			
不景气							

注：将景气程度划分为如下六种情景
①正常趋涨，当年该指数增速低于过去10年历史平均增速1.5倍、高于过去10年历史平均增速；②正常趋缓，当年该指数增速低于过去10年历史平均增速、高于过去10年历史平均增速0.5倍；③快速增长，当年该指数增速低于过去10年历史最高增速、高于过去10年历史平均增速1.5倍；④增长偏低，当年该指数增速为正，但低于过去10年历史平均增速的1/2倍；⑤增长趋热，当年该指数增速高于过去10年历史最高增速；⑥不景气，当年该指数增速为负。

资料来源：课题组制作。

三 天津金融发展指数分项分析

对天津金融发展指数一级指标及其二级指标分别进行详细分析，可以更加深入地了解天津金融业的发展程度和景气状况，探索主要发展驱动因素及亟待提升的核心领域。

（一）金融整体发展度分析

以2006年为基期（1000点），通过综合天津金融业在金融产业（包括金融市场、金融机构、金融人才和金融创新四个一级指标）和金融生态环境的主客观评价，测算金融业整体的发展状况以及景气程度。2017年，天津金融发展指数达到7135点，比上一年增长6.5%，增速较2016年有所回升（见图6）。

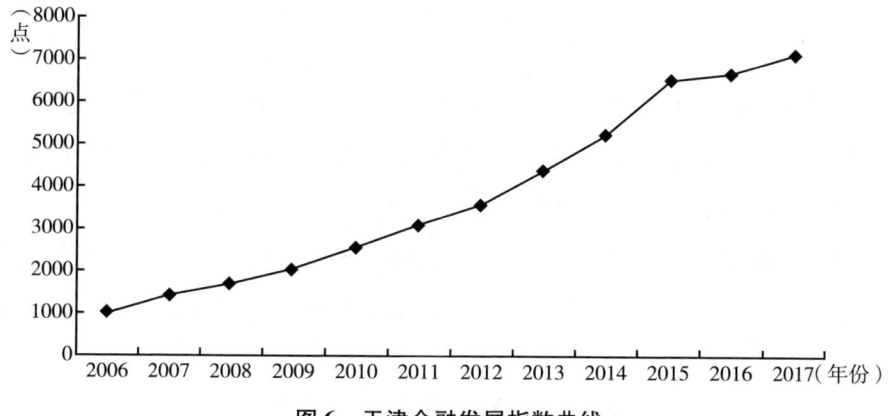

图6　天津金融发展指数曲线

资料来源：课题组制作。

从发展速度看，2017年，金融创新和金融机构成为推动天津金融发展指数上升的"双引擎"；金融人才和金融生态环境均保持稳健上升的趋势；受金融市场交易规模萎缩的影响，金融市场虽然在2017年由负转正，但仍处于低速增长。天津金融发展指数在2006～2017年年均增速为19.6%，高于同期天津市GDP年均增速（13.9%）。2017年，天津金融发展指数同比增速为6.5%，增速有所放缓。

从增速判断景气状况看，2006～2017年天津金融业的发展呈现出"波动、平稳、调整"的特征，在经过2007年、2008年的波动后，2009～2015年增速较为平稳；2016年、2017年，受国内金融市场阶段性调整的影响，天津金融发展指数增速有所放缓，但总体上看，天津金融业保持了平稳运行,有力地支持了经济社会发展。从具体数据看,2017年天津金融业增加值达到1951.75亿元,比上一年上涨12.5%;金融业增加值占GDP比重达到10.5%,比上一年提升0.8个百分点;2017年天津社会融资规模为2790.3亿元,通过去杠杆贯彻了供给侧结构性改革的战略。

纵观5个一级指标,2017年金融创新、金融机构增幅领跑,是带动天津金融发展的核心力量;金融人才和金融生态环境保持稳健上升,发展态势良好;金融市场受国内金融市场阶段性调整的影响,同比增速处于低位。

(二)金融市场发展度分析

金融市场既是金融产品交易的场所,也是天津金融创新运营示范区建设的潜在突破口。2017年,天津金融市场交易规模收缩,市场结构和质量得到调整,金融服务功能有所拓展。

在天津金融发展指数分析中,金融市场一级指标被赋予最高权重,达到42%。该指标包括12个二级指标,金融市场及其二级指标权重如表8所示。

表8 金融市场及其二级指标权重

单位:%

指标	权重	指标	权重
金融市场指标权重	42	基金市场	4
市场总量	20	外汇市场	3
股票市场	10	黄金市场	3
债券市场	13	信托市场	9
保险市场	5	银行卡市场	5
货币市场	10	金融开放	12
期货市场	6		

资料来源:课题组制作。

1. 金融市场整体

2017年,金融市场发展速度出现周期性调整。金融市场指数达到24354点,比上一年增长2.4%,见图7。从整体来看,天津金融市场总量比上一年有所下降,金融市场开放程度比上一年有所上升。从金融市场的子市场看,2017年,信托市场、外汇市场、货币市场较快增长,同比增幅在11.4%以上,景气程度高。银行卡市场、债券市场、保险市场、期货市场、黄金市场平稳运行,同比增幅低于10%,景气程度较高。基金市场、股票市场同比增幅为负,景气程度较低。金融市场总量和金融开放同比增幅分别为-0.7%和-3.8%(详见各金融子市场分析部分)。

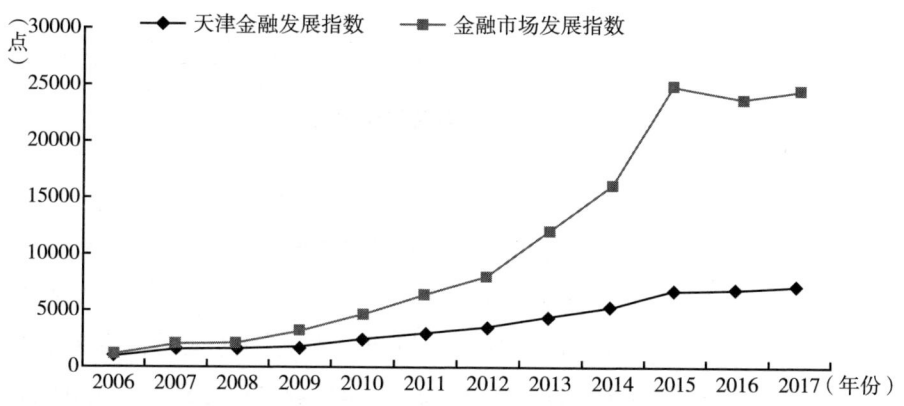

图7 金融市场发展指数与天津金融发展指数曲线

资料来源:课题组制作。

由于受到多个金融市场交易规模同时下降的影响。2017年,金融市场景气状况下降,金融市场环比指数虽然由负转正,但环比指数仍处在低位,低于天津金融发展环比指数,这种情况在2016年、2017年连续出现,凸显金融市场显著的周期性,见图8。

2017年,天津金融市场出现阶段性调整,几个主要金融子市场交易规模较上一年继续下降。金融市场总量指数达到7372点,比上一年降低0.7%;金融开放指数达到7350点,较上一年下降3.8%。与此同时,2017年,基金市场交易额达到2056.0亿元,比上一年降低35.9%。股票市场交易量和融资额均有下降,股票交易量为25304.0亿元,比上一年下降15.8%,股票市场融资额为54.9亿元,比上一年降低23.4%。境内上市公司数量达到49家,比2017年提高4家,货币市场交易额达到225641.3亿

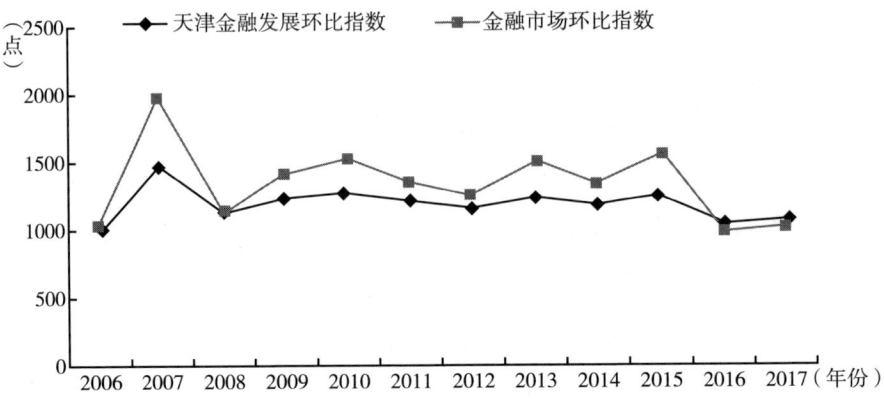

图 8　金融市场环比指数与天津金融发展环比指数

资料来源：课题组制作。

元，比上一年增长11.4%。期货市场交易额为60422.64亿元，比上一年降低2.2%。保险市场的保险深度达到3.0%，与上一年持平；保险密度达到3629.2元/人，比上一年增长7.1%。2017年，外汇市场交易额达到276.5亿美元，比上一年增长26.1%。此外，2017年债券市场交易额为3.02万亿元，比上一年增长14.1%；融资额为1629.2亿元，比上一年下降10.8%。

2. 金融市场总量及开放

（1）市场总量

市场总量是天津金融业发展状况的重要体现，它反映了本地区金融市场的深度和广度，是反映天津金融创新运营示范区建设程度的一个重要指标。考虑到市场总量的重要性，课题组将该指标赋予20%的权重。2017年，市场总量指数达到7372点，较上一年有所下降；环比指数为993点，较上一年上升103点。

2017年，天津金融市场交易总量（沪深两市交易总额）为57337.2亿元，比上一年下降4.1%；天津金融业增加值达到1951.8亿元，比上一年增加12.5%；金融业增加值占GDP比重达到10.5%，比上一年增加0.8个百分点；2017年天津社会融资规模达到2790.3亿元，比上一年降低22.4%。从过去十年的中长期趋势看，天津金融市场在融资能力、交易规模、产出水平等方面均有所提高，但是在2016~2017年，金融市场仍处于阶段性调整中。

2017年，金融市场交易总量环比指数为993点，较2016年上升了103点；社会融资规模环比指数为776点；金融业增加值占GDP比重环比指数为1082点；金融业增加值环比指数为1125点。金融业增加值及其占比的环比指数为显著正值，实现较快增长。

（2）金融开放

金融开放指标反映了天津金融业的国际化程度，课题组为该指标设定了12%的权重。自"十一五"以来，天津各个金融市场的对外开放水平不断提高。尤其是中国（天津）自由贸易试验区成立后，天津通过金融制度创新，不断提升跨境贸易和投资的便利化。2017年，金融开放指数7350点，比上一年有所下降；环比指数为962点，比上一年降低39点，主要受到了跨境贸易人民币结算量下降的影响。

2017年，天津外资银行和外资保险公司总数达到65家，比上一年减少3家；外资银行资产总额达888.0亿元，比上一年上升4.8%；外资保险公司和海外上市公司（H股）数量与上一年持平；跨境贸易人民币结算金额达到2391.8亿元，比上一年下降28.7%。

2017年，天津市跨境人民币收付金额合计2391.8亿元，同比下降28.7%。已与148个国家和地区发生跨境人民币结算业务往来。共有6020余家企业开展跨境人民币业务。业务主要集中在金融证券、租赁、科技制造业、批发业、房地产、钢铁化工等行业。

3. 金融市场子市场

2006~2017年，天津金融子市场发展程度出现分化。债券市场、基金市场和信托市场是过去11年中年均增速最快的市场，指数11年年均增速超过37.3%。债券市场指数达到89568点，比上一年增长6.7%；基金市场指数达到52629点，比上一年下降35.9%；信托市场指数达到32728点，比上一年上升25.1%。期货市场、银行卡市场、货币市场、外汇市场、股票市场、黄金市场、保险市场的指数分别达到20141点、18133点、16638点、12862点、9063点、3214点、2181点，分别比上一年分别增长了0.2%、

9.7%、11.4%、26.1%、-13.2%、0.0%、3.5%。

2017年,各金融子市场的增长情况出现分化,外汇市场、信托市场呈现出快速增长的态势,环比指数分别达到1261点、1251点,比上一年分别提升了0点、270点。货币市场、银行卡市场、债券市场、保险市场在经历了此前快速增长后,继续保持稳定增长,但当年增速比上一年有所降低,环比指数分别为1114点、1097点、1067点、1035点,比上一年分别降低140点、10点、118点、248点。期货市场的环比指数为1002点,较2016年的445点有了较大幅度的提升。股票市场、基金市场在2016年首次出现负增长后,2017年继续下降,环比指数分别为868点、641点。黄金市场与上一年持平,环比指数为1000点。

为深入分析各个金融子市场的结构和特征,本部分将逐一分析各个子市场在2006~2017年的发展状况。

(1) 股票市场

在天津建设金融创新运营示范区的进程中,十分重视股票市场发展,将提升直接融资比重作为建设示范区的关键。鉴于此,为股票市场指标设置10%的权重。

2017年,股票市场指数为9062点,延续上一年趋势,继续下降;环比指数为868点,比上一年上升266点,下降速度降低。2017年,天津股票市场交易量下降,股票市场融资额下降,境内上市公司数量比2016年增加4家。2017年,股票市场融资额为54.9亿元,同比下降23.4%;境内上市公司数达49家,比2016年增加4家,其中A股公司44家,AB股公司1家,AH股公司3家,AS股公司1家。2017年,天津股票市场交易量为25304.0亿元,同比下降15.8%。2017年,上市挂牌企业快速增长。全年新增上市公司和新三板挂牌企业38家,2017年末天津市上市公司和新三板挂牌企业累计达到254家。2017年末,A股B股证券账户447.74万户,增长8.8%。2017年,股票市场交易量环比指数为842点,股票市场融资额环比指数为766点,境内上市公司数环比指数为1089点,上述三个指标的增速有所分化。

(2) 债券市场

债券市场是金融市场的核心部分之一,这一市场的融资功能突出,对于实施宏观调控、稳定金融市场、提升融资效率具有积极作用。基于债券市场的重要地位,课题组赋予该指标13%的权重。2017年,债券市场指数达89568点,比上一年增长6.7%;环比指数为1067点,比上一年下降118点,增速有所回落。

2017年,债券市场呈现平稳运行状态。2017年,天津国内债券筹资额达到1629.2亿元,是2017年全年股票市场融资额的29.7倍。2017年,天津(交易所)债券市场交易量达到30248.8亿元,比上一年增长14.1%。2006~2017年,天津债券市场保持稳健发展,交易总量上升,融资规模略有下降,见表9和表10。

表9 债券市场组成要素增速

单位:%

增速类型	2006~2017年年均增速	2017年同比增速
债券市场交易量(交易规模)	40.6	14.1
当年国内债券筹资额(融资能力)	32.9	-10.8

资料来源:课题组制作。

表10 2017年债券市场组成要素环比指数

单位:点

指数类型	2017年环比指数
债券市场交易量(交易规模)	1141
当年国内债券筹资额(融资能力)	892

资料来源:课题组制作。

2017年,天津市直接融资规模和品种进一步拓宽。全年国内债券筹资额为1629.2亿元。其中,短期融资券筹资额为457.9亿元,中期票据筹资额为387.7亿元。天津市社会融资规模同比减少,间接融资占比提高,直接融资萎缩。

(3) 保险市场

保险市场是重要的避险和投资平台,并且具有一定的资金筹措功能,保险市场的深化发展有助于完善一个地区的金融功能。鉴于保险市场的重要功能,为该指标设定了5%的权重。2017年保险市场增势良好。2017年,天津市保险业共实现保费收入565亿元,同比增长6.7%。其中,人身险保费收入423.4亿元,增长5.3%;财产险保费收入141.6亿元,增长11.0%;赔付支出155.3亿元,减少12.6%。其中,人身险赔付81.2亿元,增长2.5%;财产险赔付74.1亿元,减少21.5%。2017年,保险市场指数为2181点,比上一年增长3.5%;环比指数为1035点,比上一年有所降低,市场发展前景良好。

2017年,天津的保险密度和保险深度稳步上升。其中,保险密度达到3629.2元/人,保险深度达到3%,见表11。2017年,天津市保险业经营主体稳步扩张,保险机构运营良好。"十三五"时期,天津保险业以多种方式投资实体经济,支持天津北方国际航运核心区建设。"十三五"以来,与航运业密切相关的船舶保险和货运保险累计为天津航运业提供风险保障2.74万亿元,赔款支出5.79亿元。"十三五"以来,飞机保险累计提供风险保障1211.4亿元,累计赔款支出2.5亿元,承保了中海油、中石油等多个海上项目的海工建造险,累计提供风险保障4209.9亿元,支付赔款4.33亿元。

表11 2017年保险市场组成要素环比指数

单位:点

指数类型	2017年环比指数
保险深度	1000
保险密度	1071

资料来源:课题组制作。

(4)货币市场

货币市场是短期资金交易市场,为金融机构提供灵活有效的资金管理手段。鉴于货币市场在金融市场中的重要地位,课题组为该指标设置10%的权重。2017年,货币市场指数达16638点,涨幅达11.4%;环比指数达1114点,比上一年下降140点,增速有所下降,见表12。

2017年,货币市场交易平稳增长。2017年,天津市银行间同业拆借市场累计完成信用拆借3455笔，同比上升80.5%；累计金额12842.8亿元，同比上升16.1%。从期限看，市场交易仍以短期为主。隔夜和7天拆借占全部拆借成交金额的84.4%。2017年，天津质押式回购交易累计金额194469.3亿元，同比上升13.4%。2017年天津买断式回购交易累计金额18329.21亿元，同比下降8.4%。

表12　2017年货币市场交易额的环比指数

单位：点

指数类型	2017年环比指数
货币市场交易额	1114

资料来源：课题组制作。

（5）期货市场

2017年，天津市期货市场指数达到了20141点，同比增长0.2%，市场交易规模保持平稳；期货市场环比指数为1002点，增速较2016年有显著回升。

期货市场是金融衍生品市场的重要组成之一。伴随我国股指期货的推出，国内期货市场进入了新的发展阶段。鉴于此，课题组赋予期货市场6%的权重。2017年天津市期货市场指数达到了20141点，同比增长0.2%，增速比上一年显著回升。在经历了2007年、2009年、2010年的高速增长，2008年、2011年的增速放缓，以及2013~2015年增长速度显著回升后，2016~2017年增速低迷。其中，2016年，天津市期货市场环比指数为445点，2017年天津市期货市场环比指数为1002点，见表13。

2017年，法人期货公司的业务规模保持了持续增长的态势。2017年末，天津市有6家法人期货公司，与2016年持平。法人期货公司资产总额76.66亿元，比年初增长14.1%；净资产22.1亿元，比年初增长3.5%。辖区期货营业部数为30家，与2016年持平；期货交割库为52家，与2016年持平。期货公司和期货营业部的代理交易额和代理交易量分别为4624.41亿元和724.2万手，分别比2016年降低6.6%和14.0%。

表 13　2017 年期货市场交易额的环比指数

单位：点

指数类型	2017 年环比指数
期货市场交易额	1002

资料来源：课题组制作。

（6）基金市场

基金市场指数在 2017 年增长到了 52629 点，相对于 2016 年降低了 35.9%；环比指数回升至 641 点，比 2016 年上升了 72 点，增长速度处于阶段性调整中。

建设资产管理中心是国内主要金融城市的发展目标之一。随着天津金融创新运营示范区建设，天津基金市场将会拥有更加优良的发展环境和更多的机遇。考虑到基金市场的重要性，课题组为该指标设定 4% 的权重。2017 年，天津市基金市场指数高达 52629 点，相对于 2016 年下降 35.9%；2017 年环比指数为 641 点，相对于 2016 年上升了 72 点，增长速度延续负数，见表 14。

从基金市场规模看，2017 年天津基金市场交易规模为 2056.0 亿元，相对于 2016 年降低了 35.9%。

表 14　基金市场交易额环比指数

单位：点

指数类型	2017 年环比指数
基金市场交易额	641

资料来源：课题组制作。

（7）外汇市场

2017 年，天津市外汇市场指数上升到 12862 点，相对于 2016 年增长了 26.1%，增速有所回升；外汇市场环比指数为 1261 点，增长速度与上一年持平，见表 15。

表 15　2017 年外汇市场交易额的环比指数

单位：点

指数类型	2017 年环比指数
外汇市场交易额	1261

资料来源：课题组制作。

中国的外汇市场包含外汇即期、外汇远期及外汇掉期等业务，以人民币外汇市场为主。积极发展本地区的外汇市场，有助于天津市建设北方国际航运核心区目标的实现。鉴于外汇市场的作用和地位及其所处的发展阶段，我们为其赋予3%的权重。2017年，外汇市场指数上升至12862点，相对于2016年上涨26.1%，增速趋于上升；环比指数为1261点，增速保持稳定。

2015年12月9日，中国人民银行正式出台《关于金融支持中国（天津）自由贸易试验区建设的指导意见》（下称"金改30条"）。天津"金改30条"落地实施实现了天津自贸区在金融领域的一系列开放创新，贸易投资便利化水平不断提高，法治化、国际化、便利化营商环境不断完善，改革红利、开放红利、制度红利不断显现，充分发挥了"助力器"作用。截至2017年末，已推动八成政策落地实施。自贸区挂牌至2017年末，区内主体累计新开立本外币账户4.7万个；办理跨境收支1276.2亿美元，占全市总额的24.4%；结售汇504.3亿美元；跨境人民币结算2729.9亿元，占全市总额的41.5%。自贸区金融创新绿地森林效应不断扩大，有力地支持了天津外向型经济发展。

环球银行间金融通信协会（SWIFT）公布的数据显示，按金额计算，2018年1月人民币在国际支付市场的占比达到1.66%。当月人民币在全球支付货币的排名维持在第五位。2018年1月，全球支付货币排名前四位的货币依次为美元、欧元、英镑和日元，市场占有率分别为38.53%、32.75%、7.22%和2.80%。人民币国际化和自贸区试验，为天津外汇市场发展创造了有利条件。

（8）黄金市场

2017年，黄金市场指数为3214点，与2016年持平；环比指数为1000点。作为国际金融市场的重要组成部分之一，黄金市场有其独特的保值增值及货币政策功能。有鉴于此，我们为其赋予3%的权重。2017年，黄金市场指数为3214点，环比指数1000点，见表16。

黄金市场持续稳步发展。2017年，天津市黄金市场整体运行态势良好，其中天津市金融机构黄金市场业务发展较为平稳，总体趋势与全国基本一致，呈现出交易品种不断丰富、交易机构数量不断增加的特点。2015年以来，天津黄金市场交易机构由四大国有商业银行发展为包括国有、股份制、地方法人和外资银行在内的多种类型的金融机构。

表16　2017年黄金市场交易额的环比指数

单位：点

指数类型	2017年环比指数
黄金市场交易额	1000

资料来源：课题组制作。

(9) 信托市场

2017年，天津市信托市场指数为32728点，相对于2016年上升了25.1%；环比指数为1251点，相对于2016年上升了270点，增速由负转正，见表17。从多年经验看，信托市场是一个快速成长的市场。信托市场通过提供丰富多样的投资渠道，在投资领域和产品架构方面持续创新，管理受托资产时尽职尽责，吸引越来越多的投资者通过信托市场进行资产配置。鉴于天津信托市场的作用及其地位，我们为其赋予9%的权重。2017年，信托市场指数为32728点，相对于2016年有显著回升。2017年，信托市场环比指数为1251点，比上一年增加了270点，增速显著回升。

2017年，天津法人信托公司信托资产总额为5224.0亿元，相对于2016年下降了25.1%。从行业分布的角度分析，信托资金主要投向租赁和商业服务业、建筑业、水利环境和公共设施管理业、批发和零售业以及制造业；从企业类型的角度分析，资金信托业务主要投向大型企业，近几年一直保持在高位运行。

表17 法人信托公司资产总额的环比指数

单位：点

指数类型	2017年环比指数
法人信托公司资产总额	1251

资料来源：课题组制作。

（10）银行卡市场

2017年，天津市银行卡市场指数为18132点，比2016年有所上升，环比指数为1097点。

近一段时期，天津银行卡市场发展迅速，电子支付环境愈发成熟完善，极大地方便了城市居民生活。考虑到银行卡市场的重要性，课题组将银行卡市场设置了5%的权重。2017年银行卡市场指数为18132点，与2016年基本持平，环比指数为1097点，见表18。

2017年，天津银行卡产业发展迅速。银行卡具有安全可靠、支付快捷、标准一致等特点，其应用涵盖金融、社保、公共交通、公用事业、医疗卫生、企业等领域。伴随京津冀协同发展战略的实施，银行卡与金融信息化与城市智能化建设紧密结合，使公众享受到金融创新的成果。2017年6月，天津市和蚂蚁金服签署合作协议，宣布共同推进天津"无现金城市"建设，推动"互联网+政务"智慧升级。同时，天津市的12家机构和企业宣布加入"无现金联盟"，倡导高效率的无现金支付。未来几年，天津将逐步实现交通、医疗、教育、社保等领域的无现金化。支付宝全民账单数据显示，2017年，天津市的移动支付占比86%，高于全国城市平均水平。

表18 2017年银行卡市场的环比指数

单位：点

指数类型	2017年环比指数
银行卡累计消费量	1097

资料来源：课题组制作。

（三）金融机构发展度分析

金融机构是金融创新运营示范区的参与者和建设者，是区域集聚各种金融要素、金融资源的关键。鉴于金融机构重要的战略意义及其对金融业发展的影响程度，课题组将金融机构的权重设定为33%。课题组在金融机构这一指标下设定了7项二级指标，各二级指标权重见表19。

表19 金融机构及其二级指标权重

单位：%

指标	权重	指标	权重
金融机构指标权重	33	证券公司	15
机构总量	5	期货公司	6
银行机构	40	共同基金	4
保险机构	20	信托公司	10

资料来源：课题组制作。

1. 金融机构整体

2017年天津市金融机构继续保持平稳快速增长的态势，2017年指数为4728点，相对于2016年上升11.5%；环比指数为1115点，比上年上升37点，增速略有提升，见图9和图10。

从发展速度角度看，2017年金融机构指数上升到4728点，相对于2016年增长11.5%。2007年、2009年、2010年、2014年、2015年金融机构指数增速分别为35.8%、23.3%、18.4%、19.3%和13.9%。金融机构的整体发展速度处于高位运行，但受到国际金融危机的冲击，2008年增速有所放缓，但仍比上年增长14.7%。2011年、2012年、2013年、2016年增速分别为5.7%、11.3%、8.1%和7.8%。2017年增速为11.5%，发展速度相对于2016年有所上升。

金融机构增速虽然出现了一定的波动，但其总体发展趋势仍是扩张的。受金融危机的影响，金融机构增速在经历了2007年的大幅提升之后，2008年增速放缓，在经历了后续的持续调整后，2017年金融机构增速恢复了较高的水平。

天津市金融机构数量和实力在2017年均获得了持续的增长和进步。一

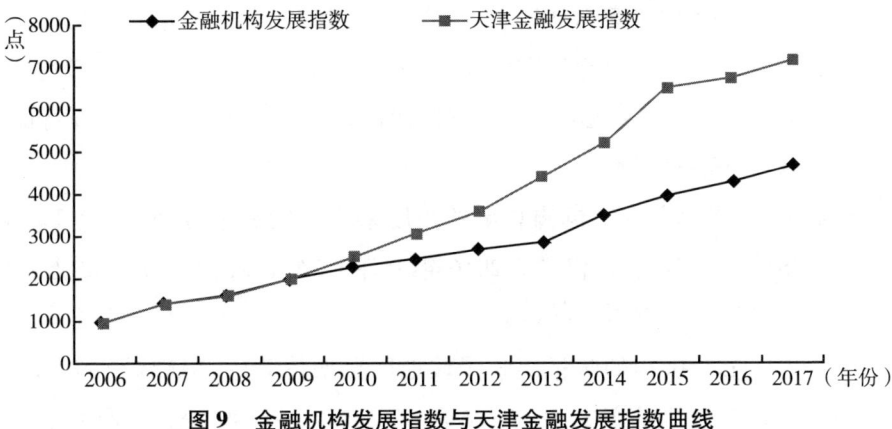

图9　金融机构发展指数与天津金融发展指数曲线

资料来源：课题组制作。

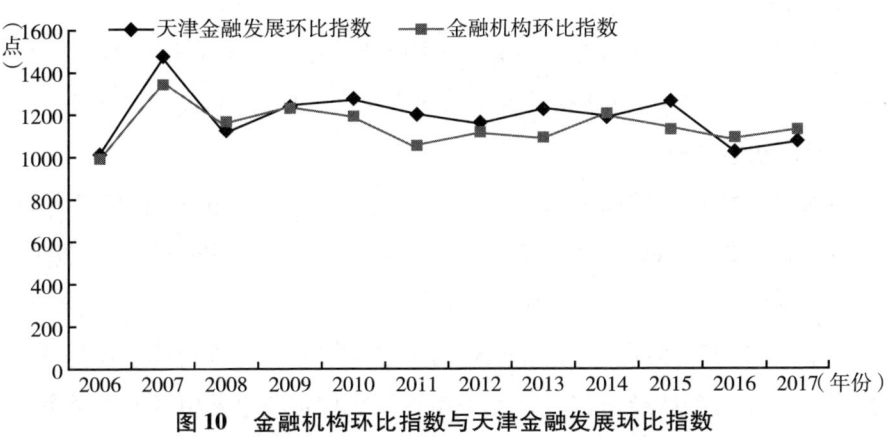

图10　金融机构环比指数与天津金融发展环比指数

资料来源：课题组制作。

方面，2017年商业银行机构达到3328个，比2016年增加115个；法人保险公司6个，保险公司机构692个，比2016年增加30个；法人证券公司1个，证券公司营业部达到154个，比2016年增加8个；2017年，天津市法人期货公司共有6家，期货公司营业部达到30个，与2016年持平。另一方面，2017年银行业金融机构资产总额达到4.8万亿元，比2016年提升0.1万亿元；2017年，不良贷款率为1.97%，比2016年增加0.22个百分点；2017年，法人证券公司资产总额高达554.5亿元，比2016年增加了22.3亿元；2017年，保费收入565.0亿元，比2016年增加35.5亿元；法人基金管理公司管理资产总额上升至17893.0亿元，比2016年增加了9443.3亿元。"实力增强，总量扩张"成为天津金融机构在2017年整体发展的主要特征。

2. 金融机构总量

从2017年天津市金融机构总量的角度来看，发展十分稳健。2017年，机构总量指数为2218点，相对于2016年上升5.3%；环比指数1053点，比2016年下降91点，增速有所放缓。

一个地区金融机构的数量反映了该地区金融体系中"岛屿"的丰富程度，所以，我们为其设定了5%的权重。2017年，天津市机构总量指数为2218点，比2016年有所上升；环比指数为1053点，相对于2016年下降91点，增长速度略有放缓。

截至2017年末，天津市共有金融机构6689个，比2016年末增加334个。2006~2017年，天津金融机构总数的年均增速为7.5%，增速稳中有升。

3. 金融机构子行业

从金融机构行业结构的角度来看，共同基金、保险机构在2017年的增长速度较快，发展态势强劲；证券公司、银行机构、信托公司、期货公司，增速相对平稳，发展态势比较稳健。

除金融机构整体评价外，金融机构所包含的七项二级指标中还包括六类金融机构。伴随全球经济回暖，天津市保险机构发展速度相对于2016年进一步提升，共同基金、保险机构持续快速发展，证券公司、银行机构、信托公司、期货公司的发展速度持续保持稳定，2017年同比增速比2016年有所提升。

六类金融机构中，过去11年间发展速度最快的是共同基金。2017年共同基金指数高达14042点，环比指数为2062点，环比指数比2016年增加821点，增速显著提升。最近几年，法人基金管理公司管理资产总额呈现出"井喷"式快速增长。保险机构、证券公司和银行机构的发展速度仅次于共同基金，指数分别为6983点、4644点和4444点。其中，保险机构的发展速度在2006~2017年呈现不断波动状态，2017年，保险机构指数达到6983点，环比指数为1243点。银行机构的发展经历了由波动到收敛的过程，2007~2012年的五年间增速的波动幅度较大，2013~2017年增速逐渐降低。2017年银行机构的指数为4444点，环比指数为1036点。证券公司的增速在经历了2007~2015年的大幅波动后，2016~2017年增速逐步收敛。2017年证券公司的指数为4644点，环比指数为1046点，增速继续回落。期货公司和信托公司的增速落后于上述四类机构，其指数分别为3070点和1000点。受金融危机影响，期货公司的增速在2007~2011年的五年间出现震荡调整后，自2012年以来增速趋于平稳，2017年期货公司的指数为3070点，环比指数上升至1000点。近年来，信托公司的法人机构数未发生变化，因此，信托机构的增速维持不变。

（1）银行机构

2017年，银行机构指数提升到4444点，发展状况平稳，比上一年增长3.6%，增速略有放缓。

2017年，天津市银行机构持续快速增长，机构的数量和规模相对于去年年均有所提升。2017年，银行机构指数上升至4444点，相对于2016年增长了156点，增幅为3.6%。2017年，天津市商业银行机构总量合计达3328家，与2016年相比增加了115家。2017年，天津市银行业金融机构总资产规模合计4.8万亿元，与2016年相比增加了0.1万亿元，同比增长2.1%，增速进一步收敛。

2017年末，本外币各项存款余额30940.8亿元，同比增长2.9%，增速比上年明显回落，比年初增加873.8亿元，同比少增1043.9亿元。从存款结构看，非银行业金融机构存款下降；非金融企业存款和广义政府存款同比少增较多；住户存款略有少增。

2017年末，本外币各项贷款余额31602.5亿元，同比增长9.9%，增速比上年末有所回落，比年初增加2848.5亿元，同比多增89.1亿元。从贷款结构看，非金融企业及机关团体贷款同比多增，住户贷款同比略有少增。其中，住户贷款项下的中长期消费贷款增加较多，占全部新增贷款的46.4%，但比上年少增。非金融企业及机关团体贷款项下的中长期贷款同比多增较多，短期贷款同比多增较小，票据融资余额继续下降。

信贷投向重点突出。租赁和商务服务业本外币贷款比年初增加1048.5亿元，同比多增394.6亿元。小微企业本外币贷款比年初增加885.8亿元，同比多增

47.1亿元。交通运输、仓储和邮政业本外币贷款比年初增加513.9亿元，同比多增550.3亿元。保障性住房开发贷款比年初增加55.2亿元，同比多增173.3亿元。

2017年末，银行业金融机构不良贷款余额672.7元，比年初增加135亿元；不良贷款率1.97%，较年初上升0.22个百分点。

银行业地方法人金融机构进一步壮大，金城银行成为国内首批5家民营银行试点之一，年内金融租赁公司、财务公司、汽车金融公司均有发展。2017年11月，天津国泰金融租赁有限责任公司成立。

（2）保险机构

2017年，保险机构实现较快发展，指数达6983点，比上一年增长24.3%，与去年相比增速有所上升。

2017年，天津市保险机构持续快速增长，保险机构的数量和实力均有所提升。2017年，保险机构指数上升至6983点，相对于2016年增长了1367点，增幅高达24.3%。2017年，天津拥有法人保险公司6家，与上一年持平。2017年，天津市拥有保险公司机构692家，比2016年增加30家。天津全市保费收入在2017年上升至565.0亿元，比上一年上升6.7%。2017年，财产保险公司累计签单3616.5万件，同比增长18.2%；人身险公司累计赔款支出12.1亿元，同比增长9.1%。

2017年，财产保险公司车险保费收入105.8亿元，占财产保险公司业务收入比重71.8%，同比下降3.1个百分点；而信用保险、货物运输保险保费收入明显上升，占财产保险公司业务收入比重分别上升3.3个和0.5个百分点。全年财产险赔付74.1亿元，同比下降21.5%，其中企业财产险赔款支出同比下降75.4%。

2017年，人身险公司普通寿险实现保费收入206.5亿元，占人身险保险收入的比重为48.8%，较上年下降7.9个百分点；分红寿险实现保费收入143亿元，占人身险保险收入的比重为33.8%，较上年上升4.2个百分点。从渠道结构看，银邮代理渠道实现保费收入170亿元，同比下降15.7%，较上年下降80.8个百分点。

（3）证券公司

2017年，证券业机构稳步向前发展，指数上涨至4644点，相对于2016

年提升4.6%，环比指数为1046点。

2017年，天津证券公司稳步向前发展，证券业指数高达4644点，与2016年相比上涨4.6%，环比指数为1046点，增速相对于2016年有所回落。伴随天津证券业的稳健发展，证券业机构的数量和实力均有所提升。2017年，天津共有法人证券公司1家，与上一年持平。2017年，拥有证券公司营业部154个，比上一年增加8个。2017年，法人证券公司资产规模有所增加，经营风险可控。法人证券公司资产总额同比增长3.7%；负债总额同比增长7.2%。2017年末，各项风控指标高于监管标准的预警阈值，经营风险可控。

（4）期货公司

2017年，天津期货公司指数为3070点，与2016年持平，发展步伐比较稳健。

由于受到国际金融危机以及主权债务危机的后续影响，天津期货公司指数在经历了2007~2010年连续4年的快速上升后，增速在2011年有所降低，跌入谷底，2012年、2013年、2014年增长速度逐步提升，2015年、2016年、2017年增速有所回落。2017年，天津期货公司指数为3070点，环比指数为1000点。2017年，期货公司资产规模稳步增长，业务发展稳定。2017年末，天津市法人期货公司资产总额76.7亿元，比年初增长14.1%；净资产22.1亿元，比年初增长3.5%。

（5）共同基金

2017年，共同基金增长势头强劲，指数上升到14042点，比上一年有显著的增长。

近年来，天津市共同基金业发展迅速。2006年法人基金管理公司管理资产总额仅有1.88亿元，2007~2012年的震荡式增长后，2013年迅速提高至1943.6亿元，2014年提升至5906.1亿元，2015年扩张至6739.3亿元，2016年提升到8449.7亿元，2017年进一步提升到17893.0亿元。

2017年，天津共同基金指数达到14042点，比上一年有显著提升。2017年，天津法人基金管理公司1家，公司管理的资产总额达到17893.0亿元。天弘基金资产规模快速提升，这主要得益于与蚂蚁金服合作的"余额宝"。该创新型业务的开展，改变了货币基金的销售模式，使天弘基金的货币基金规模得以迅速扩张。2017末，该公司管理的开放式基金总数达到55只，比2016年末增加3只。总的来看，天津共同基金行业在2017年继续保持快速增长的态势。

（6）信托公司

2017年，天津市信托公司继续保持了稳定发展的态势，2017年指数为1000点，与2016年基本持平。

近一段时期，天津市的信托公司持续稳健发展。2017年，天津市共有法人信托公司2家，营业机构2家，与2016年相比未发生明显变动。

（四）金融人才发展度分析

全球金融中心指数（GFCI）的研究表明，人才供给因素是影响国际金融中心的6个因素之中最重要的。鉴于金融人才在区域金融发展中的重要作用，天津不断加大对海内外高层次、紧缺金融人才引进和培养力度，持续推动人才引进方式的创新，金融人才的聚集效应逐渐显现。

天津金融业的发展需要金融人才，金融人才是制约金融发展的关键软因素；天津市金融业的发展受金融市场和金融机构的影响更为显著，相关政策也发挥举足轻重的主导作用，因此金融人才的权重设定为10%。

金融人才的数据更新存在滞后性，单一的数据不能全面地反映金融人才的整体发展水平。为全面反映天津金融业人才发展状况，采取了主观指标和客观指标相结合的方式。金融人才包含3项二级指标，二级指标的权重见表20。

表20 金融人才及其二级指标权重

单位：%

指标	权重	指标	权重
金融人才指标权重	10	人才质量	35
人才总量	40	人才引力	25

注：2006~2011年，不纳入主观指标时的二级指标权重分别为人才总量40%、人才质量20%、人才引力40%。

资料来源：课题组制作。

1. 金融人才整体

2017年，金融人才整体发展趋势稳中有进，指数为1965点，比上一年增长4.2%，增长速度有所回落；环比指数为1042点，比上年降低26点，见图11和图12。

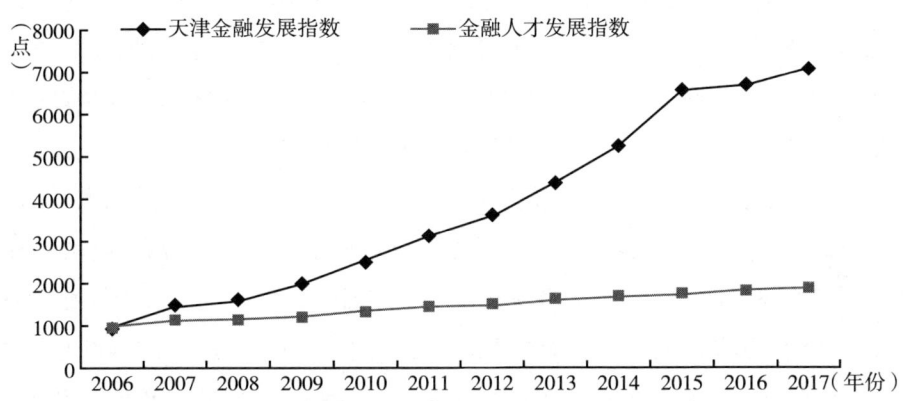

图11　金融人才发展指数与天津金融发展指数曲线

资料来源：课题组制作。

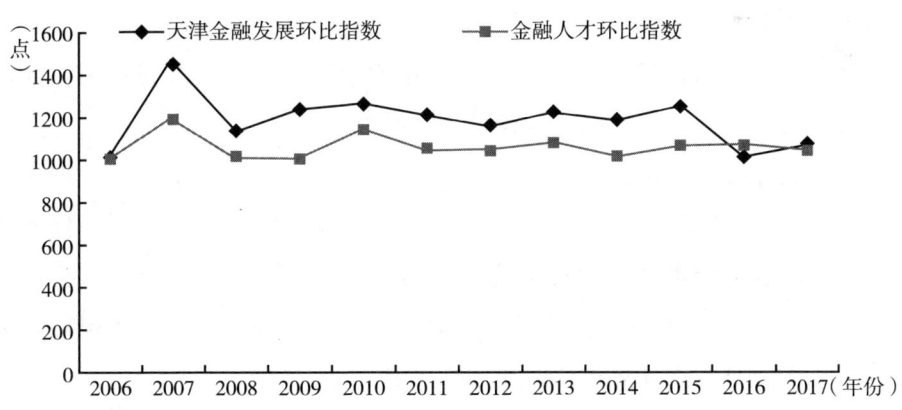

图12　金融人才环比指数与天津金融发展环比指数

资料来源：课题组制作。

从发展速度看，2017年金融人才指数达到1965点，比上一年增长4.2%。2007年和2010年，金融人才的增长速度较快，增速超过14.2%，受到国际金融危机和欧债危机对世界经济和全球金融市场的影响剧烈，2008年和2009年金融人才的增速有所放缓，伴随经济局势的缓和复苏，2011～2016年，天津金融人才增速维持在5%左右的稳定发展状态。2017年，增速进一步收敛，当年同比增长4.2%。

从增速的波动趋势来看，金融人才增速呈现在波动中稳步上升的趋势，在经历了2007年金融人才增速迅速提升后，2008年、2009年受到金融危机的影响，增速逐步放缓，经历了2010年增速再次提升后，2011～2016年金融人才增速趋缓，维持在5%左右，2017年金融人才增速为4.2%。

近年来，天津金融人才素质大幅度提高，天津市加强了对金融人才的引进力度，对高质量的金融人才具有越来越强的吸引力。从客观数据看，2017年，天津金融从业人员达到23.0万人，比2016年增加1.4万人，比2006年增加15.0万人；金融从业人员占地区的比重达到2.5%，比2006年增加1.1个百分点；高等学校毕业生人数达到14.3万人，比2016年增长0.5万人。高学历金融从业人员比例达到73%，比2016年提升1个百分点；金融从业人员工资水平达到12.3万元，比2006年增长6.3万元。

2. 金融人才各方面

从人才发展结构看，2017年金融人才质量稳步提高，发展结构更加健康；人才引力、人才总量的增速较低，发展态势稳定。

金融人才的衡量标准具体有3项二级指标，分别是人才总量（即人才充裕度）、人才质量、人才引力（金融人才引进力度）。整体来看，伴随全球经济复苏和天津市对金融行业的大力支持，2017年天津金融人才整体发展水平较2016年得到了一定程度的改善。其中，人才引进力度的提升较为显著，人才质量和人才总量的发展态势稳定。

在反映金融人才发展的三个指标中，人才引力的中长期发展较为突出，指数达到2011点。2017年，人才引力的环比指数为1040点，比2016年增加了1点，增速基本持平。人才引力在2007年和2010年的增速较快，其余年份增速处于相对较低水平。人才质量发展程度紧随人才引力之后，位居第2位。2017年人才质量的指数为1988点，环比指数为1042点，与2016年基本持平。人才质量在经历了2007年和2008年的大幅提升后,2009~2017年人才质量增速大致维持在3%~4%。2017年,人才总量指数为1826点,环比指数为1043点,增速比2016年有所下降。人才总量在经历了2010~2013年的较快增长之后,2014~2017年增速逐年趋缓,其余年份增速均处于相对较低水平。

(1) 人才总量

2017年,人才总量指数为1826点,比上一年增长4.3%,增速较上年有所回落。

2017年,天津金融人才保持平稳适度增长。其中,人才总量(人才充裕度)、人才质量和金融人才引进力度均有小幅提升。从客观数据看,2017年,天津金融从业人员占地区的比重达到2.5%,比2006年提升了1.1个百分点。2017年,天津金融从业人员达到23.0万人。其中,银行业金融机构从业人员达到6.5万人。2006~2017年,天津金融从业人员的年均增速达到10.0%。2017年,天津高等院校毕业生达到14.3万人,2006~2017年,天津市高等院校毕业生人数的年均增速达到5.2%。本地区的金融人才充裕度进一步提升。

(2) 人才质量

2017年,金融人才质量实现平稳发展,指数为1988点,比上一年增长4.2%,增速与上年持平。

2017年,天津金融人才质量保持平稳增长。2017年,金融人才质量指数为1988点,比上一年增长79点,增幅达4.2%。从客观数据看,2017年,天津金融从业人员中有高学历的占比达到73%,比上一年提高1个百分点。

(3) 人才引力

2017年,人才吸引力度稳步提升,指数为2011点,比上一年增长4.0%,环比指数为1040点。

2017年,天津人才吸引力度稳步提升,人才引力的指数为2011点,比上一年增长4.0%,环比指数为1040点。从客观数据看,2017年,天津市金融从业人员工资水平达到12.3万元,2006~2017年天津市金融从业人员工资水平的年平均增速达到6.8%。

3. 金融人才服务体系

天津市不断搭建金融人才综合服务平台，逐步成为集人才培训、综合服务和法规政策为一体的创新型城市。

近年来，天津市积极落实"十二五""十三五"规划中有关金融人才的各项任务，人才资本优先积累、人才投入优先保证机制不断完善健全，"引才、育才、聚才、用才"工作体系的构建工作稳步开展。

"十三五"期间，天津市将在多方面支持人才的交流、引进与培养工作，为天津金融业的发展储备高素质金融人才。根据天津金融业发展的实际情况，逐步制定金融人才引进、交流、培养的相关方案，制定人才引进标准，对符合引进条件的人才给予政策支持。与国家金融监管部门以及中央金融企业加强联系，挑选金融人才采取挂职、任职等方式，为天津市金融行业的发展提供高端人才，丰富政府机关的人才结构。2017年，人才聚集效应增强。天津积极推进科技型企业发展行动计划。深入实施"千人计划""千企万人"等重大人才工程，引进培育一批高水平科技领军人才，着力营造人才环境比较优势，让各类人才充分施展才干，充分展现聪明才智，使天津成为富有创新创造活力的城市。深入落实京津冀推进雄安新区建设发展战略合作协议，推进人才、技术等方面资源共享。

（五）金融创新发展度分析

在天津金融发展指数中，金融创新是关键衡量指标。2017年，面临国家多重战略机遇，天津市委市政府积极推动相关金融政策相继落地，天津金融工具和金融产品不断创新，在新的经济形势下，金融机构改变传统的发展模式，转型创新的步伐不断加快，金融市场规范化发展，为加快建设金融创新示范区创设良好的经济环境。课题组综合考虑创新发展速度的衡量方法仍处于探索尝试阶段，以及金融创新对一个地区金融发展的战略重要性较高等因素，为保证最终指标的正确性，设置金融创新的权重为15%。该指标包括6项二级指标，二级指标权重见表21。

表21 金融创新及其二级指标权重

单位：%

指标	权重	指标	权重
金融创新指标权重	15	产品创新	15
整体创新	10	创新内部要素	25
机构创新	20	创新外部要素	10
市场创新	20		

资料来源：课题组制作。

1. 金融创新整体

2017年，金融创新发展态势向好，其指数达5985点，比上一年提升14.3%，连续多年保持平稳较快增长，发展稳健。

金融创新指数的计算，采用主观和客观相结合的方式。客观数据计算法反映数据的客观表现，主要运用于机构创新和市场创新的计算，整体创新和产品创新则采取主观评价和客观数据相结合的方法，主观评价方法主要用于衡量创新内部要素和创新外部要素。利用主观评价法进行往年倒推是无法实现的，因此，主观评价法仅在2012年及其后年份的天津金融发展指数中进行了引用，2006~2011年的天津金融发展指数及其子指数仅使用客观数据法。

2017年，金融创新指数达到5985点，比上一年增长747点，增幅达14.3%，连续多年保持较快增长；环比指数达到1143点，在一级指标的比较中占据绝对优势的领先的位置，为提升天津金融发展指数带来了动力，见图13和图14。

从具体金融创新事件看，2017年天津金融创新取得斐然成绩。天津扎实推进金融创新运营示范区建设，助推金融业发展迈上新台阶。继续加快金融改革创新，巩固扩大融资租赁、互联网金融等新型业态优势；大力发展直接融资，集聚更多金融要素资源；继续落实金融支持自贸区建设政策，推进京津冀金融协同发展；不断增强支持实体经济、民营经济、中小微企业和产业结构调整的力度，促进经济高质量发展。

一是金融创新运营示范区建设稳步推进。制定《关于加快金融创新运

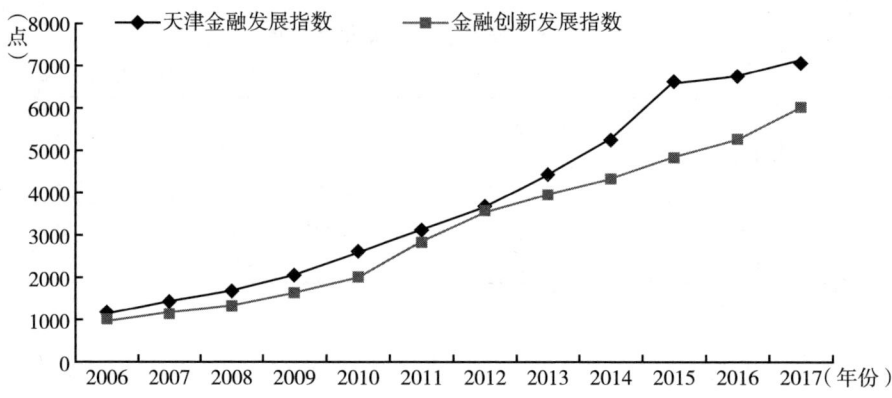

图 13　金融创新发展指数与天津金融发展指数曲线

资料来源：课题组制作。

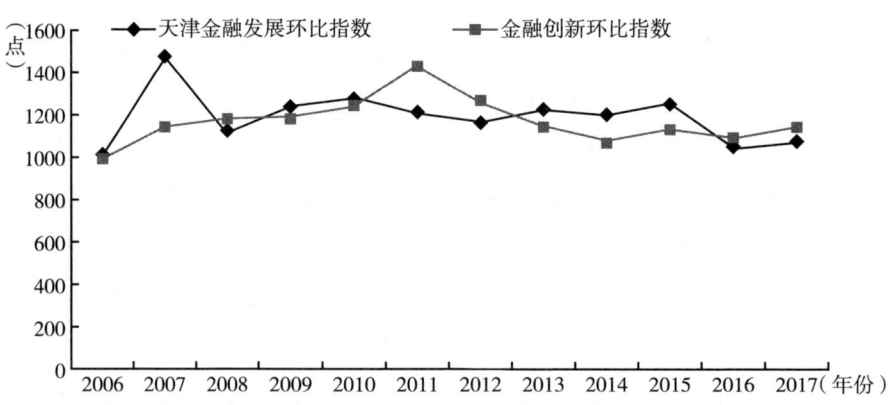

图 14　金融创新环比指数与天津金融发展环比指数

资料来源：课题组制作。

营示范区建设有关政策》，支持金融机构落户、金融改革创新、金融人才发展和金融环境优化。二是金融业发展活力和开放水平进一步提升。金融机构体系更加健全，自贸试验区金融改革创新进一步深化，融资租赁持续保持全国领先，租赁公司境内外总资产约占全国的1/4。三是金融服务实体经济能力不断增强。科技金融、农业金融、绿色金融和普惠金融稳步发展，投贷联动试点和农村"两权"抵押贷款试点有序推进，对经济社会发展重点领域和薄弱环节的金融支持力度不断增强。天津企业在银行间市场成功发行全国首单绿色短期融资券、天津市首单京津冀协同发展债务融资工具。四是强化金融风险防控。建立"推进金融创新运营示范区建设工作协作机制",形成加快金融创新、防范金融风险、维护金融安全的合力。

2. 金融创新各方面

金融创新的实现,涉及面广泛,各方面发展速度不一。2017年,产品创新、机构创新、整体创新在宏观经济的影响下显露生机,创新内部要素和创新外部要素平稳发展,市场创新稳健运行。总的来说,2017年天津金融创新水平处于良性发展的稳健阶段,产品、机构和市场等创新领域继续保持较高的增长速度,处于国内金融创新的前沿。

2006~2017年金融创新在各个方面都实现了发展。其中,在过去11年增长速度一直处于领先位置的创新类型包括:机构创新、产品创新,11年年均增速超过或达到18.8%,高于其他创新领域。市场创新、整体创新在过去11年中年均增速分别达到11.0%和9.7%,年均增速较为平稳。2012年由此引入主观评价类指标,因此创新内部要素和创新外部要素的计算,将2012~2017年增速的几何平均值假定为过去11年的年均增速,分别达到5.4%和5.2%且保持在相对稳定的水平。

2017年,在机构创新、产品创新、市场创新3个创新领域中,机构创新的增长速度尤为显著,指数达到28340点,比上一年增长了48.6%;产品创新、市场创新的指数分别达到6678点和3124点,比上一年分别增长了4.6%和8.1%。除三个创新领域外,整体创新的指数达到2762点,比上一年增长了3.9%。创新内部要素和创新外部要素的指数分别为1369点和1353点,分别比上一年增长了5.3%和5.2%。

从增长速度来看,2017年,整体创新、机构创新、市场创新、产品创新呈现出稳步增长的态势,环比指数分别达到1039点、1486点、1081点、1046点,环比指数与上一年相比分别为与上年持平、上升299点、上升13点、下降41点;创新内部要素和创新外部要素环比增速分别为1053点和1052点,增速仍然处于较低水平。

接下来,本报告将具体展示金融创新各子领域在2006~2017年的发展速度和2017年最新的走势，解读各子领域的结构和特征。

（1）整体创新

2017年，整体创新的指数为2762点，比上一年有所提升，涨幅达3.9%；环比指数为1039点，增速与2016年持平。

作为滨海新区综合配套改革试验的核心内容之一，金融先试先行不仅是中国金融"自下而上"改革创新的关键支撑，也是金融创新示范区建设的重要组成因素，还是中国（天津）自贸试验区的重点内容。基于整体创新的重要作用，该指标的权重被设定为10%。

整体创新通过3项三级指标进行衡量（1个客观指标和2个主观评价指标），分别从金融整体创新、金融先行先试试点、金融创新人才供给3个方面反映金融整体创新，2017年金融整体创新的3个领域都有了稳步发展。其中，天津金融重大先行先试试点由2009年的1个提升为2012年的3个，2013~2017年保持不变；2017年，天津金融创新人才充裕度的主观评价折合为环比指数达到1048点；2017年，天津整体金融创新的主观评价，折合为环比指数达到1049点。从总体看，金融整体创新在上述3类指标的共同带动下，发展态势稳健。

2017年，金融重大先行先试环比指数为1000点，金融创新人才充裕度主观评价环比指数为1048点，整体金融创新主观评价环比指数为1049点，呈现稳健发展趋势。

（2）机构创新

2017年，机构创新的指数达28340点，比上一年增长48.6%；环比指数为1486点，比上一年上升300点，增速有所提高。

机构创新是金融创新活动的重要组成，对于建设金融创新运营示范区具有重要作用。考虑到该指标的重要性，机构创新指标被赋予10%的权重。

2017年，金融机构创新呈现平稳较快发展，创新型金融机构数量和种类均有所提升，发挥了金融创新运营示范区的示范效应。2017年，天津融资租赁法人机构数达到1574家，比上一年增加381家，2006~2017年融资租赁法人机构数的年均增速达83.3%，增速迅猛。融资租赁合同余额达到 2.08 万亿元，同比增长 9.0%。2017 年，在天津注册的金融租赁公司达 10 家，比 2016 年增加 1 家。2017 年，产业基金公司达到 2 家，比上一年增加 1 家，2017 年，天津成立海河产业基金，落实京津冀协同发展战略，助力先进制造业发展。2017 年，天津财务公司达到 7 家，与上一年持平。2017 年，私募股权基金本地投资案例达到 53 个，比上一年增加 14 个。2017 年，私募股权基金本地投资金额达到 25.0 亿美元，比上一年增加 18.8 亿美元。2017 年，典当公司达到 182 家，比上一年增加 13 家。2017 年，小额贷款公司 95 家，比上一年下降 15 家。2017 年，金融租赁公司、汽车金融公司、中德住房储蓄银行、金城银行等其他法人金融机构达到 13 家，比上一年增加 1 家。

金城银行是中国（天津）自贸区内注册设立的唯一一家民营法人银行，也是北方地区唯一获批设立的民营银行。金城银行的成立为近年来的天津金融机构创新注入新鲜血液。2017 年末，全行总资产规模 188.62 亿元。各项贷款余额 77.12 亿元，占全部资产的比重为 40.89%，比年初增加 8.37 亿元；各项投资 49.53 亿元，占全部资产的比重为 26.26%，比年初减少 13.36 亿元；金融机构往来资产 62.74 亿元，同比增加 5.23 亿元。全行负债规模 156.17 亿元，较年初减少 33.31 亿元。其中，一般性存款余额 91.62 亿元，比年初减少 15.21 亿元，占全部负债比重的 58.67%。

2017 年，累计实现营业收入 6.04 亿元，同比增加 0.53 亿元；实现净利润 1.52 亿元，同比增加 0.24 亿元。总资产净回报率（ROA）0.75%，基本与上年持平，股本净回报率（ROE）4.81%，较上年提升 0.62 个百分点。资本充足率 23.09%，资本保持充足水平。

（3）市场创新

2017 年，市场创新的指数为 3124 点，比 2016 有所提升；环比指数为 1081 点，比上一年有所提升，增加 13 点，总体发展稳健。

金融改革创新的首要目标就是市场创新，市场创新的实现与否直接关系到金融市场的健康发展，对天津金融创新运营示范区的建设发展具有重要意义。基于此，市场创新被赋予了 20% 的权重。2017 年底，市场创新的指数达3124点,比2016年有所提升,环比指数为1081点,比上一年增加13点,发展速度平稳。

2017年,金融市场创新稳健发展,区域创新型市场的交易品种、交易规模持续提升,金融市场的创新为把天津建成金融创新运营示范区创造条件。2017年,天津股权交易所成交金额1.14亿元,累计总成交金额为68.40亿元。2017年,天津渤海商品交易所股份有限公司旗下企业完成对乌克兰复兴开发银行的并购和增资,该银行成为乌克兰境内首家中资银行。此外,在构建全国中小企业股份转让系统("新三板")的过程中,天津市有关部门给予了大力支持,促进京津金融协同发展。截至2017年末,天津已有205家企业在"新三板"挂牌,比2016年末增加34家。截至2017年,连续成功举办11届中国企业国际融资洽谈会。自2007年首次成功举办至今,累计已有来自全球五大洲30多个国家及地区的近万家实体企业、金融机构参加中国企业国际融资洽谈会,融洽会成为国际上层次高、交易多、规模大、影响广的年度投融资盛会。2017年,融洽会意向融资额达到548亿元,意向融资额较上一年提升98亿元。在此趋势的带动下,多样化的创新型资本及要素市场在天津规范有序发展。

(4)产品创新

2017年,金融产品创新指数6678点,比上一年增长4.6%;环比指数为1046点,比上一年下降41点,增速有所回落。

产品创新是金融创新活动①的重要组成部分。考虑到金融产品创新在金融创新中的重要作用,该指标被赋予了15%的权重。金融创新产品的迅速发展,创新产品种类和交易额的增加,都在一定程度上反映出2017年的金融创新活跃度较高。从客观数据看,2017年,天津市小微企业贷款余额达到5852.0亿元,小微企业贷款比年初增加886.0亿元,同比多增47亿元。

---

① 根据《帕尔格雷夫经济学大辞典》的界定,"当一个新的金融产品或服务被人们广泛接受用来代替或补充已有的金融工具、机构或业务流程时,就可以被称为创新性的,而不只是新的或新颖的,这和任何其他创新性产品或服务一样。……金融创新重要的不是一种产品或过程(这通常是不明显)的创新,而是创新在市场中的扩散"。

2017年,法人基金管理公司新基金产品达到55个,比2016年增加3个,比2006年增加54个。

(5) 创新内部要素

2017年,创新内部要素指数1369点;环比指数为1053点,发展速度稳健。

创新内部要素由金融机构创新能力、技术创新程度、组织形式创新程度、管理创新程度、服务创新程度等反映金融体系内部影响金融创新能力的要素构成。考虑到这些影响要素不容易获取数据,本研究采取主观评价方法获得各个要素的评分。同时,考虑到主观评价法难以进行往年倒推,所以,仅获得创新内部要素2012~2017年的主观评价。考虑到创新内部要素在金融创新中的影响,创新内部要素指标被赋予了25%的权重。

创新内部要素包括金融机构创新能力、组织形式创新程度、技术创新程度、服务创新程度、管理创新程度等5个三级主观评价指标,每个三级指标的权重均为20%,见表22。

表22 创新内部要素及其三级指标的权重

单位:%

指标	权重	指标	权重
创新内部要素指标权重	25	管理创新程度	20
组织形式创新程度	20	技术创新程度	20
金融机构创新能力	20	服务创新程度	20

资料来源:课题组整理。

首先,根据"技术创新程度""组织形式创新程度""服务创新程度""管理创新程度""金融机构创新能力"等五个指标2017年的主观评价,形成新的环比指数,分别为:技术创新程度是1049点、服务创新程度是1064点、管理创新程度是1059点、组织形式创新程度和金融机构创新能力都是1046点。

(6) 创新外部要素

2017年,创新外部要素的指数为1354点;环比指数是1052点,增速多年持续稳定。

一些体现金融体系外部影响创新能力的要素,诸如高校合作进行创新的发展力度、监管部门促进的创新力度等,共同构成了创新的外部要素。与创新的内部要素相同,由于数据度量较困难,本报告同样选取了主观评价法对创新外部要素进行评分。由于主观评价法的固有限制,时间倒推较为困难,所以在创新外部要素主观评价的年份选择上,只提取了2012~2016年的数据。综合创新外部要素对金融创新的影响力度,给予该指标10%的权重。

构成了创新的外部要素的两个三级主观评价指标为监管部门促进的创新力度、高校合作进行创新的发展力度等。这两个三级指标分别赋予50%的权重,见表23。下面逐个介绍受调查人群对三级指标的有关判断。

表23 创新内部要素及其三级指标的权重

单位:%

指标	权重
创新外部要素指标权重	10
高校合作创新推动力度	50
监管部门推动创新力度	50

资料来源:课题组整理。

根据"2017年高校合作创新推动力度"和"2017年监管部门推动创新力度"的主观评价,对"高校合作创新推动力度"和"监管部门推动创新力度"等两个三级指标进行折合,形成新的环比指数,分别达到1060点、1044点。

(六)金融生态环境发展度分析

从世界各地金融中心的发展经验看,金融生态环境对金融业的持续健康发展具有积极作用。一个良好的金融生态环境不仅可以推动金融业的前进,而且对于实现金融定位、促使金融市场健康有序发展都至关重要。众所周知,政策规划和政策指导方向直接影响金融业的发展。所以,可将政策作为传导介质，通过其影响打造良好的外部环境，直接创建一个稳定、健康的金融生态环境。综合上述因素，给予金融生态环境20%的权重，见表24。本研究在评价、度量天津金融生态环境方面，选用了七个不同的领域。其中，法律环境和政府服务选取了主观问卷调研的方式描述。使用定量指标度量的是物价水平、产业支撑、宜居城市。使用主观问卷和定量指标结合的方式是信用环境和金融中介领域。

表24 金融生态环境及其二级指标的权重

单位：%

指标	权重	指标	权重
金融生态环境指标权重	20	物价水平	10
金融中介	12	宜居城市	5
信用环境	8	政府服务	20
产业支撑	35	法律环境	10

资料来源：课题组制作。

1. 金融生态环境整体

金融生态环境呈现出连续稳健发展的良好态势，2017年指数为1827点，与2016年相比，小范围上升3.0%，增速相对略微下降，但增长趋势依旧平稳。

近期，天津金融生态环境持续改善，虽然发展的速度相对低于金融机构、金融市场，但是仍旧稳步增加，逐渐积累，为天津市金融发展提供了稳定的保障和健康的基础。法律环境、金融中介、信用环境、产业支撑等领域都在逐步走向完善与成熟，其发展历程与发展程度与天津市金融生态环境所经历的每个时期和整个社会经济环境的特点具有一定的契合度。2017年，金融生态环境指数为1827点，与2016年相比增长了54点，环比指数为1030点，与其他四个一级指标相比较低，见图15和图16。

出台了《天津市加强个人诚信体系建设实施方案》，为地方信用体系建设提供政策支持；率先开展和谐劳动关系企业信用体系建设，为企业建立电子信用档案；开展民营中小企业信用体系建设；开展农民专业合作社信用体

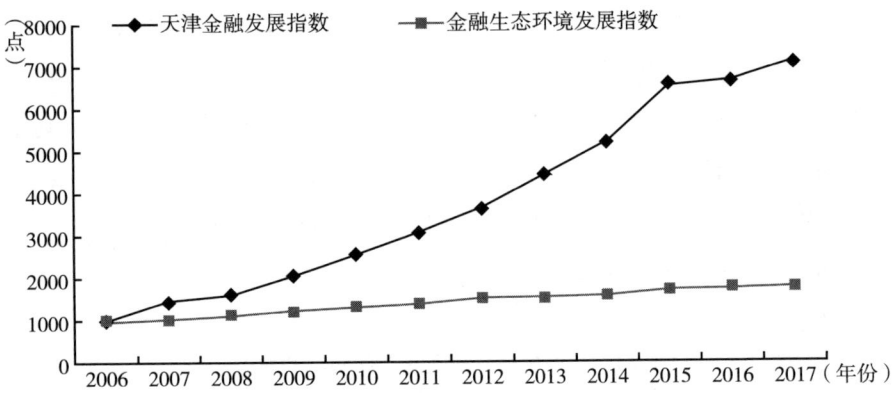

图15　金融生态环境发展指数与天津金融发展指数曲线

资料来源：课题组制作。

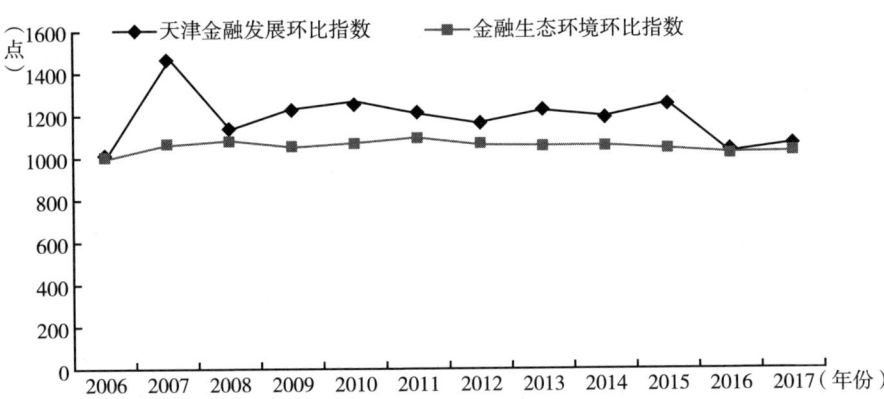

图16　金融生态环境环比指数与天津金融发展环比指数的增速曲线

资料来源：课题组制作。

系建设，对544户农民合作社进行信息采集和评价；编写出版征信知识全覆盖通俗读物——《征信知识伴我行》，为社会公众了解征信、获取征信知识提供了有益读本。

支付业务量保持增长。各类支付系统共处理人民币业务量同比增长13.6%，移动支付业务量同比增长84.9%。服务实体经济实施新举措。启动移动支付便民示范工程，加强农村支付环境建设，支付服务普惠性不断增强。业务改革创新进一步深化。空头支票行政处罚改革试点成效显著，集中代收付业务调整有序推进，电子商业汇票、RFID票据、支票圈存等创新业务取得新进展。

编制《金融消费纠纷处理实务操作指引》，提供有效应对金融消费纠纷的操作指引、处置流程和处理技巧，妥善处置金融消费争议。深入推进金融消费权益保护检查和评估，推动金融机构提升业务合规意识和金融消费权益保护意识。依托"金融消费者权益日"和"金融知识普及月"，通过"金融知识宣传作品展播"、"我的一堂金融课"、金融知识宣传活动品牌创建、绿色金融进校园等系列活动，广泛开展金融知识宣传教育，提升了社会公众的金融素养和风险意识。

2. 金融生态环境各方面

金融生态环境各方面的发展速度各有不同。物价水平发展依旧平稳，指数是8993点。法律环境和政府服务有序逐步发展，指数分别为1351点和1357点。金融中介、宜居城市、产业支撑、信用环境快速发展，指数分别为1614点、1546点、2358点、1530点。

可以用7个二级指标来测度金融生态环境，这些指标基本涵盖金融生态环境的主要方面。其中，采取定量指标测度物价水平、宜居城市以及产业支撑的情况；采取问卷调查测度法律环境和政府服务；采取问卷调查和定量指标相结合的方法测度信用环境和金融中介。由于主观评价法难以进行时间倒推，所以对于法律环境和政府服务数据进行时间选择时，仅提取了2012～2017年的数据。2017年，法律环境和政府服务的指数分别为1351点和1357点；宜居城市的指数是1546点，与2016年相比，下降了0.6%；产业支撑的指数是2358点，与2016年相比，上升了1.5%；物价水平的指数为893点，下降了0.6%；信用环境的指数达到1530点，与2016年相比，提高了6.3%；金融中介的指数是1614点，与2016年相比，提高了4.6%。

纵观2006～2017年金融生态环境主要子领域的前进趋势，不难发现，在11年之间，年均增速位于榜首的是产业支撑指数，超过了8.1%，远大于其他子领域。金融中介、宜居城市和信用环境居于产业支撑之下，在过去11年中，这三个子领域的年均增速分别为4.5%、4.0%和3.9%。在指数评价方法上，由于2012年首次引入主观评价法，所以对于采取主观评价法收集数据的法律环境和政府服务而言，其2012~2017年的年均增速假定为2006~2017年的年均增速，分别为5.1%和5.2%，较为稳定。在11年间，年均增速是负的子领域为物价水平。总体而言，2017年天津金融生态环境依旧呈现出良好的增长现象，法律环境、信用环境、产业支撑、政府服务和金融中介等子领域呈现较好的发展趋势。

从增长速度来看，2017年，保持稳定增长趋势的子领域为法律环境、政府服务。三个子领域发展前景较为乐观，环比指数分别达到1051点和1052点；2017年，产业支撑、信用环境和金融中介的环比指数分别达到1015点、1063点和1046点；宜居城市和物价水平的环比指数均为994点。

下面将详细阐述2006~2017年，金融生态环境各个子领域的发展状况以及最新进展，具体说明每个子领域的特点和结构。

（1）金融中介

2017年，金融中介的指数是1615点，与2016年相比，增加了4.6%；环比指数是1046点，与2016年相比，降低43点，增速略有降低。

目前，城市的金融功能区或金融中心频繁出现的一个现象是金融机构与金融中介服务机构共生并存，这映射出在整个金融业的发展中，金融中介服务所扮演的角色越来越重要，影响力越来越大。基于目前的发展趋势，金融中介服务机构在金融环境中地位比较重要，所以，把12%的权重给予金融中介服务机构。

2017年，金融中介指数达到1615点，与2016年相比，略有升高；环比指数达到1046点，与2016年相比，降低43点，总体来说发展趋势较为稳定。

调查行业数据，发现金融中介服务机构和金融中介专业人才的数量同时呈现出增加的趋势。①2017年，专业保险中介机构达到0.12个/万人，与

2016年相比，增加0.001个/万人，与2006年相比，增加0.05个/万人。②2017年，会计师事务所达到0.07个/万人，与2016年相比，增加0.002个/万人，与2006年相比，增加0.02个/万人。③2017年，天津律师事务所达到0.5个/万人，比2016年增加0.1人/万人，与2006年相比增加0.3个/万人。④2017年，注册会计师达到1.4人/万人，比2016年增加0.1人/万人，与2006年相比，增加0.4人/万人。⑤2017年，天津执业律师人数达到4.0人/万人，与2016年相比，增加0.2人/万人，与2006年相比，增加2.2人/万人。

分析主观评价数据，其一，根据"2017年会计审计服务"的主观评价，在金融中介主观评价的7个类别里，会计审计服务环比指数居于第1位。资产评估服务的环比指数达到1053点。

其二，根据"2017年金融法律服务"的主观评价，在金融中介主观评价的7个类别里，金融法律服务环比指数居于第2位。资产评估服务的环比指数达到1052点。

其三，根据"2017年融资担保服务"的主观评价，在金融中介主观评价的7个类别里，融资担保服务环比指数居于第3位。资产评估服务的环比指数达到1048点。

其四，根据"2017年资讯信息服务"的主观评价，在金融中介主观评价的7个类别里，资讯信息服务环比指数居于第4位。资产评估服务的环比指数达到1048点。

其五，根据"2017年投资咨询服务"的主观评价，在金融中介主观评价的7个类别里，投资咨询服务环比指数居于第5位。资产评估服务的环比指数达到1047点。

其六，根据"2017年信用评级服务"的主观评价，在金融中介主观评价的7个类别里，信用评级服务环比指数居于第6位。资产评估服务的环比指数达到1044点。

其七，根据"2017年资产评估服务"的主观评价，在金融中介主观评价的7个类别里，资产评估服务环比指数居于第7位。资产评估服务的环比

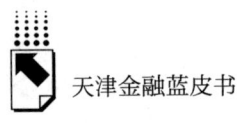

指数达到1040点。

由于七个指标采用主观评价法获取数据，所以在时间上各个环比指数仅获取了2012~2017年的数值。在本报告里，假设各个指标两年的环比指数连续乘以1000，以获得其发展指数。

（2）信用环境

2017年，信用环境指数为1530点，与2016年相比，上涨了6.3%；环比指数达到1063点，与2016年相比，基本持平，增速较为稳定。

信用环境是考量某个地区金融生态环境发展状况的重要指标。基于它的重要性，本报告为信用环境指标设定8%的权重。2017年底，信用环境指数为1530点，与2016年相比，上涨了6.3%。环比指数是1063点，增速较为稳定，与上年基本持平。

2017年，天津社会信用体系建设进入快速发展期。据客观数据显示，截至2017年底，天津市共有26万户企业和其他经济组织的信用信息和基本信息被全国企业征信系统收录，与2016年相比，增加1万户。天津市共计980万自然人的信用信息和基本信息被全国个人征信系统收录，与2016年相比，增加了10万人。2017年，天津信用评级公司达到8家，与2016年相比，基本持平，发展前景乐观。

具体分析主观评价。首先根据关于"2017年公民信用意识"的主观评价，"公民信用意识"在信用环境主观评价的4个类别里，环比指数位居第1位，公民信用意识的环比指数是1077点。

其次，根据"2017年信用数据库建设"的主观评价，"信用数据库建设"在信用环境主观评价的4个类别里，环比指数位居第2位，信用数据库建设的环比指数是1070点。

再次，根据"2017年信用文化建设"的主观评价，"信用文化建设"在信用环境主观评价的4个类别里，环比指数位居第3位，信用文化建设的环比指数是1067点。

最后，根据"2017年政府补贴政策"的主观评价，"政府补贴政策"在信用环境主观评价的4个类别里，环比指数位居第4位，企业信用状况的环比指数是 1060 点。

(3) 产业支撑

2017 年，天津产业支撑指数达到 2358 点，与 2016 年相比，上升了 1.5%；环比指数达到 1015 点，与 2016 年相比，增速由负转正。

自天津滨海新区纳入国家战略以来，天津市金融业基于本市原有的主体产业和先进的制造业，不断积累自己的优势，发展出了服务实体经济和产业金融两个本地金融特色，并得到了切实的发展成果。产业支撑为天津市金融业的发展提供了契机和活力。基于其重要性，给予产业支撑 35% 的权重。截至 2017 年底，产业支撑指数为 2358 点，与 2016 年相比，略有上升；环比指数达到 1015 点，与 2016 年相比，增速由负转正。

2017 年，天津市产业支撑和实体经济继续稳步向前推进，经济总量持续扩大，截至 2017 年末，全市生产总值为 18595.4 亿元，与 2016 年相比，增加 710.0 亿元，基于此基数，人均地区生产总值为 119238.0 元/人，与 2016 年相比，增加 4185.0 元/人。2017 年，天津工业增加值为 6864.0 亿元，与 2016 年相比，下降 374.7 亿元。2017 年，外贸进出口回稳向好，港口货物吞吐量为 5.0 亿吨，与 2016 年相比，下降了 0.5 亿吨，全年外贸进出口总额 7646.85 亿元，增长 12.8%。其中，进口 4694.49 亿元，增长 21.6%；出口 2952.36 亿元，增长 1.2%。2017 年，实际直接利用外资金额为 106.1 亿美元，比 2016 年增加 5.1 亿美元。2017 年，天津经济结构持续保持优化，第三产业占 GDP 的比重达到 58.0%，与 2016 年相比，增加了 4.0 个百分点，与 2006 年相比，增加了 17.8 个百分点。

(4) 物价水平

2017 年，天津物价水平指数为 893 点，与 2016 年相比，下降了 0.6%；环比指数是 994 点，与 2016 年相比，下降了 22 点，增速有所降低。

一般而言，一个地区的物价水平，既影响该地区的居民生活、企业运营成本，又影响该地区的经济繁荣程度。为了把物价因素植入天津金融生态环境中，在研究物价水平时，本报告选取了办公室租用成本和居民消费

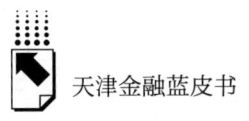

价格指数两个指标。基于以上物价水平对金融生态环境的影响,给予其10%的权重。2017年,天津物价水平指数为893点,与2016年相比,下降了0.6%;环比指数是994点,与2016年相比,下降了22点,增速有所回落。

2017年,居民消费价格指数达到102.1%,与2016年相比持平,可以看出居民消费价格持续保持平稳状态;2017年,天津办公室租用成本为每月121.0元/平方米,与2006年相比,增加了每月25.0元/平方米,与2016年相比,增加了每月1.4元/平方米,以上数据表明,短期内天津市办公室租用成本略有上升,与长期趋势一致。

(5) 宜居城市

2017年,天津宜居城市指数为1546点,与2016年相比,下降0.6%;环比指数达到994点,与2016年相比,下降了76点,发展增速有所下降。

天津市城市定位的重要目标内涵之一就是"美丽天津",生态宜居城市的规划和建设对加快聚集天津市金融人才和金融机构有极大的促进作用。考虑到宜居城市在金融生态环境建设中的重要作用,给予宜居城市5%的权重。2017年末,宜居城市指数达到1546点,与2016年相比,同比下降0.6%;环比指数是994点,与2016年相比,下降了76点,发展增速有所下降。

2017年,建成区绿化覆盖率达到37.2%,与2016年相比,提高0.02个百分点。2017年,空气质量达到或高于二级的天数占全年比重达到57.2%,与2016年相比,下降了约4.7个百分点,空气质量有所下降。2017年,艺术表演场所达到53个,与2016年相比,增加2个。2017年,人均城市轨道交通达到0.113公里/万人,比2016年增加了0.001公里/万人。

(6) 政府服务

2017年,政府服务指数为1357点;环比指数达到1052点,以平稳的速度向前发展。

若干体现政府服务的要素共同构成了政府服务,诸如金融机构、金融监管、金融人才奖励政策，金融区域布局、政府推动信用环境等建设活动，税收优惠相关、基础设施建设、金融配套服务产业、政府补贴等相关政策。综合考虑政府服务对金融生态环境产生的作用，给予其20%的权重。由于政策支持要素获得数据较为困难，本报告在获得要素评价数据方面采用了主观评价方法。由于主观评价法难以进行时间倒推，所以对于政府服务的数据时间选择上，仅提取了2012～2017年的数据。

构成了政府服务的8个三级主观评价指标为税收优惠相关政策，政府推动信用环境建设活动，政府补贴政策，金融机构奖励政策，金融人才奖励政策，金融配套服务产业相关政策，金融区域布局和基础设施建设政策、金融监管。这8个三级主观评价指标的权重不尽相同，见表25。

表25 政府服务及其三级指标的权重

单位：%

指标	权重	指标	权重
政府服务	20	金融区域布局和基础设施建设政策	10
税收优惠相关政策	15	金融配套服务产业相关政策	15
政府补贴政策	15	金融监管	15
金融机构奖励政策	10	政府推动信用环境建设活动	10
金融人才奖励政策	10		

资料来源：课题组整理。

具体分析主观评价。根据"2017年政府补贴政策"的主观评价，"政府补贴政策"在政府服务主观评价的8个类别里，政府补贴政策环比指数居第1位。基于上述评价所得数据计算，政府补贴政策的环比指数是1058点。

根据"2017年金融区域布局和基础设施建设政策"的主观评价，"金融区域布局和基础设施建设政策"在政府服务主观评价的8个类别中环比指数居第2位，环比指数为1057点。

作为天津金融改革创新工作的重要组成部分，于家堡金融区的区位具有优势。其位于天津滨海新区中心商务区的中心区，将逐步建设成为全国领先、世界一流、功能完善、服务健全的金融改革创新基地。

根据"2017年金融机构奖励政策"的主观评价,"金融机构奖励政策"在政府服务主观评价的8个类别中环比指数居第3位,环比指数达到1055点。

根据"2017年政府推动信用环境建设活动"的主观评价,"政府推动信用环境建设活动"在政府服务主观评价的8个类别中环比指数居第4位,环比指数为1054点。

根据"2017年税收优惠相关政策"的主观评价,"税收优惠相关政策"在政府服务主观评价的8个类别中环比指数居第5位,环比指数为1050点。

根据"2017年金融配套服务产业相关政策"的主观评价,"金融配套服务产业相关政策"在政府服务主观评价的8个类别中环比指数居第6位,环比指数达到1049点。

根据"2017年金融监管"的主观评价,"金融监管"在政府服务主观评价的8个类别中环比指数居第7位,环比指数达到1048点。

根据"2017年金融人才奖励政策"的主观评价,"金融人才奖励政策"在政府服务主观评价的8个类别中环比指数居第8位,环比指数达到1047点。

(7) 法律环境

2017年,法律环境指数达1351点;环比指数为1051点,发展速度稳健。

法律环境由全国金融法律规章,天津市金融法规、规章,金融执法,金融诉讼仲裁环境等反映法律环境的要素构成。考虑到法律环境在金融生态环境中的影响,法律环境指标被赋予10%的权重。考虑到法律环境相关要素不容易获取数据,本研究采取主观评价方法获得要素评分。同时,考虑到主观评价法难以进行往年倒推,因此,仅获得了法律环境指标2012~2017年的主观评价。

法律环境包括全国金融法律规章等4个三级主观评价指标,每个三级指标的权重不尽相同，具体情况见表26。下面逐个介绍受调查人群对于4个三级指标的评价。

表26 法律环境及其三级指标的权重

单位：%

指标	权重	指标	权重
法律环境指标的权重	10	金融执法	25
全国金融法律规章	25	金融诉讼仲裁环境	25
天津市金融法规、规章	25		

资料来源：课题组整理。

从主观评价看，首先，根据"2017年天津市金融法规、规章"的主观评价，"天津市金融法规、规章"在法律环境主观评价的4个类别中环比指数排名第1位，上述评价折合成环比指数为1060点。

其次，根据"2017年全国金融法律规章"的主观评价，"全国金融法律规章"在法律环境主观评价的4个类别中环比指数位于第2位，环比指数为1052点。

再次，根据"2017年金融执法"的主观评价，"金融执法"在法律环境主观评价的4个类别中环比指数位于第3位，环比指数为1052点。

最后，根据"2017年金融诉讼仲裁环境"的主观评价，"金融诉讼仲裁环境"在法律环境主观评价的4个类别中环比指数位于第4位，环比指数达到1042点。

指 数 篇

Index Reports

B.2
2017年的天津金融机构发展报告

刘通午　舒 鑫*

摘　要: 在供给侧结构性改革、产业转型升级、京津冀协同发展的推动下，2017年，天津市的金融机构数量和资产规模呈现双增长态势，金融创新方面也有了新的突破，在继续保持品牌行业优势的同时，填补了部分业务空白，为天津的实体经济提供了有力的金融支持。

关键词: 天津自贸区　金融创新　京津冀协同发展

2017年，天津市深入贯彻习近平总书记视察天津时提出的"三个着力"

---

* 刘通午，中国人民银行天津分行副行长，高级经济师，研究方向为外汇管理、金融监管；舒鑫，天津财经大学博士研究生，研究方向为金融风险。

重要要求，牢固树立新发展理念，坚持稳中求进的工作总基调，深化供给侧结构性改革，持续推进京津冀协同发展，狠抓转型升级，经济主要指标增速回落，但整体继续保持增长，质量效益稳步提升，新动能加快积聚，转型发展成效显现，市场活力持续释放。全市生产总值18595.4亿元，按可比价格计算，比上年增长3.6%。其中，第一产业创造了218.3亿元的增加值，较2016年增长了2.0%；第二产业贡献了7590.4亿元，增长率为1.0%；第三产业增加值高达10786.7亿元，较2016年增长了6.0%。全市金融业认真执行稳健中性的货币政策，坚持以服务实体经济为宗旨，全面提升金融服务效率和水平，加快金融改革创新步伐，金融保持平稳运行，有力支持本市经济社会发展。

近年来，京津冀三地人民银行工作协调机制得到强化，三地人民银行分支机构的协调配合不断加强。天津全市的金融机构也正在主动融入京津冀协同发展战略，加大对京津冀特别是与京津冀协同发展关联性强的天津自贸试验区内重点项目的信贷投放，创新金融产品，拓宽融资渠道。目前，天津已有20多家金融机构与京冀金融机构建立了长期战略合作关系。天津市金融机构一直致力于本市的"一基地三区"建设，加大天津与北京、河北两地在产业、交通和生态建设领域的金融合作力度。

未来2018年本市金融业将继续围绕京津冀协同发展和雄安新区建设，提升金融服务和支持能力。支持"一基地三区"、滨海—中关村科技园等重点工程、重大平台建设；支持天津国家租赁创新示范区建设，突出支持飞机、船舶、装备设备等领域的融资租赁，积极发展离岸租赁、保税租赁、联合租赁、绿色租赁等创新业务；继续增加京津冀三地协同发展在产业升级、交通一体、生态保护等领域的金融合作，加大对京津冀协同发展项目的信贷支持；全面落实京津冀推进雄安新区建设发展战略合作协议，加快推进支付结算、信用担保等金融服务同城化进度；积极发展绿色金融，探索发展用能权、排污权、碳排放权抵押贷款等绿色信贷业务；推动金融市场加快发展，鼓励探索发行京津冀协同发展债券、绿色债券、"双创"债券等金融产品。

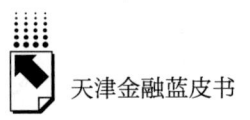

一 天津银行业机构发展

如表1所示,截至2017年底,天津市银行业金融机构为3129个,较2016年有所减少,其中城市商业银行与邮政储蓄两类金融机构网点撤回较多,金融从业人数也从64859人削减为64606人。2017年,天津市银行业金融机构的资产总额为47928.7亿元,较前一年有小幅增长。

表1 2017年天津市银行业金融机构情况

机构类别	营业网点			法人机构数(个)
	机构个数(个)	从业人数(人)	资产总额(亿元)	
大型商业银行	1247	27129	12631.1	0
国家开发银行及政策性银行	13	568	3037.5	0
股份制商业银行	431	12473	8277.1	1
城市商业银行	304	7843	9535.7	1
小型农村金融机构	549	8481	4553.4	2
财务公司	8	238	566.3	7
信托公司	2	343	110.5	2
邮政储蓄	405	2694	963.3	0
外资银行	51	1168	888.0	1
新型农村金融机构	105	1464	352.8	18
其他	14	2205	7013.0	13
合计	3129	64606	47928.7	45

资料来源:中国人民银行天津分行、天津市银监局。

1. 资产规模增长放缓,盈利能力下降

2017年末,天津市银行业金融机构资产总额4.8万亿元,同比增长2.7%,增速较上年下降3.1个百分点;负债总额4.6万亿元,同比增长2.4%,增速较上年下降3.1个百分点。不良贷款延续"双升"走势,2017年末,银行业金融机构不良贷款余额672.7亿元,比年初增加135亿元,不良贷款率1.97%,较上年末上升0.22个百分点。银行业金融机构累计实现营业收入1099.4亿元,同比下降5.8%,降幅较上年扩大5.1个百分点;累计实现净利润378.9亿元,同比下降9.1%,降幅较上年扩大0.5个百分点。

2. 存款增长趋缓

2017年末，本外币各项存款余额30940.8亿元，同比增长2.9%，增速比上年明显回落，比年初增加873.8亿元，同比少增1043.9亿元。从存款结构看，非银行业金融机构存款下降，非金融企业存款和广义政府存款同比少增较多，住户存款全年增加最多，占全部存款增量的47.5%，同比少增49.9亿元。2016~2017年天津市金融机构人民币存款增长变化如图1所示。

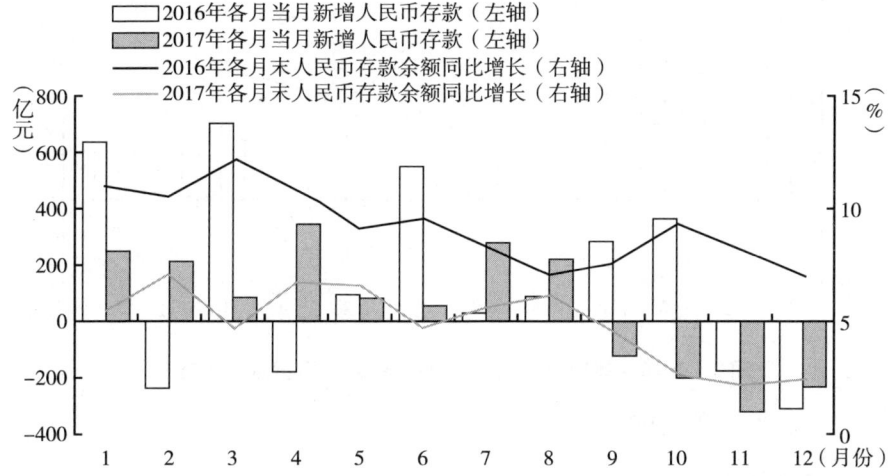

图1　2016~2017年天津市金融机构人民币存款增长变化

资料来源：中国人民银行天津分行。

3. 贷款适度增长

2017年末，本外币各项贷款余额31602.5亿元，同比增长9.9%，增速比上年末有所回落，比年初增加2848.5亿元，较上一年增量多了89.1亿元。其中，非金融企业及机关团体增速相对提升较大，而住户贷款同比略有少增。其中，住户贷款项下的中长期消费贷款增加较多，占全部新增贷款的46.4%，但比上年少增。非金融企业及机关团体贷款项下的中长期贷款同比增长较多，短期贷款同比增长较少，票据融资余额继续下降。2016~2017年天津市金融机构人民币货款增长变化见图2。

信贷投向重点突出。租赁和商务服务业本外币贷款比年初增加1048.5亿元，同比多增394.6亿元。小微企业本外币贷款比年初增加885.8亿元，同比多增47.1亿元。交通运输、仓储和邮政业本外币贷款比年初增加513.9亿元，同比多增550.3亿元。保障性住房开发贷款比年初增加55.2亿元，同比多增173.3亿元。

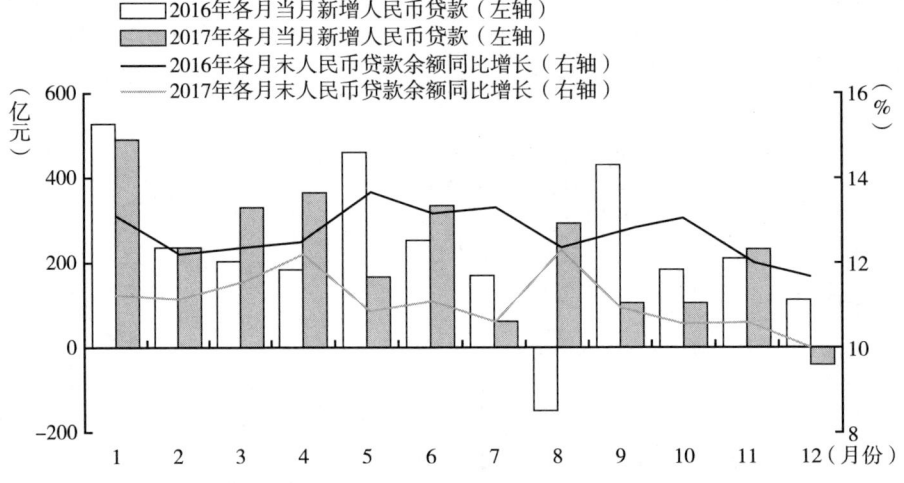

图2　2016~2017年天津市金融机构人民币贷款增长变化

资料来源：中国人民银行天津分行。

外币存、贷款恢复增长。2016年外币存、贷款余额双双下降。2017年末，外币存款余额182.8亿美元，同比增长23.7%，比年初增加35亿美元。其中，境外存款增加较多，非金融企业存款同比多增，住户存款余额下降。外币贷款余额229.5亿美元，同比增长14.9%，比年初增加29.7亿美元。其中，短期贷款及中长期贷款均同比多增，融资租赁同比少增。

4. 表外各类业务增速出现分化

2017年末，天津市银行业金融机构担保类、承诺类、金融资产服务类、金融衍生品类等四类表外业务余额同比增长13.7%。其中，担保类表外业务减少2.9%，承诺类、金融资产服务类和金融衍生品类表外业务分别同比增长14.5%、18.1%和7.3%。

5. 存、贷款利率水平基本稳定

如图3所示，2017年，天津市金融机构人民币企业贷款加权平均利率

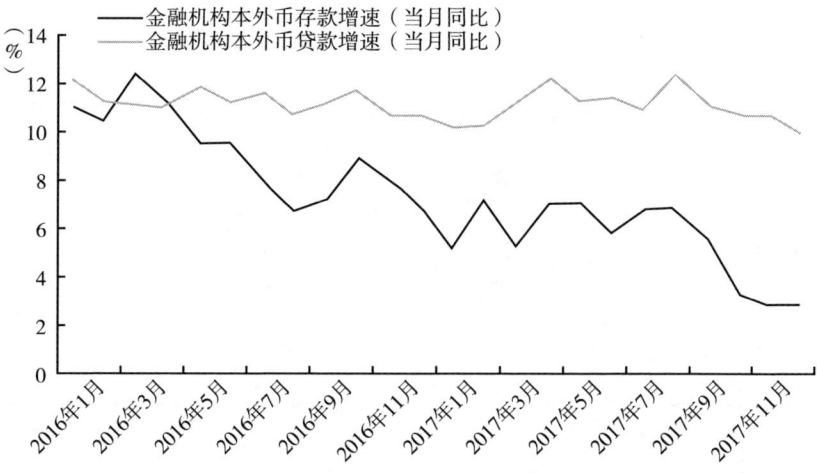

图 3　2016～2017 年天津市金融机构本外币存、贷款增速变化

资料来源：中国人民银行天津分行。

为 4.88%，比上年上升 0.06 个百分点。全部企业贷款中，对大型、中型和微型企业贷款利率上升，对小型企业贷款利率下降。贴现、转贴现利率上升。人民币存款加权平均利率与上年持平。天津市金融机构逐步完善利率定价机制，进一步提高利率定价能力，利率市场秩序平稳，利率水平基本稳定。2017 年天津市人民币贷款各利率浮动区间占比见表 2，2016～2017 年天津市金融机构外币存款余额及外币存款利率见图 4。

表 2　2017 年天津市人民币贷款各利率浮动区间占比

单位：%

	月份	1	2	3	4	5	6
	合计	100.0	100.0	100.0	100.0	100.0	100.0
	下浮	32.6	25.9	32.9	37.5	35.0	29.7
	基准	22.2	34.2	21.1	16.9	14.5	18.3
上浮	小计	45.2	39.9	46.0	45.6	50.5	52.0
	(1.0～1.1]	20.4	15.1	17.4	20.9	22.2	19.5
	(1.1～1.3]	13.8	12.7	14.0	12.8	12.7	18.1
	(1.3～1.5]	5.1	7.4	8.8	6.2	7.3	8.9
	(1.5～2.0]	4.2	3.3	4.2	4.2	6.4	4.2
	2.0 以上	1.6	1.4	1.7	1.5	1.9	1.4

续表

月份		7	8	9	10	11	12
合计		100.0	100.0	100.0	100.0	100.0	100.0
下浮		29.2	19.9	23.5	22.8	22.5	18.3
基准		14.1	19.7	18.6	22.8	21.4	23.2
下浮	小计	56.7	60.4	57.9	54.4	56.1	58.6
	(1.0~1.1]	22.5	23.6	20.4	15.7	20.5	21.4
	(1.1~1.3]	16.1	15.7	20.0	19.9	17.0	18.3
	(1.3~1.5]	8.2	11.9	9.6	10.2	11.8	8.5
	(1.5~2.0]	7.6	6.1	4.4	4.8	3.7	7.4
	2.0以上	2.1	3.1	3.4	3.9	3.2	2.9

资料来源：中国人民银行天津分行。

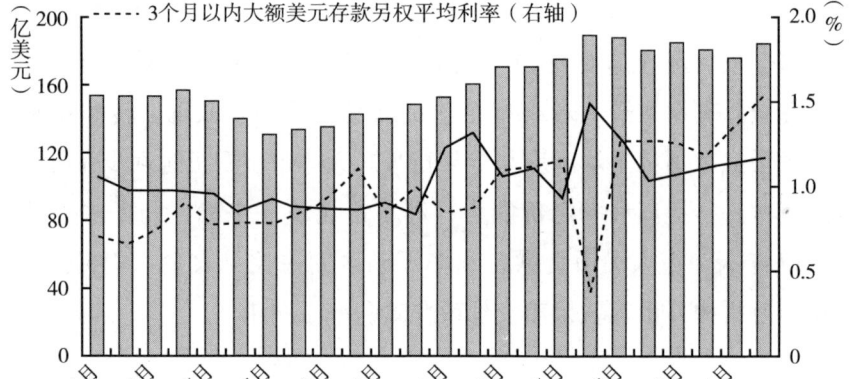

图4 2016~2017年天津市金融机构外币存款余额及外币存款利率

资料来源：中国人民银行天津分行。

6. 跨境人民币业务量下降

2017年，全市跨境人民币收付金额合计2391.8亿元，同比下降28.7%。已与148个国家和地区发生跨境人民币结算业务往来。共有6020余家企业开展跨境人民币业务。业务主要集中在金融证券、租赁、科技制造业、批发业、房地产、钢铁化工等行业。

二 天津证券业机构发展

近年来,我国金融监管部门审时度势、科学决策,不断加大证券行业对外开放力度。随着行业开放程度的持续提升,发达金融市场的资本、治理、模式、产品等要素逐步引入,证券行业的运营效率得到了全面的提升。2017年,天津各类证券业机构稳步发展,经营风险基本可控,法人证券公司资产规模有所增加,基金管理公司业务规模有较大幅度增长,期货公司平稳运营。

1.2017年天津证券业运营状况

2017年天津市证券期货市场取得了新进展,截至2017年末,天津市区内唯一的证券公司下设分公司数量有所增加,从前一年的19家增加至25家,辖区证券营业部也新增了8家,目前有154个营业网点。其他机构数量和2016年相同:证券投资咨询公司数量为1家,下设3家分公司;证券信用评级公司数量为1家;独立基金销售机构共4家(见表3)。

表3 天津证券业机构运营情况

单位:家

序号	机构	2017年12月	2016年12月
1	证券公司	1	1
2	证券公司分公司	25	19
3	辖区证券营业部	154	146
4	证券投资咨询公司	1	1
5	证券投资咨询分公司	3	3
6	证券信用评级公司	1	1
7	独立基金销售机构	4	4

资料来源:天津市证监局官网。

2. 法人证券公司资产规模有所增加，经营风险可控

截至2017年底，投资者证券账户为477.74万户，当年新增38.78万户。2017年，天津市证券业经营受当年股市影响出现一定程度的波动。如图5所示，2017年上半年，天津市证券营业部总资产在小幅度范围内波动，在2017年第二季度末达到总资产峰值221.34亿元；2017年底，随着股市出现小幅度波动，天津市证券营业部总资产也小幅度缩水，12月末下降至163.56亿元，相比年初下降了14.2%，天津市证券经营业绩有所下滑。整体来看，法人证券公司资产总额同比增长3.7%，负债总额同比增长7.2%，累计实现净利润较上年减少，盈利能力有所下降。2017年末各项风控指标高于监管标准的预警阈值，经营风险可控。

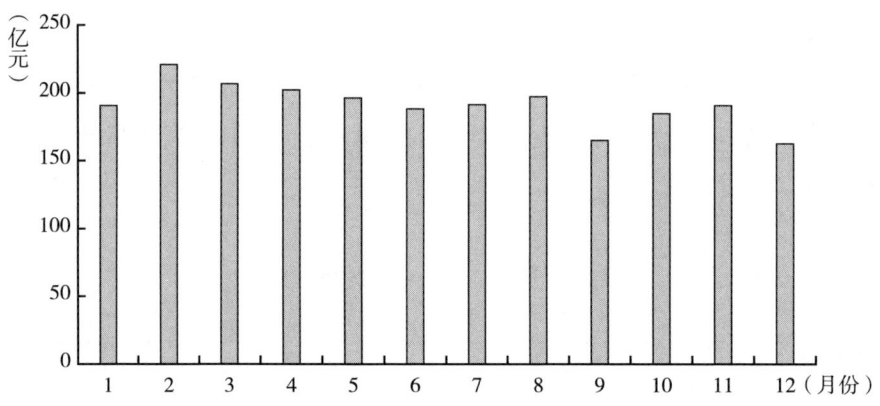

图5　2017年天津市证券营业部总资产规模

资料来源：天津市证监局官网。

3. 法人基金公司规模持续扩大，业务结构有所改善

天津市基金管理公司规模不断扩大，管理的基金数量有所增长。2017年末，法人基金资产总额比年初增加23亿元，新发基金5只，基金净值同比增长111.8%。

4. 法人期货公司稳步发展，代理交易规模有所下降

截至2017年末，天津市总共有6家法人期货公司。天津市法人期货公司资产共计76.66亿元，同比增长14.1%；净资产总额22.1亿元，同比增长3.5%；代理交易额3.4亿元，同比下降12.3%。期货公司和期货营业部的代理交易额和代理交易量分别为4624.41亿元和724.2万手，分别比2016年降低6.6%和14.0%（见图6、图7）。

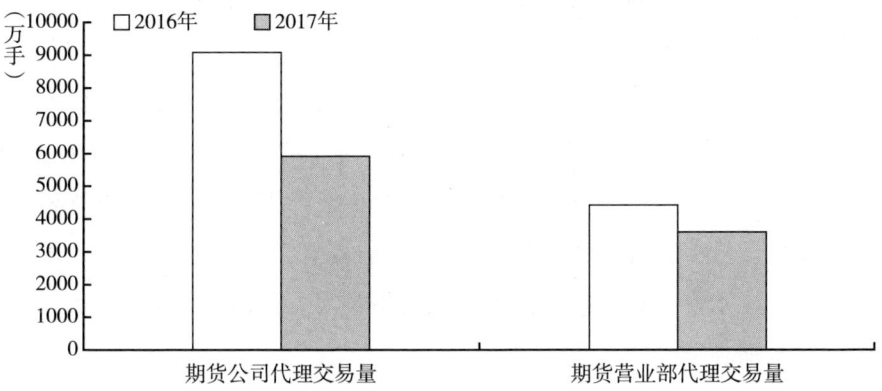

图6　2016~2017年天津市期货机构交易情况

资料来源：天津市证监局官网。

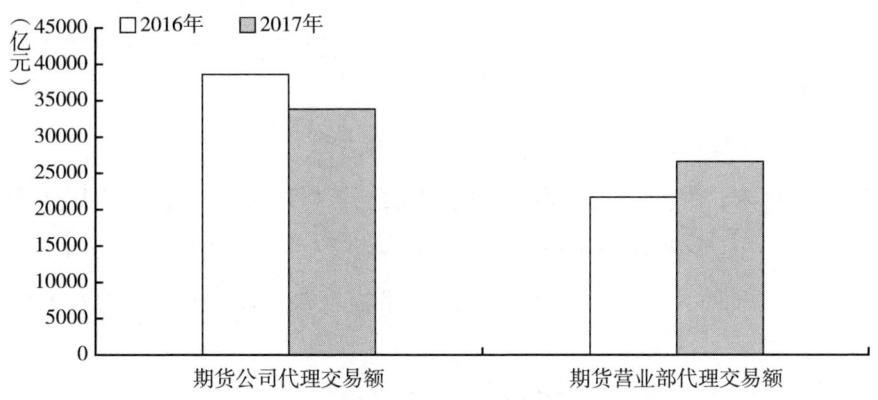

图7　2016~2017年天津市期货机构代理交易额

资料来源：天津市证监局官网。

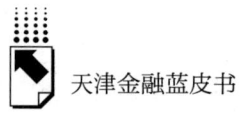

5. 上市公司在数量上有所增长，总市值下降幅度减缓

截至2017年12月底，天津市成功上市的公司已有49家，较2016年新增4家。上市公司的总股本已达620.34万股，而这些上市公司总市值减少至5245.12亿元，同比下降0.75%。

6. 新三板挂牌企业快速增长

截至2017年12月29日，新三板共有11630家挂牌企业。天津有205家，占比1.8%，较前一年新增34家。其中，89家企业有市值，占比43.4%，创新层有11家，基础层有78家。协议转让73家，做市转让16家。从天津市新三板企业市值排行榜看，有5家企业市值超过20亿元，还有33家企业市值不足1亿元，而市值在1亿~5亿元、5亿~10亿元、10亿~20亿元的企业分别有32家、13家、6家。从行业分布来看，机械行业的企业数量最多，有12家；其次是电气设备，共9家企业。辖区内的新三板挂牌企业始终是天津经济社会发展的主要动力源，为天津的税收、就业做出巨大贡献。

三 天津保险业机构发展

截至2017年末，天津市共有6家法人保险公司，57家省级分公司。经营主体保持稳定，资产规模下降，保费收入保持增长，产品、业务结构进一步调整优化。

1. 资产规模大幅下降，人身险公司资产占主导

2017年末，保险公司在津分支机构总资产为1284.9亿元，比年初下降23.4%。其中，财产险公司资产规模变动幅度较小，较年初下降0.8%后为141.2亿元，而人身险公司资产总额萎缩幅度高达25.5%，2017年仅为1143.7亿元。

2. 保费收入持续增长，保险保障覆盖面扩大

2017年，天津市保险业共实现保费收入565亿元，同比增长6.7%。其中，财产险保费收入为141.6亿元，比上年增加了11%；人身险总共获得423.4亿元的保险收入，同比增长5.3%。人寿保险、健康险和人身意外伤害险三项业务的保费收入分别为352.28亿元、609.31亿元和102.28亿元，增速分别为0.78%、36.32%和33.35%。2017年全年财产保险公司累计签单3616.5万件，同比增长18.2%。天津市保险业赔付总额为155.32亿元，较2016年赔付水平明显减少。其中，财产险业务赔付支出74.1亿元，同比下降21.5%；人身保险业务赔付支出81.2亿元，增长2.5%。

表4　2017年天津保费收入和赔款给付

单位：万元

项目	金额	项目	金额
原保险保费收入	5650144.36	赔款、给付	1553241.83
财产险	1415727.27	财产险	740984.36
人身险	4234417.09	人身险	812257.48
寿险	3522822.60	寿险	617683.74
健康险	609309.74	健康险	168675.53
人身意外伤害	102284.75	人身意外伤害险	25898.20

资料来源：天津市保监局官网。

3. 财产险业务发展结构优化，赔付显著下降

2017年财产保险公司车险保费收入105.8亿元，占财产保险公司业务收入比重的71.8%，同比下降3.1个百分点；而信用保险、货物运输保险保费收入明显上升，占财产保险公司业务收入比重分别同比上升3.3个和0.5个百分点。全年财产险赔付74.1亿元，同比下降21.5%，其中，企业财产险赔款支出同比下降75.4%。

4. 人身险公司产品结构有所调整，对银邮代理渠道的依赖下降

2017年人身险公司普通寿险实现保费收入206.5亿元，占人身险保险收入比重为48.8%，较上年下降7.9个百分点；分红寿险实现保费收入143

表5　2017年财产保险公司原保险保费收入情况

单位：万元

资本结构	公司名称	金额
中资	人保股份天津分公司	424192.44
	大地财产天津分公司	76103.40
	中华联合天津分公司	36387.90
	出口信用天津分公司	79891.51
	太保财险天津分公司	120869.91
	平安财险天津分公司	336739.84
	华泰天津分公司	7240.20
	太平保险天津分公司	62689.32
	华安天津分公司	12870.62
	天安天津分公司	14758.34
	亚太财险天津分公司	11643.84
	中银保险天津分公司	12855.94
	永诚天津分公司	9125.16
	安邦天津分公司	9145.59
	阳光财产天津分公司	75965.06
	都邦天津分公司	4530.07
	渤海天津分公司	42920.75
	国寿财险天津分公司	55186.62
	英大财险天津分公司	11312.40
	紫金财产天津分公司	16932.63
	鑫安保险天津分公司	4018.81
	众安财产天津分公司（虚拟）	4086.35
	阳光渝融天津分公司（虚拟）	258.57
	中铁自保天津分公司（虚拟）	289.98
	泰康在线天津分公司（虚拟）	818.13
	安心财产天津分公司（虚拟）	998.22
	易安财产天津分公司（虚拟）	0.14
外资	三星天津分公司	12383.65
	安盛天平天津分公司	23965.42
	爱和谊日生同和（中国）天津分公司	4005.52
合计	—	1472186.33

资料来源：天津市保监局官网。

亿元,占人身险保险收入比重为33.8%,较上年上升4.2个百分点。从渠道结构看,银邮代理渠道实现保费收入170亿元,同比下降15.7%,较上年下降80.8个百分点。

表6 2017年人身保险公司原保险保费收入情况

单位:万元

资本结构	公司名称	金额
中资	国寿股份天津分公司	665416.41
	平安人寿天津分公司	872900.46
	太保寿天津分公司	178915.20
	新华天津分公司	194205.82
	泰康天津分公司	243541.72
	太平人寿天津分公司	174799.61
	合众人寿天津分公司	36035.60
	富德生命人寿天津分公司	147470.08
	民生人寿天津分公司	3632.60
	国寿存续天津分公司	5573.88
	平安养老天津分公司	15000.28
	光大永明天津分公司	86470.40
	太平养老天津分公司	174799.61
	人保健康天津分公司	94664.24
	华夏人寿天津分公司	99384.80
	长城天津分公司	10772.01
	人保寿险天津分公司	74331.41
	国华人寿天津分公司	80517.36
	泰康养老天津分公司	11761.75
	阳光人寿天津分公司	111686.43
	中邮人寿天津分公司	76853.01
	安邦人寿天津分公司	266534.15
	渤海人寿天津分公司	424405.85
	小计	4049672.68

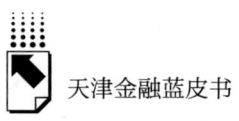

续表

资本结构	公司名称	金额
外资	中宏人寿天津分公司	2518.29
	工银安盛天津分公司	72401.80
	信诚天津分公司	35987.23
	中荷人寿天津分公司	11916.25
	同方全球天津分公司	11685.52
	恒安标准天津分公司	60320.93
	陆家嘴国泰人寿天津分公司	7838.16
	大都会天津分公司	24716.30
	平安健康天津分公司	7221.44
	中银三星天津分公司	37402.56
	小计	272008.48
合计	—	4321681.16

资料来源：天津市保监局官网。

5. 天津保险业积极发挥作用，为企业家创业营造良好环境

2017年末，天津市《关于营造企业家创业发展良好环境的规定》指出，天津市保险业需要加强对"双创"的保障服务，大力拓展企业家参加境外展会、产品认证、专利申请、海外投资等过程中的保险业务。2017年，天津保险业努力服务企业家创业环境改善，累计通过专利保险为25家专利企业提供风险保障200万元，通过海外投资保险为企业提供9.21亿元风险保障。人保财险天津市分公司与天津海鸥表业签约我国首单"境外展会专利纠纷法律费用保险"，助力企业家参加海外展会和专利申请。

四 天津租赁业机构发展

2017年，随着供给侧结构性改革、"中国制造2025"以及京津冀协同发展等国家战略的逐步落实，融资租赁因其兼具融资、融物两大职能，服务深度和广度都进一步扩大，在服务实体经济方面发挥了重要作用，获得了较高的行业认知度。在外部政策环境的助力下，行业整体开始快速发展。根据

《2017年第三季度中国融资租赁业发展报告》披露的数据，截至2017年第三季度末，我国融资租赁机构（不含单一项目公司、分公司、子公司和收购的海外公司）已有8580家，较上一年同期增长了34.2%，签署的合同余额规模同比增长16.2%，创造了5.75万亿元的历史新高。

2017年，融资租赁行业在机构数量、业务规模快速增长的同时，也加快了租赁业务向专业化、特色化、国际化方向的创新转型。而细分产业市场，提供专业服务，实行精细化经营是2017年融资租赁业务发展的最大亮点。融资租赁行业将业务范畴从工程机械、医疗等领域发展至高端装备制造、通用航空、国家海洋、绿色低碳等细分产业，满足多项国家发展战略的资金需求。例如，2017年，在"一带一路"倡议推动下，航空、海洋等领域的公务机、海工平台等融资租赁项目落地，并在与国外航空、海洋产业的公司、制造商及企业的合作中加入国际竞争；融资租赁行业通过细分绿色低碳产业，对清洁能源、节能环保等进行了创新型的业务布局，并于9月组建了有一百多个成员的绿色租赁发展共同体，以期为绿色租赁行业提供交流合作平台。未来，融资租赁行业将继续在党的十九大的指引下，拓展各细分产业租赁业务，为实体经济的高质量发展提供资金支持。

天津自贸区始终在融资租赁行业保持绝对优势，企业数量和业务规模位居全国第一，成为最大的融资租赁聚集区。东疆保税港区陆续推出的保税租赁、进出口租赁、联合租赁等业务模式为中国民航约六成的租赁引进飞机中的40%提供了资金融通渠道，为我国航空运输、飞机制造产业的发展做出巨大贡献。2015年4月挂牌以来，天津自贸区已将45个金融创新项目推广至全国。2017年，天津自贸区更是在融资租赁这一招牌行业中实现了诸多突破：为超深水双钻塔半潜式钻井平台"蓝鲸1号"提供进口融资租赁；建立无形资产融资租赁业务试点，完成首单科技类和文化类无形资产融资租赁，开创新的业务领域。

1. 天津已发展成为全国最大的融资租赁聚集区

中国租赁联盟和天津滨海融资租赁研究院公布，以注册资金为排名准则的2017年全国融资租赁企业前十名中，天津市有3家融资租赁企业入围，依次是天津渤海租赁、工银金融租赁和长江租赁。天津渤海租赁有限公司以221.01亿元的注册资金位居首位（见表7）。

表7　中国租赁十强企业排行榜（截至2017年12月31日）

名次	企业名称	注册时间	注册地	注册资金（亿元）
1	天津渤海租赁有限公司	2008	天津	221.01
2	浦航租赁有限公司	2009	上海	126.83
3	国银金融租赁有限公司	1984	深圳	126.42
4	远东国际租赁有限公司	1991	上海	125.35
5	平安国际融资租赁有限公司	2012	上海	122.11
6	工银金融租赁有限公司	2007	天津	110.00
7	长江租赁有限公司	2004	天津	107.90
8	芯鑫融资租赁有限责任公司	2015	上海	106.50
9	郎丰国际融资租赁（中国）有限公司	2016	珠海	103.50
9	上海易鑫融资租赁有限公司	2014	上海	103.50
10	鑫海（珠海）融资租赁有限公司	2016	珠海	93.58

注：外资租赁企业注册资金按1∶6.9的平均汇率折算为人民币。
资料来源：中国租赁联盟、天津市滨海融资租赁研究院。

2. 天津市融资租赁企业数量稳步增长

如表8所示据天津市租赁协会和天津滨海融资租赁研究院统计，截至2017年12月，1574家融资租赁公司（不包括单个项目的融资租赁公司、分公司和海外收购的公司）的总部位处天津，比年初的1185家增加了389家。其中，金融租赁企业达到11家，较上年底增加了2家。自从内资租赁企业从事融资租赁试点业务确认工作于2016年4月下放到自贸区后，天津市仅2017年一年就完成了49家企业的试点确认工作，加之2016年确认的30个试点企业，天津目前已拥有79家内资融资租赁试点企业，在全国总量中的占比已达28.62%，高居全国首位。由于深入推进双向投资便利化，外资租赁企业数量依然保持高速增长，截至2017年底已经达到1484家，较上年底增加了338家。全年天津市自贸试验区实际直接利用外资28.03亿美元，增长12.1%，占天津市的26.4%。

表8 2017年天津市融资租赁企业概况

单位：家

类别	2017年底企业数	2016年底企业数	2017年底比上年底新增
金融租赁	11	9	2
内资租赁	79	30	49
外资租赁	1484	1146	338
总计	1574	1185	389

资料来源：中国租赁联盟、天津市滨海融资租赁研究院。

3. 探索租赁业务新领域，积极发展海洋工程结构物业务

中集海洋工程有限公司100亿元海工产业基金落户东疆，用于投资海上钻井平台、海工设备等。2017年2月，东疆保税港区拓展租赁业务新领域，为全球最先进超深水双钻塔半潜式钻井平台"蓝鲸1号"提供了租赁业务。5月，"蓝鲸1号"在南海神狐海域作业试采海域天然气水合物成功。此举进一步加深了东疆与中集集团的合作，有力助推了东疆深化海工平台租赁业务发展，为打造海外工程出口基地奠定了基础。近年来，租赁企业依托天津东疆保税港区平台，相继完成了烟台中集来福士生产的"海湾钻探者1号""海洋石油932""中油海15"等海工平台的租赁业务。东疆保税港区坚持不懈搭建政策功能平台，推动船舶海工创新业务。截至2017年5月，东疆完成海工资产租赁规模达到25亿美元，占全国100%。天津市将进一步探索海洋工程结构物的租赁业务，让东疆成为中国租赁业的聚集中心。

4. 在政策红利推动下，东疆港成为全球第二大飞机租赁聚集地

在目前实施的"一带一路"建设当中，飞机租赁业务将作为"一带一路"沿线国家航空市场的重点开发对象，引领我国航运、贸易、旅游、金融等领域的企业走出国门，向国际化迈进。2017年，东疆港租赁飞机突破千架，成为全球第二大飞机租赁聚集地。

继安龙租赁和香港国际航空租赁有限公司在天津东疆保税港区设立分公司后，东疆便开始通过保税租赁的业务模式将境外租赁公司资产所有权引至境内，并于2009年12月，经由工银租赁首次完成两架波音B777-F货机的租赁业务，

成功将中国融资租赁行业版图拓展至航空领域。历经八年时间，东疆保税港区充分发挥其作为北方国际航运中心核心功能区拥有的政策优势，不断进行业务创新，已经开发了近40种租赁业务模式。在航空租赁领域，"东疆模式"已被国内外认可，形成品牌效应。2017年初，东疆保税港区不仅和阿联酋航空完成了A380机型的首单境内合作融资租赁业务，实现又一历史性突破，还于9月22日引进航空租赁领域的第1000架飞机——空客A320客机，至此东疆保税港区成为全球拥有飞机资产排名第二的航空租赁地区。接下来，天津市将继续鼓励融资租赁公司开拓进取，提高在国内外市场的知名度，力争将自身打造成为全球知名的飞机融资租赁公司，引领中国航空租赁业务更好更快地发展。

5. 天津完成了首批科技类、文化类无形资产租赁业务

2017年，天津东疆保税港区作为无形资产的融资租赁试点探索者，成功将金融产业与科技、文化两大产业融合发展，完成了首批科技类和文化类无形资产的融资租赁业务。最初，芯鑫融资租赁与江苏长电科技的首次合作将天津融资租赁业务范围拓展至无形资产领域，填补了业务空白，为科技型企业的发展提供了资金支持和动力源泉。8月，在天津融资租赁综合创新服务平台，平安国际融资租赁（天津）有限公司与北京时代光影文化传媒股份有限公司、西安曲江春天融和影视文化有限责任公司以电视剧本及电视剧版权为租赁标的物，将应收账款进行质押，在国家版权保护中心进行转让登记，以获取为期三年共计5390万元人民币的融通资金，并约定售后可进行回租。这项租赁业务创新是贯彻《天津市融资租赁业发展"十三五"规划》过程中的又一大突破。未来，天津将在继续深化融资租赁金融产业与科技、文化产业协同发展的同时，推动融资租赁渗透到无形资产的更多细分产业，为科技创新、文化发展、中小微企业、新兴战略产业提供更多的资金融通渠道，促进经济社会的更快发展。

五　天津其他机构发展

1. 信托机构运行情况

2017年，中国经济稳中有进，继续保持平稳健康发展势头。全年国内

生产总值82.7万亿元，同比增长6.9%，比2016年高0.2个百分点。分产业看，一、二、三产业增加值同比增速分别为3.9%、6.1%、8.0%，经济表现稳中向好。中国信托业协会发布的"2017年信托公司主要业务数据"的各项指标表明，我国信托业与宏观经济基本保持协调发展，2017年信托业资产规模实现稳步增长，信托资产同比增速自2016年第二季度触及历史低点后开始回升。截至2017年12月，我国信托行业管理的资产规模同比增长了29.81%，已达26.25万亿元。2017年，天津法人信托公司信托资产总额为5224.0亿元，相较于2016年下降了25.1%。

在宏观经济发展模式转变，信托业粗放经营、专业管理能力不强等问题急需改变。2017年《信托登记管理办法》出台，信托业正式建立了统一登记制度，市场规范化和透明度大大提升。与此同时，各项监管政策如"三三四十"、资管新规、"55号文"等对房地产信托、政信合作业务、通道业务产生较大影响，相应的业务得到进一步规范。为此，多数信托公司进一步实施增资扩股，增强公司抗风险能力，并以此谋求业务转型和创新发展。伴随中国产业结构的转变和消费模式的变化，各信托公司推陈出新，推出多种与实体经济需求和本源要求相适应的信托业务，如投贷联动、资产证券化、产业基金、消费信托、慈善信托、绿色信托等，主动管理能力得到进一步提升。

展望2018年，京津冀协同发展和"一带一路"的进一步加快推进，使得支持政策和重大项目不断增加，将为天津信托业带来更多发展机遇。信托业应以回归信托本源为指向，牢牢把握继续巩固信托主业地位和继续回归服务实体经济这两个根本点，继续深化转型升级。要实现长期可持续发展，一方面信托公司需响应监管号召，顺应市场环境变化，创新运用多种模式切入实体产业链，特别是未来的支柱性产业，深化产融结合，推动实体经济持续健康发展；另一方面信托公司需认清定位、明晰主业，在资产管理、财富管理和专业化的受托服务等领域打造自己的独特竞争优势，继续坚持主业方向不动摇，将主业进一步做精做强，进而谋求更大的市场发展空间。

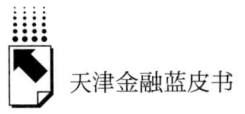

2. 商业保理机构运行情况

天津滨海新区是我国最早开展商业保理业务的地区之一，在"先试先行"的政策优势下，商业保理机构已逐步发展成熟。近年来，全市商业保理行业秉承规范化、专业化、规模化的理念，持续稳健发展。在严格准入审批的同时鼓励企业发展创新业务，推动商业保理在企业数量和业务规模上都呈现稳中求进、快速发展态势。据统计，截至2017年12月，天津市滨海新区已批准设立489家商业保理试点企业，注册资金共计647.9亿元。其中107家为2017年新审批的保理试点，注册资金达172.57亿元。在489家试点中，64.6%为外资公司，注册资金共计425.18亿元；内资公司占比仅为35.4%，注册资金为222.72亿元。

自贸区负面清单制度和"金改30条"的政策红利也极大地促进了天津商业保理行业发展。在负面清单制度框架下，外资企业注册实行备案制，简化了办理手续，有利于提高对外资商业保理公司的吸引力。"金改30条"出台后，开始允许融资租赁公司兼营与主营业务有关的商业保理业务，也在一定程度上助力商业保理行业发展。未来天津也将在商业保理业务的退税、结售汇、外贷额度等方面不断进行业务产品创新，保持天津商业保理行业的发展优势，更好地服务于供给侧结构性改革，助推实体经济增长。

3. 小额贷款公司运行情况

2017年，天津市小贷行业总体经营运行情况较好，有的小贷公司业绩可圈可点，营运能力明显增强，在解决中小企业融资难和帮助农村经济快速发展等方面起到了很好的作用。近年来，因受外部形势影响，小贷公司经营风险相对增加，但由于2016年底市金融局出台了《天津市小额贷款公司监督管理暂行办法》积极支持小贷公司创新发展，因此风险总体可控。未来天津市小额贷款公司应该加强与其他银行业金融机构之间的业务合作，如银行、保险、租赁、担保机构等，拓宽小额贷款公司再融资的渠道。

4. 互联网金融运行情况

互联网金融作为一种金融新业态，在提高资金使用效率、降低融资成本和提高金融服务水平方面发挥了积极的作用。互联网金融融资模式较新颖，其成本较低，无须抵押，更方便快捷等，吸引了很多融资客户。该模式使得金融市场上的层次和产品更加多样化，更有助于解决小微企业融资难问题，更有助于大众创业、万众创新的积极性。

互联网金融的出现和发展对金融业甚至是整个社会经济都产生了颠覆性的影响。天津的"十三五"规划中提出了建设北方金融创新运营中心的内容，互联网金融作为金融业态创新，带动了天津的经济社会发展。然而，随着现金贷等问题的频频出现，国家开始出台相关文件规范互联网金融的创新发展，天津也做出了相关部署。2017年11月14日，天津市互联网金融协会出台了《关于加强互联网金融消费者权益保护工作的指导意见》（下称《指导意见》）。《指导意见》从"建立健全互联网金融消费者权益保护机制""依法合规开展产品营销活动""履行信息披露义务""采取适当方式追讨债务"等八个方面对互联网金融从业机构提出了指导意见。《指导意见》要求，互联网金融从业机构尊重客户的自主选择权，并且对于客户业务信息的收集、管理、使用也做出了明确要求，严格管控风险，加强对金融消费者的权益保护。

天津市拥有我国北方唯一一家自贸区，金融生态环境良好，金融改革创新走在全国前列，这为互联网金融发展提供了广阔的市场空间。为促进互联网金融行业的进一步健康发展，天津应从政策层面加大对互联网金融的扶持力度，严格互联网金融企业的准入程序，推动金融科技在业务领域的应用，加强金融风险防范与管控，完善征信体系机制、法律等方面的建设。同时要多层次多方位地建立征信服务机构，加强复合型人才的培养，注重培养集金融知识、互联网技术、市场营销技能、IT工具运用等多种技能于一身的复合型人才。

B.3
2017年天津金融市场发展报告

王文刚　石振宇*

摘　要： 2017年，天津的经济发展稳中有增，产业升级效果明显，经济结构调整成效显著，这一年金融的发展将制度进一步完善、体系持续优化、监管更加全面体现得淋漓尽致。在2017年，天津市对于创新更加重视，包括制度和产品创新，均为金融的进一步发展奠定了扎实的基础。本报告对2017年天津市各金融市场的数据进行整理、分析及展示，将2017年天津市金融市场的发展状况完整地呈现，并对其未来的发展趋势进行展望。2017年天津市金融市场在服务、监管和交易模式等方面又取得了进一步的发展。

关键词： 金融市场　货币信贷　天津市　制度完善

2017年，天津市深入贯彻习近平总书记视察天津时提出的"三个着力"重要要求，牢固树立新发展理念，坚持稳中求进工作总基调，深化供给侧结构性改革，持续推进京津冀协同发展，狠抓转型升级，经济主要指标增速回落，但整体继续保持增长，效益质量都稳步提升，集聚新动能的节奏加快，市场保持活力，并持续、有序地释放。2017年天津市GDP达18595.4亿元，依照可比价格计算，比2016年高出3.6%。按照三次产业具体分析，第一、

---

* 王文刚，银监会天津监管局副局长，高级经济师，研究方向为金融创新与金融监管；石振宇，天津财经大学博士研究生，研究方向为金融周期。

二、三次产业的增加值分别为218.3亿元、7590.4亿元、10786.7亿元,分别增长2%、1%、6%。

全市金融业认真执行稳健中性的货币政策,坚持以服务实体经济为宗旨,全面提升金融服务效率和水平,加快金融改革创新步伐,使金融业保持了平稳运行,有力支持了经济社会发展。

间接融资占比提高,直接融资萎缩。2017年,天津市社会融资规模2790.3亿元,比上年少804.2亿元。从社会融资规模的结构看,一是对实体经济发放的表内贷款占比大幅提高。银行业机构本外币各项贷款占社会融资规模的102.6%,同比上升30.1个百分点。二是表外融资占比较低。银行业机构表外融资占社会融资规模的0.8%,同比增长率为3%。三是直接融资的比重下降,且降幅较大。企业直接融资净减少179.7亿元,同比少增1142.4亿元。2017年天津市社会融资情况见图1。

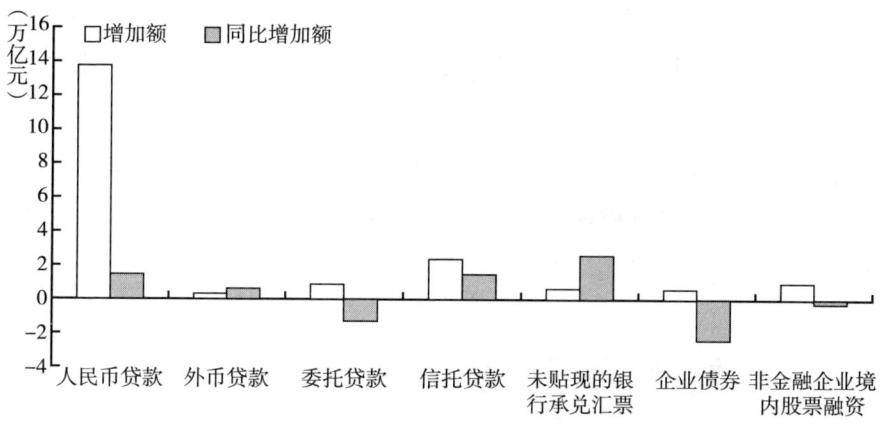

图1 2017年天津市社会融资情况

资料来源:《天津市金融运行报告(2018)》。

在结构方面进行分析,将2017年全年社会融资规模作为整体,则在实体经济上发放的人民币贷款、外币贷款占比分别为71.40%、0.01%,同比增速依次为1.40%和3.20%,很明显人民币贷款依然占据大头;委托贷款占比4.00%,同比低8.3个百分点;信托贷款占比11.60%,比2016年同期增高6.80个百分点；未贴现的银行承兑汇票、企业债券、非金融企业金融境内股票融资所占比重依次是2.80%、2.30%、4.5%，与2016年同期相比分别增加13.8个、-14.6个、2.5个百分点。

一 货币信贷市场

金融存款、贷款的规模均稳升，二者都突破了3万亿元人民币。截至2017年12月31日，整个天津市的中外金融机构本外币各项存贷款余额分别高达30940.81亿元、31602.54亿元，相比年初，分别增加了873.77亿元、2848.49亿元（见表1）。可以看出，2017年天津市贷款规模依然以较快的速度扩大，表明天津市金融活力不减。

货币市场交易量上升，市场交易以短期为主。2017年，天津市银行间同业拆借市场累计完成信用拆借3455笔，同比上升80.5%；累计金额12842.8亿元，同比上升16.1%。债券回购交易量继续增长，累计成交212798.5亿元，同比上升11.1%。从期限看，市场交易仍以短期为主。隔夜和7天拆借占全部拆借成交金额的84.4%。从价格看，利率都呈上升的趋势。与2016年同期相比，拆入、拆出加权平均利率分别上升1.01%、0.42%。

表1 2017年末金融机构（含外资）本外币存贷款情况

单位：亿元，%

指标	年末数	比年初增加	比上年末增加
中外金融机构本外币各项存款	30940.81	873.77	2.9
非金融机构企业存款	14488.17	194.81	1.4
住户存款	9756.89	414.78	4.4
中外金融机构本外币各项贷款	31602.54	2848.49	9.9
非金融企业及机关团体贷款	24971.48	1319.14	5.6
住户贷款	6316.37	1468.86	30.3

资料来源：天津市2017年统计报告。

（一）信贷市场

1. 贷款有所增长

2017年底，本外币各项贷款余额较去年增加了近10%，高达31602.54亿元，增速比上年末有所回落，较之2017年初2848.49亿元的增量，比2016年多增加了89.1亿元。在贷款结构方面，非金融企业及机关团体贷款同比多增，住户贷款同比略有少增。其中，住户贷款项下的中长期消费贷款增加较多，占全部新增贷款的46.4%，但比上年少增。机关团体和非金融企业的中长期贷款比2016年同期有较大的增加量，但短期贷款的增加量同期减少，票据融资余额依然下降（见图2）。

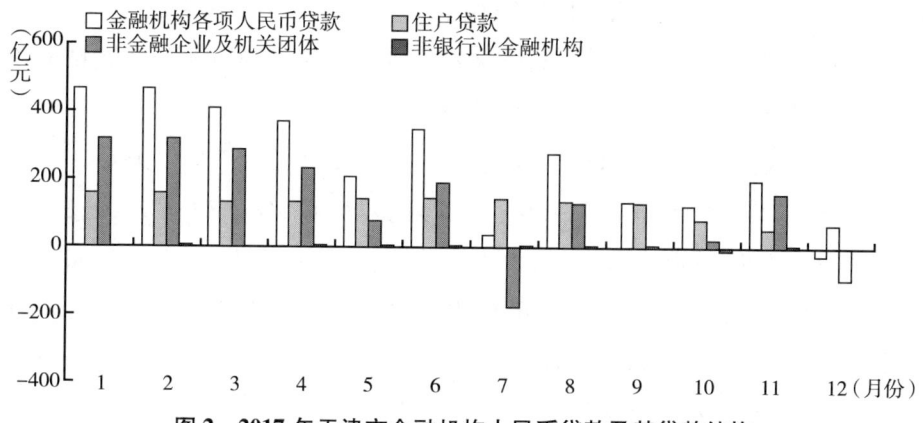

图2　2017年天津市金融机构人民币贷款及其贷款结构

资料来源：中国人民银行天津分行。

分别来看，全年人民币贷款中住户贷款增加7.13万亿元。其中，短期贷款增加1.83万亿元，中长期贷款增加5.3万亿元；非金融企业及机关团体贷款增加6.71万亿元，其中，短期贷款增加1.63万亿元，中长期贷款增加6.38万亿元，票据融资减少1.58万亿元，非银行业金融机构贷款减少3183亿元。12月，人民币贷款增加5844亿元，同比少增4600亿元。12月末，外币贷款余额8379亿美元，同比增长6.6%。全年外币贷款增加522亿美元，同比多增967亿美元。12月，外币贷款增加48亿美元，同比多增

214亿美元。

2. 信贷投向重点突出

租赁和商务服务业本外币贷款比年初增加1048.5亿元，同比多增394.6亿元。小微企业本外币贷款比年初增加885.8亿元，同比多增47.1亿元。交通运输、仓储和邮政业本外币贷款以及保障性住房开发贷款分别比年初增加513.9亿元、55.2亿元，增加量与2016年相比均有所上升，依次增加了550.3亿元、173.3亿元。

外币存、贷款恢复增长。2016年外币存、贷款余额双双下降。2017年末，外币存款余额182.8亿美元，同比增长23.7%，比年初增加35亿美元。其中，境外存款增加较多，非金融企业存款同比多增，住户存款余额下降。较之2016年，外币贷款余额同比增加了14.9%，达到229.5亿美元，2017年全年的增量为29.7亿美元。具体来看，与2016年同期相比，多增的有中长期贷款和短期贷款，少增的仅有融资租赁。

全年人民币存款增加13.51万亿元，外币存款增加779亿美元。12月末，本外币存款余额169.27万亿元，同比增长8.8%。12月末人民币存款余额164.1万亿元，同比增长9%，增速分别比上月末和上年同期低0.6个和2个百分点。全年人民币存款增加13.51万亿元，比2016年同期的增量减少1.36万亿元。具体分析，非银行业金融机构、财政性、非金融企业和住户的存款依次增加1.23万亿元、5684亿元、4.09万亿元、4.6万亿元。但是人民币存款在2017年12月减少7929亿元，同比多减9564亿元。12月末，外币存款余额7910亿美元，同比增长11.1%。全年外币存款增加779亿美元，同比少增66亿美元。12月，外币存款增加65亿美元，同比少增28亿美元。2016年、2017年各月金融机构本外币各项存、贷款增速分别见图3、图4。

3. 债券交易量保持增长

2017年，现券买卖成交金额为41464.7亿元，同比上升35.2%。从交易券种看，市场主要的交易品种包括企业债、同业存单、国债以及政策性金融债，合计占比达89.6%。天津企业在银行间市场成功发行全国首单绿色

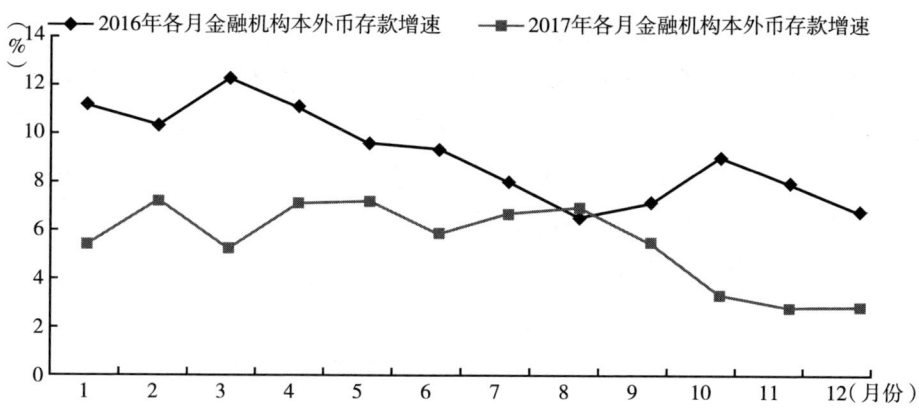

图3 2016年、2017年各月金融机构本外币各项存款增速

资料来源：中国人民银行天津分行。

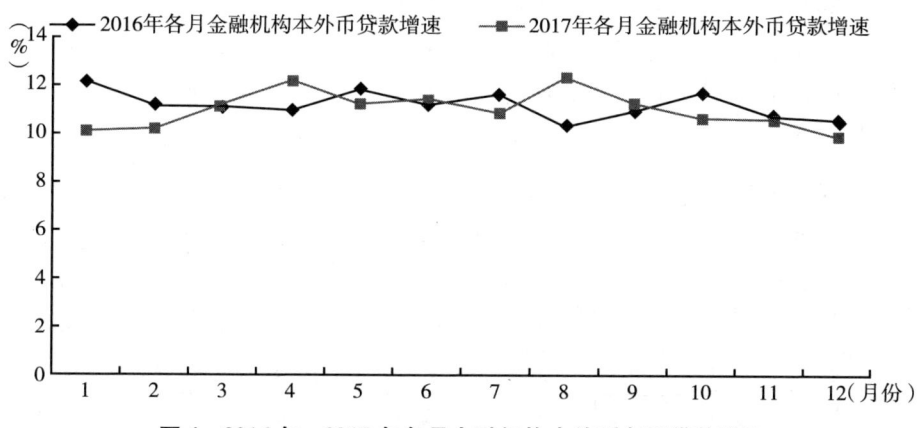

图4 2016年、2017年各月金融机构本外币各项贷款增速

资料来源：中国人民银行天津分行。

短期融资券、天津市首单京津冀协同发展债务融资工具。

4. 表外各类业务增速出现分化

2017年末，天津市银行业金融机构担保类、承诺类、金融资产服务类、金融衍生品类等四类表外业务余额同比增长13.7%。其中，业务减少的有担保类表外业务，减少率为2.9%，增加的有金融衍生品类、金融资产服务类以及承诺类，同比增长分别为7.3%、18.1%和14.5%。

5. 存、贷款利率水平基本稳定

2017年，天津市金融机构人民币企业贷款加权平均利率为4.88%，比上年上升0.06个百分点。全部企业贷款中，对大型、中型和微型企业贷款利率上升，对小型企业贷款利率下降。贴现、转贴现利率上升。人民币存款加权平均利率与上年持平。天津市利率市场发展平稳，利率定价机制逐步得到完善，定价能力也得到了进一步提升，利率水平基本稳定。

表2　2017年天津市人民币贷款各利率浮动区间占比

单位：%

	月份	1	2	3	4	5	6
	合计	100.0	100.0	100.0	100.0	100.0	100.0
	下浮	32.6	25.9	32.9	37.5	35.0	29.7
	基准	22.2	34.2	21.1	16.9	14.5	18.3
上浮	小计	45.2	39.9	46.0	45.6	50.5	52.0
	(1.0~1.1]	20.4	15.1	17.4	20.9	22.2	19.5
	(1.1~1.3]	13.8	12.7	14.0	12.8	12.7	18.1
	(1.3~1.5]	5.1	7.4	8.8	6.2	7.3	8.9
	(1.5~2.0]	4.2	3.3	4.2	4.2	6.4	4.2
	2.0以上	1.6	1.4	1.7	1.5	1.9	1.4
	月份	7	8	9	10	11	12
	合计	100.0	100.0	100.0	100.0	100.0	100.0
	下浮	29.2	19.9	23.5	22.8	22.5	18.3
	基准	14.1	19.7	18.6	22.8	21.4	23.2
上浮	小计	56.7	60.4	57.9	54.4	56.1	58.6
	(1.0~1.1]	22.5	23.6	20.4	15.7	20.5	21.4
	(1.1~1.3]	16.1	15.7	20.0	19.9	17.0	18.3
	(1.3~1.5]	8.2	11.9	9.6	10.2	11.8	8.5
	(1.5~2.0]	7.6	6.1	4.4	4.8	3.7	7.4
	2.0以上	2.1	3.1	3.4	3.9	3.2	2.9

资料来源：中国人民银行天津分行。

（二）货币市场

2017年银行间的人民币市场成交额及其日均成交额分别达798.18万亿元和3.18万亿元，后者比2016年下降了3.2%，其中包括三种交易方式：回购、现券及拆借。具体分析日均成交额结构，下降的有同业拆借和现券，同比下降分别为17.7%和19.1%，质押式回购有所上升，同比增加3.5%。单看12月的加权平均利率，质押式回购和同业拆借分别为2.91%、3.11%，相较于11月和2016年同期，前者分别下降0.01%和上升0.47%，后者依次升高0.11%和0.55%。2017年天津同业拆借情况见表3。

广义货币和狭义货币在2017年的增长率分别为8.2%、11.8%。12月底，广义货币（M2）的余额及同比增速分别为167.68万亿元、8.2%，增速分别比上月末和上年同期低0.9个和3.1个百分点。狭义货币（M1）余

表3 2017年天津同业拆借情况

单位：亿元，%

月份	融入金额	市场占比	融出金额	市场占比
1	923.03	1.7147	1003.34	1.8639
2	742.31	1.1624	1142.16	1.7886
3	984.27	1.0974	1191.00	1.3279
4	1219.58	1.7424	1514.28	2.1635
5	1561.94	2.044	1683.71	2.2034
6	1846.71	2.0117	2074.52	2.2599
7	1807.00	1.9717	2280.52	2.4883
8	2409.83	2.4603	2666.68	2.7665
9	2342.52	2.2969	2630.65	2.5794
10	1594.96	1.9525	1722.34	2.1085
11	1939.63	1.8256	2099.02	1.9756
12	1820.81	1.7635	2263.91	2.1927

资料来源：中国外汇交易中心。

额54.38万亿元，同比增长11.8%，增速分别比上月末和上年同期低0.9个和9.6个百分点。流通中货币（M0）余额7.06万亿元，同比增长3.4%。全年净投放现金2342亿元。

（三）票据市场

票据市场总体呈下降态势，贴现利率上升。2017年，天津市票据市场余额下降的有再贴现票据、票据贴现和银行承兑汇票，金融机构贴现业务整体定价上升。电票覆盖率持续提高，全年办理电子商业汇票承兑业务占全部商业汇票业务的比例较上年提高15.3个百分点。

2017年以来，天津市银行承兑汇票余额和贴现余额继续"双降"（见表4），现将相关情况分析如下。

1. 承兑余额下降

2017年末，天津市银行承兑汇票余额3143.4亿元，比上年末下降53.8亿元。2016年以来，银行承兑汇票余额改变上行趋势开始下降，2016年下降较多，比2015年减少1504.6亿元，2017年下降趋势放缓。

2. 大型和小微型企业银行承兑汇票余额下降明显

2017年末，大型企业和小微型企业银行承兑汇票余额分别为834.5亿元、504.1亿元，二者分别占全部企业银行承兑汇票余额的26.6%、16.1%，分别比上年下降1.5个和3.8个百分点。

3. 制造业承兑余额及占比均下降

2017年末，制造业银行承兑汇票余额为684.1亿元，分别比2016年和2015年末下降59.3亿元和911亿元，占全部行业的比重为21.8%，比2016年和2015年末分别下降1.5个和12.2个百分点。但很显然，零售及批发业银行的承兑所占比重呈现增加的态势。

4. 贴现余额下降

2017年末，本外币票据融资余额为687.4亿元，比年初下降431.7亿元，同比多降223.9亿元，余额增速为-38.6%，比上年低22.9个百分点。2017年天津市金融机构贴现、转贴现利率见表5。

表4 2017年天津市金融机构票据业务量统计

单位：亿元

季度	银行承兑汇票		贴现			
			银行承兑汇票		商业承兑汇票	
	余额	累计发生额	余额	累计发生额	余额	累计发生额
一	3064.2	1149.7	635.0	603.6	16.8	5.1
二	2591.6	1113.8	511.5	492.5	12.6	9.9
三	2882.7	1122.5	473.1	478.4	11.5	10.1
四	3007.2	1079.7	513.3	516.1	13.8	15.9

资料来源：中国人民银行天津分行。

表5 2017年天津市金融机构贴现、转贴现利率

单位：%

季度	贴现		转贴现	
	银行承兑汇票	商业承兑汇票	票据买断	票据回购
一	4.8	4.9	4.2	3.7
二	5.3	5.57	4.8	3.9
三	5.2	5.77	4.8	3.42
四	5.0	5.85	4.7	3.16

资料来源：中国人民银行天津分行。

二 证券期货市场

2017年，天津各类证券业机构稳步发展，经营风险基本可控，法人证券公司资产规模有所增加，基金管理公司业务规模有较大幅度增长，期货公司平稳运营。截至2017年12月31日，天津市有境内上市公司49家，新三板挂牌公司205家，拟上市公司24家，证券信用评级公司1家（见表6）。上市公司总股本620.34亿股，总市值5245.12亿元。

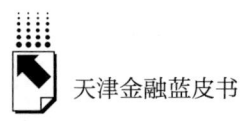

截至2017年12月31日，在天津市辖区内的证券公司和基金公司均只有1家，但前者的分公司和营业部分别有25家和154家，登记注册私募基金管理人447家，证券投资咨询公司和基金独立销售机构分别为1家和4家，前者分公司3家。12月证券营业部总资产163.56亿元，净资产15.14亿元，净利润-0.11亿元，指定与托管市值4026.38亿元。

表6 2017年天津市证券业基本情况

项目	数量/金额
总部设在辖内的证券公司数（家）	1
总部设在辖内的基金公司数（家）	1
总部设在辖内的期货公司数（家）	6
年末国内上市公司数（家）	49
当年国内股票（A股）筹资（亿元）	54.9
当年发行H股筹资（亿元）	0
当年国内债券筹资（亿元）	1629.2
其中：短期融资券筹资额（亿元）	457.9
中期票据筹资额（亿元）	387.7

资料来源：天津市证监局、中国人民银行天津分行。

1. 法人证券公司资产规模有所增加，经营风险可控

法人证券公司资产总额同比增长3.7%，负债总额同比增长7.2%，累计实现净利润较上年减少，盈利能力有所下降。2017年末各项风控指标高于监管标准的预警阈值，经营风险可控。

2. 法人基金公司规模持续扩大，业务结构有所改善

2017年12月底的法人基金资产总额较之2017年伊始增加了23亿元，新发基金5只，基金净值同比增长111.8%。

2017年天津证券市场概况见表7。

表 7 2017 年天津证券市场概况

类别	指标名称	单位	当期值	上年同期值
基本情况	证券公司	家	1	1
	证券公司证券分公司	家	25	19
	辖区证券营业部	家	154	146
	基金管理公司	家	1	1
	私募基金	只	447	379
	私募基金产品数	只	1524	1247
	证券投资咨询公司	家	1	1
	证券投资咨询分公司	家	3	3
	独立基金销售机构	家	4	4
证券营业部	总资产	亿元	163.56	215.04
	净资产	亿元	15.14	16.45
	净利润	亿元	-0.11	-0.11
	客户交易结算资金余额	亿元	137.89	179.2
	制定与托管市值	亿元	4026.38	3820.38
	资金账户	万户	305.88	282.59
	A 股证券账户	万户	473.98	435.21
	B 股证券账户	万户	3.76	3.75

资料来源：天津市金融办。

（一）股票市场发展

整体来看，天津市股票市场发展稳中有增。相较于 2016 年，2017 年上市公司总市值有所增加，且增速平稳。2017 年的前十个月，上市公司总市值均高于 2016 年，并在 10 月达到 2017 年的巅峰。不过，在 11 月、12 月下降，低于 2016 年同期。而总股本数，2017 年均高于 2016 年，且全年呈逐渐递增的趋势。

就上市公司而言，其数量整体有所增加，共增加四家，其中只有 A 股公司增加。可喜的是，新三板挂牌公司比 2016 年增加 34 家。与 2016 年相比，虽公司股本上升了 4.7%，但是这个增速与 2016 年的 8.7% 却相去甚远。总市值依然呈下降趋势。

2016 年、2017 年上市公司总市值和总股本变化见图 5。

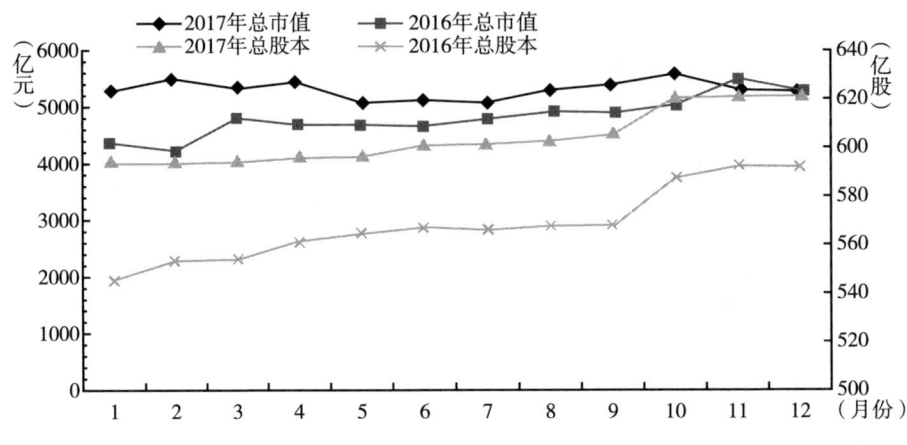

图5　2016年和2017年上市公司总市值和总股本变化

资料来源：天津市金融办。

表8　2017年12月股票市场概况

指标名称	单位	当期值	上年同期值
上市公司数	家	49	45
其中：A股公司数	家	44	40
AB股公司数	家	1	1
AH股公司数	家	3	3
AS股公司数	家	1	1
其中：上交所上市公司数	家	25	23
深交所主板上市公司数	家	7	7
中小板上市公司数	家	9	8
创业板上司公司数	家	8	7
新三板挂牌公司数	家	205	171
上市公司总股本	亿股	620.34	592.25
上市公司总市值	亿元	5245.12	5285.14

资料来源：天津市证监局官网。

（二）债券市场发展

1. 债券存量保持增长

截至2017年12月末，天津市债券余额存量达12198.17亿元，较上年的

9913亿元增长23.1%；债券数量存量为1076只，同比增长约31.9%。纵观2017年，债券数量存量和债券余额存量均呈增长的态势，并于年底达到最大值，二者占全国的比重均比较平稳，虽有波动，但整体呈增长趋势，详见表9。

表9　2017年债券存量及占比

月份	债券数量(只)	债券数量比重(%)	债券余额(亿元)	余额比重(%)
1	823	2.82	9943.56	1.55
2	844	2.83	10289.65	1.58
3	878	2.82	10329.41	1.55
4	896	2.81	10669.26	1.58
5	888	2.78	10616.00	1.57
6	899	2.76	10760.88	1.57
7	943	2.82	11168.77	1.59
8	970	2.83	11256.30	1.58
9	974	2.80	11629.30	1.61
10	975	2.76	11592.29	1.59
11	1012	2.81	11794.78	1.59
12	1076	2.91	12198.17	1.63

资料来源：Wind数据库。

2.债券交易量

2017年，天津市债券市场交易量30248.82亿元，同比上升14.10%。其中，按累计成交额计算，上海证券交易所和深圳证券交易所分别为27374.69亿元和2874.05亿元；按照日均成交额计算，二者分别为105.30亿元、9.20亿元。同2016年相比，二者均呈增长趋势，同比增速分别为14.0%、16.0%。仅看企业债和金融债，2017年天津市的交易额达到810.8亿元，较上年的922.80亿元下降了12.14%。2017年1~12月天津市债券交易金额见图6。

3.债券收益率上行

2017年债券收益率曲线整体上移。12月末，1年、3年、5年、7年、

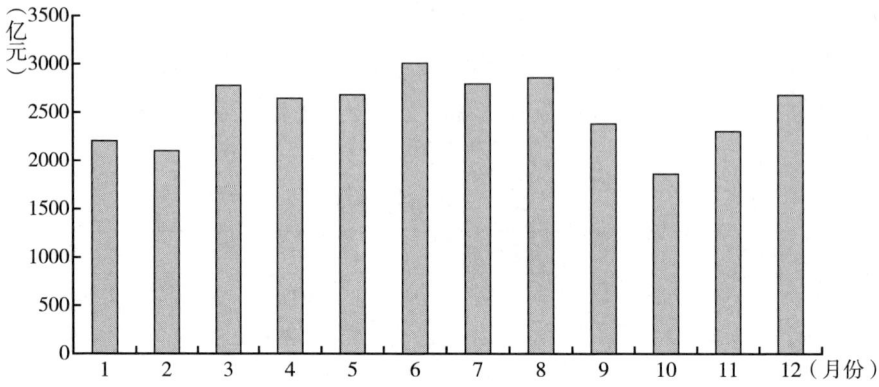

图6　2017年1~12月天津市债券交易金额

注：该交易额只包括上证所和深交所。
资料来源：Wind数据库。

10年期国债收益率分别为3.79%、3.78%、3.84%、3.90%、3.88%；5年期AAA级、AA+级和AA级中短期票据收益率分别为5.42%、5.67%、5.87%；中债综合全价指数为113.37点；交易所上证国债指数为160.85点。2017年国债平均收益率涨跌情况见图7。

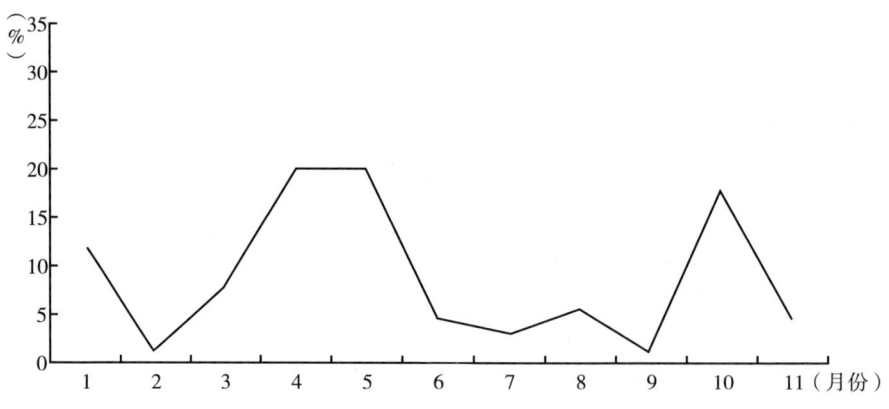

图7　2017年国债平均收益率涨跌情况

注：不包括隔夜收益率和三个月的收益率；12月数据未披露。
资料来源：天津市金融办。

（三）基金市场

2017年，天津市基金市场发展稳健，管理基金数、基金份额、基金净值和私募基金产品数都较2016年有所增加，并且整年都呈增长的趋势。管理基金数从2016年末的52只增加到55只（见表10）。相较于2016年，基金份额和基金净值分别增加9431.75亿份、9443.28亿元，几乎翻倍增长。

截至2017年末，私募基金产品数为1524只，比2016年12月的1274只增长了250只。基金公司经营状态良好，稳健发展。

表10　2017年天津市基金情况

月份	管理基金数（只）	基金份额（亿份）	基金净值（亿元）	私募基金产品数（只）
1	52	9579.62	9579.44	1251
2	52	11014.54	11019.22	1330
3	53	12018.12	12026.53	1339
4	53	13072.43	13079.95	1339
5	54	14379.57	14384.06	1339
6	54	15177.42	15185.61	1339
7	54	16398.31	16407.02	1435
8	54	16776.47	16784.1	1455
9	55	17057.92	17065.4	1470
10	54	17460.64	17470.35	1508
11	54	18009.74	18019.33	1520
12	55	17884.87	17892.95	1524

资料来源：天津市金融办。

（四）期货市场

法人期货公司稳步发展，代理交易规模有所下降。天津辖区内的法人期货公司2017年末的资产及其净资产总额分别为76.7亿元、22.1亿元，与2016年同期相比二者分别增加14.1%、3.5%；代理交易额较之于2016年同期下降12.3%，仅有3.4亿元；代理交易量5903.1万手，同比下降35%。

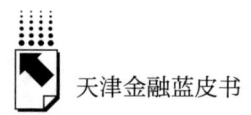

截至 2017 年 12 月 31 日,天津市期货公司 6 家,期货分公司 2 家,期货营业部 30 家,期货交割库 52 家。12 月,期货公司代理交易额和期货营业部代理交易额分别为 2636.58 亿元、1987.83 亿元,但前者同去年同期相比减少 445.14 亿元。较之于 2016 年 12 月,二者代理交易量均有所减少,分别为 433.79 万手和 290.41 万手,具体见表 11。

表 11 截至 2017 年 12 月期货市场概况

类别	指标名称	单位	当期值	上年同期值
基本情况	期货公司数	家	6	6
	辖区期货分公司数	家	2	0
	辖区期货营业部数	家	30	30
	期货交割库数	家	52	52
期货公司	总资产	亿元	76.66	67.19
	净资产	亿元	22.11	21.36
	净利润	万元	819.96	-420.66
	代理交易额	亿元	2636.58	3081.72
	代理交易量	万手	433.79	539.64
期货营业部	净利润	万元	-174.11	-56.98
	代理交易额	亿元	1987.83	1868.07
	代理交易量	万手	290.41	302.15

资料来源:天津市证监会。

三 保险市场

2017 年末,天津市共有 6 家法人保险公司,57 家省级分公司。经营主体保持稳定,资产规模下降,保费收入保持增长,产品、业务结构进一步调整优化。

(一)资产规模大幅下降,人身险公司资产占主导

2017 年末,保险公司在津分支机构总资产为 1284.9 亿元,比年初下降

23.4%。其中，财产险公司资产总额为141.2亿元，比年初下降0.8%；人身险公司资产总额1143.7亿元，比年初下降25.5%。

（二）保险覆盖面及保费收入均增大

2017年，天津市保费收入继续保持增长的趋势，比去年同期增加6.7%，实现保费收入565亿元。全年财产保险公司累计签单3616.5万件，同比增长18.2%。

（三）财产险业务发展结构优化，赔付显著下降

2017年财产保险公司车险保费收入105.8亿元，占财产保险公司业务收入比重的71.8%，同比下降3.1个百分点。而信用保险、货物运输保险保费收入明显上升，占财产保险公司业务收入比重分别上升3.3个和0.5个百分点。全年财产险赔付74.1亿元，同比下降21.5%。其中企业财产险赔款支出同比下降75.4%。

（四）人身险公司产品结构有所调整，对银邮代理渠道的依赖下降

2017年人身险公司普通寿险实现保费收入206.5亿元，占人身险保险收入比重为48.8%，较上年下降7.9个百分点。分红寿险实现保费收入143亿元，占人身险收入比重为33.8%，较上年上升4.2个百分点。从渠道结构看，有170亿元的保费收入是通过银邮代理渠道实现的，同比增速为-15.7%，较上年下降80.8个百分点。

表12　2017年天津市保险业基本情况

项目	数量
总部设在辖内的保险公司数（家）	6
其中：财产险经营主体（家）	2
寿险经营主体（家）	4
保险公司分支机构（家）	57
其中：财产险公司分支机构（家）	24

续表

项目	数量
寿险公司分支机构(家)	33
保费收入(中外资,亿元)	565.0
其中:财产险保费收入(中外资,亿元)	141.6
人身险保费收入(中外资,亿元)	423.4
各类赔款给付(中外资,亿元)	155.3
保险密度(元/人)	3629.2
保险深度(%)	3.0

资料来源：天津市保监局、中国人民银行天津分行。

四 外汇市场

(一)跨境资本流动转为平衡

2017年是我国跨境资金流动从净流出走向基本平衡的转折之年。国内外的市场环境更加稳定，推动我国外汇供求转向基本平衡。

一方面，2017年是我国跨境资金流动从净流出走向基本平衡的转折之年。过去三四年，在内外部环境共同影响下，我国跨境资金流动从长期净流入转向一段时间的净流出。但自2017年起我国跨境资金流动出现了新变化。

首先，外汇储备余额由降转升。2015年和2016年外汇储备分别下降5127亿美元和3198亿美元，2017年总体回升1294亿美元。其次，国际收支呈现基本平衡，经常账户顺差继续处在合理区间，跨境资本转为净流入。根据最新的统计数据，2017年前三季度，我国经常账户顺差占GDP的比重是1.3%，这一数据在2015年、2016年分别为2.7%、1.8%，说明当前我国经常账户收支更趋平衡，这也是对全球经济再平衡的贡献。从非储备性质的金融账户看，2015年、2016年，非储备性质的金融账户均为逆差，其金额分别为4345亿美元和4170亿美元，2017年1~9月我国跨境资本流动为净流入，顺差额达1127亿美元。最后，市场主体涉外的交易以及人民币汇率预期更趋稳定。在人民币汇率双向波动的市场环境下，无论是企业还是个人的涉外交易行为都由单一转向多元，促进了外汇供求的平衡。当前，企业、个人都是更多地根据自己的实际需求安排跨境收支和结售汇，2017年货物贸易结售汇顺差、外商直接投资资本金结汇都呈现增长态势，跨境融资继续增加而且增幅更加平稳，对外投资和个人购汇有序回落。

另一方面，国内外市场环境更趋稳定，推动我国外汇供求转向基本平衡。首先，国内经济稳中向好态势更加巩固。2017年前三季度，中国GDP同比增长6.9%，较之于2016年增速提高0.2个百分点，持续优化经济结构、改善企业盈利情况和经济效益，2017年官方的PMI始终在扩张，月均达到51.6%，处于2011年以来的较高水平。这些都是稳定我国跨境资金流动的根本性、基础性因素。其次，改革开放逐步深化。人民币汇率形成机制进一步完善，促进外资增长的一系列政策相继出台，债券市场继续扩大开放并推出了"债券通"，A股明确将纳入MSCI指数。最后，外部环境趋向平稳。世界经济增速结束了连续两年的下滑，国际货币基金组织预估2017年全球经济增长3.6%，这一预测比2016年全球增速高0.4个百分点。国际政治风险有所缓和，"黑天鹅"事件明显减少，美联储如期加息、缩表，但2017年美元指数总体下跌9.9%，新兴经济体货币普遍对美元汇率有所升值。所以说，国内外的市场环境更加稳定，推动我国外汇供求转向基本平衡。

（二）国家外汇储备余额回升

中国人民银行公布的最新外汇储备规模数据显示，2017年12月末，我国外汇储备规模为31399亿美元，较11月末上升207亿美元，升幅为0.66%，连续第11个月出现回升，人民币汇率为1美元兑6.5342元人民币。

2017年12月，我国跨境资金流动和境内外主体交易行为进一步趋于稳定和平衡。国际金融市场总体小幅波动，主要非美元货币汇率上涨和资产价格上升，推动外汇储备规模出现上升。

从2017年全年来看，外汇储备规模自1月降至29982亿美元后稳步回升，年末较年初上升1294亿美元，升幅为4.3%。2017年，我国宏观经济运行总体平稳，保持稳中向好的态势，推动跨境资金流动更加稳定平衡。国际收支形势稳健为外汇储备规模连续稳步回升提供了保障。

（三）跨境贸易现状

2017年，人民币结算业务发生额共6万亿元，其中包括跨境贸易4.36万亿元、直接投资1.64亿元。同年，就人民币结算而言，外商直接投资、对外直接投资、服务贸易及其他经常项目和跨境货物贸易的发生额依次为1.18万亿元、4568.8亿元、1.09万亿元、3.27万亿元。

五　新型交易市场发展

（一）天津股权交易所

2017年，天津股权交易所（以下均称"天交所"）的发展稳定、健康，加强建档和督促工作，积极搞好挂牌企业市场化培育，各类融资、市场成交量均呈增长的态势，市场孵化培育取得可观成果。

1. 挂牌企业数量

截至2017年末，在天津股权交易所挂牌的企业数量累计达到1432家，包括733家股份有限公司和702家展示挂牌企业（见图8）。同时，天交所已设立15个特色行业板块，通过聚集行业资源，为特定行业中小微企业提供更有效、更符合企业个性化需求的综合服务。其中，中国新兴产业园数量最多，高达354家，生态板紧随其后，有151家挂牌企业。

2. 挂牌企业规范与培育

天交所积极建立挂牌企业诚信档案，督促服务机构完成现场检查报告：挂牌企业累计披露定期报告10142份，包括挂牌交易公告、三会公告、停复牌提示、重大事项及其他自愿披露信息在内的各类临时披露报告15659份。积极搞好挂牌企业的市场化培育，开办研讨班66期，挂牌企业董秘培训65期，并多次开办企业上市、高管培训及其他多种类型服务培训，曾组织多批次优秀挂牌企业出国考察和促进对接海外资本市场。

3. 市场融资及交易情况

2017年，天交所的各类融资依然呈递增趋势，累计实现各类融资总额

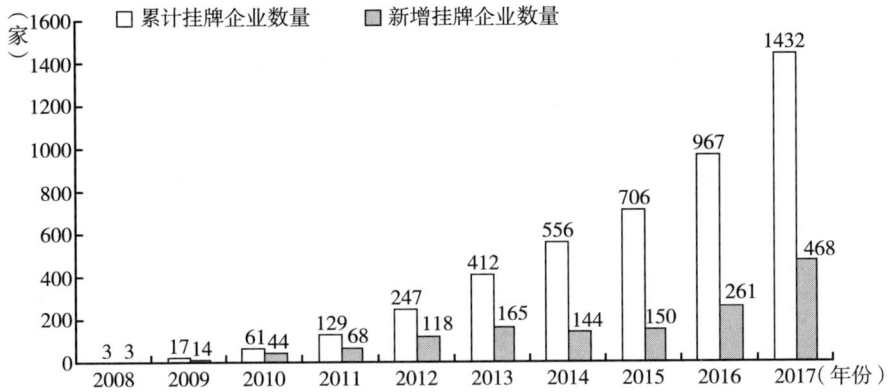

图8 2017年天津股权交易所挂牌企业数据统计

资料来源：天津市股权交易所官网。

308.21亿元，较2016年增加2.04%。其中，直接融资93.77亿元（挂牌前私募42.76亿元，后续增发51.01亿元）；间接融资214.44亿元（股权质押融资92.80亿元，带动银行授信贷款121.64亿元）（见图9）。

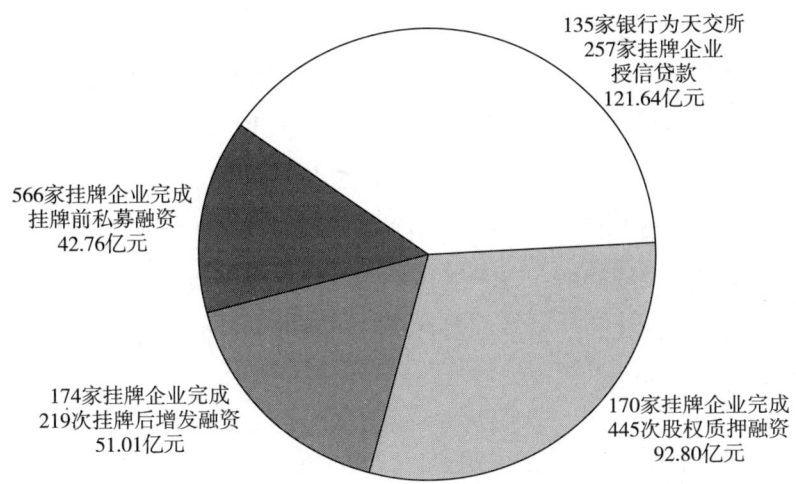

图9 天交所累计实现各类融资情况

资料来源：天津市股权交易所官网。

2017年天交所市场成交量与2016年基本持平，涨幅较小，详见图10。截至2017年末，天交所市场累计总成交量为30.57亿股，累计总成交金额为68.40亿元；挂牌企业总股本累计达377.11亿股，以及1233.25亿元的总市值。

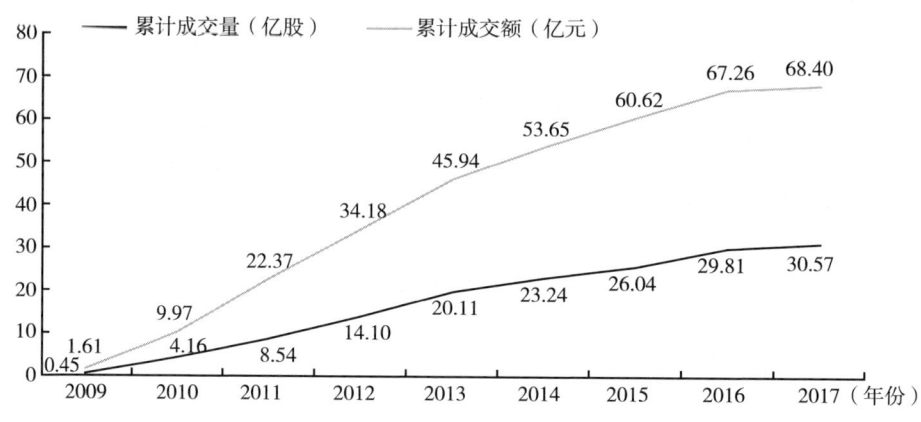

图10　天交所近9年累计交易额

资料来源：天津市股权交易所官网。

4. 市场孵化培育成果

截至2017年7月，天交所挂牌企业已披露的年报有效数据分析显示，2016年全年度挂牌企业实现平均营业收入8578.36万元；2016年实现盈利（净利润为正）企业在已披露年报样本中占比70.93%，盈利企业整体2016年实现净利润总额12.30亿元，平均净利润1007.84万元。当前，已经有数家企业在天交所市场摘牌，在主板、海外或创业板启动上市程序，被上市公司、同行优势企业并购的企业分别有7家和1家，重组并购同行业企业的挂牌企业数量高于20家。

（二）天津金融资产交易所

1. 致力于"直接融资"，助力实体经济发展

整合资源、模式不断升级优化、解决资产资金流动性问题一直是天金所的目标。经过七年的建设与发展，天金所平台已经积累了1000多家大型金

融机构客户、40多万家机构会员和500多万个人会员。天金所以"直接融资，信用天下"为公司愿景，始终致力于推动中国直接融资市场发展，将更加便捷、成本更低、效率更高的直接融资服务提供给更多的中小型企业。公司首创"金融资产交易生态圈"概念，以"共创平台、共建生态、共享资源"为战略目标，将通过转换信用，孵化功能，渠道服务，系统运营，搭建平台，研究、开发及设计产品和品牌打造等方面的合力凝聚，吸引更多的市场主体参与并分享，培育生态圈，助力经济转型升级和结构调整，让更多的中小企业和普通投资者可以在追求梦想的道路上感受到金融服务的力量。

2. 发挥自身优势，积极改革PPP

历经两年的调研和考察，2017年2月28日天金所与财政部政府和社会资本合作（PPP）中心正式签署《战略合作协议》，天金所是我国第一家"政府和社会资本合作（PPP）资产交易和管理平台"。

目前，天金所PPP平台已集聚了包括产业投资方、国有资产产权方、财务投资及资金服务方、施工方、专业运营方、第三方中介机构、项目公司等九大类200余家生态成员机构，初步形成了全行业、全链条的PPP生态联盟圈，基本实现成员间的优势互补和资源共享。

经过近一年的发展，天金所PPP资产交易和管理平台发展初见成效。截至目前（2018年1月29日），天金所已与1500多家金融机构展开合作，累计成交金额超过2.2万亿元，拥有机构会员超过44万家，注册投资者超过460万。同时，天金所PPP平台已经与近40家PPP第三方中介机构和100余家产业投资机构、建设方和运营方签署合作协议，为内蒙古、山西、贵州、河北、四川、江苏、云南等省区市PPP项目提供资源对接，协助近100个PPP项目撮合募集资金，资金募集规模达800亿元。

3. 成立不良资产结构化交易联盟，不良资产3.0落地新举措

"不良资产结构化交易联盟"已吸引数十家主体参加，包括国内知名的律所、投资基金、不良资产处置机构等。联盟未来将形成约500亿元规模的

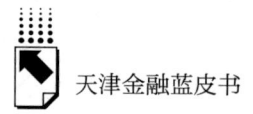

"不良资产结构化交易基金",从源头化解不良资产,净化金融环境,为不良资产实现差异化处理,助力不良资产规范快速处置,从根本上化解金融风险,利用市场化机制在更大市场范围内优化资产和资源配置,有效推进供给侧结构性改革,落实中央工作精神发挥积极作用。

(三)天津滨海柜台交易市场

不仅是组成天津区域股权市场的关键部分,更是多层次资本市场核心"成员",天津市滨海柜台交易市场主要是利用市场服务及资源要素集聚功能,促进企业规范发展和融资实现,促使国企混改加快推进,助力国有资本增值、增利、增效和国有企业做强、做大、做优,提升国有资本资产证券化率,降低国有企业资产负债率,实现去杠杆、补短板等目标。天津OTC进入了快速发展阶段,2017年天津OTC着力提升挂牌企业服务,位居"千家级"四板市场前列,上半年共挂牌各类企业184家,覆盖共享单车、纳米技术、大健康、泛娱乐、智能制造等行业领域,日均挂牌1家企业。截至2017年6月30日,天津滨海柜台交易市场高新区专板过审企业突破100家,截至同年12月28日,正在挂牌的非上市股份公司已达298家。

(四)天津排放权交易所

天津排放权交易所于2017年11月在上海联合产权交易所挂牌,面向社会公开征集战略投资人,最终蚂蚁金服旗下全资公司上海云鑫创业投资有限公司成为战略投资者。根据增资协议,交易所注册资本将由1亿元增至1.78亿元。

天津排放权交易所引入蚂蚁金服作为新的股东,既是对原有股权结构进一步优化升级,也表达了三方股东对于推进社会经济向绿色、可持续方向发展的共同意愿。在新的股权结构下,天津排放权交易所将迎来发展的新起点,交易所将充分融合发挥在股东资源、经验能力、科技能力以及市场创新等方面的优势,围绕全国碳市场建设的总体部署和工作要求,立足天津、服务全国,广泛提升全国碳市场的建设参与能力、绿色金融领域综合服务能力,为社会经济发展创造更大价值。

(五)天津贵金属交易所

自2016年6月6日正式挂牌上线至2017年2月底,津贵所已累计实现白银交收量近1300吨,同期有色铜的交收量13000多吨,镍交收逾万吨。初步形成集现货贸易、风险管理、融资服务于一体的多功能、综合性现货及现货衍生品交易平台。据悉,津贵所2018年将不断验证和提升现货挂牌模式对实体经济的服务效率,以最终建立形成国内现货行业统一的现货流通和服务网络。

六 天津金融市场展望

整体来看,2017年全年天津市的金融市场发展稳健,市场中的分市场都呈增长趋势,尤其是货币市场的存贷款实现"双增",且均超过3万亿元;证券期货上市公司也有所增加。新兴交易市场积极响应党的十九大的号召,致力于"金融服务实体经济"。与此同时,天津市优化市场结构、扩大市场规模、积极改革制度、加强金融创新,并取得了可观的成绩。

(一)自贸试验区金融创新

从自贸试验区挂牌开始到2017年4月底,试验区内主体新开中,本外币账户累计3.6万亿元,其办理的跨境收支和跨境人民币结算分别为931.6亿美元和2085.1亿元,二者占天津全市的比重分别为24.3%和36.9%,占滨海新区跨境收支和跨境人民币收支的比重分别为84.2%、49.3%。截至目前,"金改30条"近八成的政策措施落地实施。

1. 成立金融创新专家咨询委员会

为进一步解放思想、借用外脑、汇聚众智,2017年10月16日,天津自贸试验区金融创新专家咨询委员会成立。成立大会确定了11个研究课题

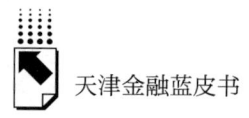

和研究单位、牵头专家、课题组成员,为自贸试验区金融发展定盘子、理路子、开方子,以更好地发挥对京津冀辐射作用和对全国的示范作用。

这11个课题都是目前金融创新的热点、难点话题,如《天津自贸试验区服务京津冀金融协同发展挑战及对策研究》《关于利用产业基金方式实现全国先进制造业研发基地定位的研究》《关于融资租赁支持制造业转型升级的对策建议研究》《发力航运金融助推天津北方国际航运核心区建设》《打造天津跨境投融资服务中心研究》等。参与课题研究的牵头专家和成员既有政策前沿的部门负责同志,也有学术前沿的智库学者,还有市场前沿的金融机构负责同志,均在自贸试验区金融改革创新方面有深入研究和丰富实践。

2. 金融创新案例

天津自贸试验区挂牌以来,在全国范围内推广了中资企业海外直贷、中资企业跨境借款、首单境内外币租赁资产证券化、个人跨境人民币结算、"碧水蓝天基金"支持京津冀节能减排和水土气污染治理等45个金融创新项目,形成了自贸试验区金融创新天津经验。

东疆保税港区管委会发布的天津自贸试验区首单以租赁公司为主体的保理应收账款资产证券化案例,体现了资产抵押商业票据的特征,为租赁公司通过资产证券化盘活融资租赁资产、推动融资租赁行业发展提供了有益的借鉴。

中国银行天津市分行面对近年来国内中小企业"融资难,融资贵"的问题,紧紧抓住差异化竞争优势,有机嵌入各个条线金融产品,致力于将跨境中小企业的撮合机制完善,将跨境撮合贸易洽谈会圆满成功举办,第一次创新"中银全球中小企业跨境投资撮合服务",为"一带一路"沿线国家和天津市的中小企业牵线搭桥,提升了天津作为现代化大都市的影响力。

交通银行天津市分行发布的租赁资产转让银团保理案例,是自贸试验区的一次创新实践,突破了企业在单一银行的授信额度限制,为融资租赁企业拓宽了融资渠道、优化了融资结构。

浦发银行天津分行发布的贸易租赁公司信托型 ABN 案例，是浦发银行系统内首单信托型 ABN 业务，其特殊目的载体的破产隔离效果更优于交易所，ABN 可以助力提升租赁公司资产、资金的流动性，有助于融资租赁公司快速做大业务规模。

中信银行天津分行发布的境外金融机构境内发行人民币债券案例，是天津辖区内首只境外金融机构在境内发行的人民币债券，体现了天津自贸试验区已成为落实"一带一路"国家发展倡议、推进人民币国际化的重要平台。

平安银行天津自贸分行发布的离岸跨境融资外债案例，从"离岸业务、跨境结算、租赁保理、投行业务"等方面，积极发挥综合金融服务平台优势，打出了一套支持自贸试验区企业发展的"组合拳"，加深了金融服务实体经济的深度并扩大了其广度。

接下来，天津自贸试验区将认真学习贯彻党的十九大精神和全国金融工作会议工作部署，充分发挥自贸试验区金融工作协调小组作用，加快推进自贸区金融改革创新和金融创新运营示范区建设，以更开放的理念、更扎实的工作，发挥自贸试验区支持京津冀协同发展、服务"一带一路"建设平台作用，积极推动《进一步深化中国（天津）自由贸易试验区改革开放方案》的落地实施，完善金融创新案例报送论证工作机制，持续发布自贸试验区金融创新案例，加快实现创新政策效能最大化，发挥好创新引领示范带动作用。

（二）融资租赁业发展持续增长

1. 融资租赁继续保持快速发展态势

2017 年，根据《天津市融资租赁业发展"十三五"规划》和《天津市推动融资租赁业发展行动方案》，天津围绕东疆保税港区重点区域加快国家级融资租赁创新示范区建设，不断改善政策环境和创新业务模式，同时建立完善融资租赁业管理服务体系，加大行业监管力度，促进天津融资租赁行业规范健康稳定快速发展，继续保持全国领先的优势地位。

截至2017年第二季度，共有1285家各类融资租赁类公司将总部设在了天津市。其中有9家金融租赁企业，49家内资融资租赁试点企业，较第一季度增加8家，较去年同期增加31家（全国同期新增34家，天津占全国新增内资融资租赁试点企业的91%），同比增幅为172%。外商投资融资租赁企业1227家，较第一季度增加了39家，较上年度同期增加270家，增幅为28.2%。截至6月，全市融资租赁企业注册资金达到5523亿元，较第一季度增加了259亿元，较去年同期增加了1690亿元，增幅为44.1%。其中金融租赁365亿元暂无变化，内资租赁520亿元，较第一季度增加了24亿元，较去年同期增加了242亿元，增幅为87.1%；外资租赁4638亿元，较第一季度增加235亿元，较去年同期增加1418亿元，增幅44%。总资产超过11000亿元，占全国近三成。

2. 加大政策倾斜，推动租赁业发展

租赁业是天津经济发展的一大特色产业，"金改30条"提出了5条19项具体支持政策，截至目前，12项已落地、1项部分落地，天津市金融改革创新的重要成果之一就是租赁业，同时也是天津市的亮点之一。

首先，有效拓宽了投融资渠道。比如，金融机构及相关企业在自贸试验区内能够本着宏观审慎的原则借用来自境外的本外币资金，按照相关规定，对于某些融资方式给予支持：自贸试验区内的相关企业及金融机构在海外发行人民币债券，将募集的资金调回区内利用；企业在自贸试验区内的境外母公司能够在境内发行人民币债券；对于在自贸试验区内的租赁公司使用外汇储备，开展大型成套进口设备、海洋工程结构物、新型船舶以及飞机等租赁业务给予大力支持。截至2017年3月底，区内各类租赁公司开展全口径跨境融资宏观审慎管理试点业务，共借用外债1405万美元，有效拓宽了租赁企业境外融资渠道。

其次，更加灵活地运营资金。比如，满足相关要求、条件的租赁跨国集团能够办理双向的跨境人民币资金池业务；将金融租赁公司实施集中运营外汇资金管理准入条件放宽，将资金池管理进一步简化；在自贸区内的融资租赁在符合相关条件的前提下允许收取外币资金。截至2017年3月末，已有一家在自贸试验区内作为主办企业的金融租赁公司具有开展跨国公司外汇资金集中运营管理试点业务资格，将资金池管理进行简化，提高资金运转效率。区内81家符合条件的融资租赁方面的公司收取11.2亿美元的外币租金，进行售后回租项下2.1亿美元的外币支付货款，企业减少的汇兑损失最高可以达到2%，将货币错配会出现在承租人后续资金的使用过程中的问题有效解决，交易双方都可以将汇兑风险有效避免。

最后，不断提升贸易投资便利化水平。比如，区内在货物贸易外汇管理A类等级相关租赁企业货物贸易业务的待核查账户无须开立；由银行办理直接投资外汇登记业务；由外商投资的企业外债资金和外汇资本金均实施意愿结汇。截至2017年3月末，区内货物贸易A类的各类租赁公司办理贸易收汇48笔，金额4.9亿美元，均未经过待核查账户，提高了租赁企业贸易便利化程度。区内各类租赁公司办理外商直接投资（FDI）和境外投资（ODI）项下各类外汇登记210笔、金额174.1亿美元，租赁企业投资便利化程度明显提升。外商投资的租赁公司在区内办理31笔外汇资本金意愿结汇业务，金额3.9亿美元；外债意愿结汇业务5笔，金额3.7亿美元，有效降低租赁企业汇兑成本。同时，进一步加大创新力度，在开展联合租赁和外汇资金集中运营等方面，实现了多个全国"首单"和"第一"，充分发挥了天津租赁特色产业的辐射带动效应。

（三）京津冀协同发展稳步推进，辐射带动作用日益显著

遵循"金改30条"中中国人民银行天津分行提出的5项创新政策，设立京津冀产业结构调整基金及京津冀协同发展基金等，并进行实践，取得了较好的效果。

一方面，人民银行分支机构在京津冀地区不断加强协调与配合。《京津冀协同发展人民银行三地协调机制》由石家庄中心支行、北京市营管部与天津分行协同制定，将三地经济金融统计数据信息共享机制建立，助推了全国动产融资中心建设、京津冀信用体系建设和金融业务同城化等方面的发展，将推动天津自贸试验区金融改革创新以及金融助力京津冀协同发展的有

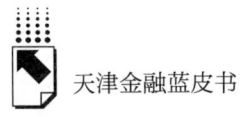

机结合更好地实现。

另一方面，持续加强跨地区金融协同创新及其合作。大力推进金融机构对区内与京津冀协同发展具有较强相关性的重点项目的信贷投放、拓宽融资渠道、加快基础设施建设的步伐及加大创新金融产品的支持力度，取得了较好的效果。例如，区内已有20多家金融机构与京冀金融机构进行了长期的战略合作，并在同城化服务方面取得了实质性的进展，包括信用担保、异地存储和跨地区支付等。截至2016年底，天津全市银行业仅支持京津冀协同发展的贷款余额就高达4265亿元，全年增加量为491亿元。

此外，京津冀产业结构调整引导基金于天津扎根。2016年8月底，天津自贸试验区正式设立注册资金规模为100亿元的京津冀产业结构调整引导基金。引导基金将充分利用天津自贸试验区金融创新优势，引领金融资源优化配置，加快产业转型升级，推动产业转移对接，特别是对于天津自贸试验区形成金融集聚效应，辐射带动京津冀乃至环渤海等地区发展，将起到重要支持作用。

（四）积极推动非金融企业银行间市场直接融资

为促进非金融企业间市场直接融资，近年来，天津积极推进银行间市场直接融资工作。天津市相关部门要求相关金融机构大力开展债务融资工具承销工作，帮助非金融企业利用银行间市场直接融资。非金融企业进一步转变"跑银行贷款"的传统融资模式，丰富融资渠道，主动开展直接融资。

截至2017年10月底，天津市累计发行6633亿元的非金融企业债务融资工具，已成为除贷款之外实体经济企业融资的最重要渠道，累计为天津市交通基础设施建设、棚户区改造、保障房建设、城市地下综合管廊建设等重点领域和重大项目提供融资近5000亿元，并在市场主体培育、工作机制建设、创新产品运用、风险防范等方面取得了长足的发展。

党的十九大明确提出"提高直接融资比重、促进多层次资本市场健康发展"的要求，天津市非金融企业银行间市场直接融资工作下一步将从三个方面着力。一是着力提高直接融资比重，进一步加强市场引导、政策扶持和金融环境建设，更加充分利用银行间市场开展直接融资，有效降低社会和企业融资成本、改善负债结构。二是着力做好重点支持领域发债工作，要在积极做好国有企业债务融资工具发行工作的同时，帮助和引导民营企业、科技型企业、现代都市型农业等实体经济企业发债融资，落实普惠金融要求。三是侧重于天津市产业结构的转型与升级的助推，并盯紧其主攻方向，积极促进高端装备、航空航天、新一代人工智能、现代服务业企业丰富融资渠道，做大做强天津支柱性产业和战略性新兴产业。

B.4
2017年的天津金融产品创新发展报告

李向前 王 韩*

摘 要： 随着经济结构的转型升级和居民需求的时代变化，金融机构需要不断对金融产品进行改革创新才能保持产品竞争力。2017年，天津银行业、证券业、保险业等金融机构都衍生出了各种符合居民金融需求的金融产品，不仅有利于投资者的资产配置和风险管理需要，也将虚拟经济与实体经济有效结合，共同促进天津的经济社会发展。

关键词： 金融机构 产品创新 客户需求

一 天津银行产品创新

1. 天津多家银行与京东金融发行联名卡

基于居民消费金融和财富管理需求难以在传统金融业态中被充分覆盖，银行业在业务发展过程中转为需求驱动，关注最广大用户的金融服务需求，力求为居民的衣食住行提供更广泛、更便捷、更智能的金融服务。为此，商业银行对金融产品、业务流程和业务场景进行了优化创新。金融产品创新方面，商业银行通过精准分析客户需求，个性化设计金融产品，不断对原有金融产品进行创新升级，大力拓展银行零售业务，以满足客户不断变化的多元

---

* 李向前，中国滨海金融协同创新中心副主任，教授，研究方向为货币政策、区域金融；王韩，天津财经大学硕士研究生，研究方向为国际金融。

化金融需求，提高商业银行获客能力。业务流程优化方面，借助电子银行、直销银行等优化商业银行业务流程，提高金融服务效率。业务场景创新方面，主要是介入电商，通过互联网金融平台以及移动支付等电子支付方式拓展业务场景，触及更多客户群体，增加客户黏性。

自2017年初起，多家银行对居民消费信贷业务进行了创新，如"工银融e借"推出的个人消费信贷八折优惠以及12家银行同京东金融合作发行的联名卡，都有助于进一步释放消费潜力，增强新时期经济增长的新动能。

2. 天津银行精准发力，推出多款信用卡新产品

2017年以来，天津银行把握消费金融市场快速发展良机，加强信用卡产品和业务创新，不断提升产品品质和服务水平。天津银行精心设计，倾力打造"尊尚白金信用卡"、"SHOW（秀丽）卡"及"Fashion（范儿）卡"等多款信用卡新产品，满足不同客户群体的差别化消费需求。

"尊尚白金信用卡"是为"尊尚金"现金分期产品专门设计推出的信用卡产品。该产品针对有购车、婚庆、装修、健康等消费需求的优质客户，提供的专属现金分期服务，具有"申请便捷、使用广泛、期限灵活、还款轻松"的特点。特别是分期期限以日为计算单位，做到为客户精打细算。同时，采取先还息、后还本的还款方式，按月支付手续费，到期一次性偿还本金，有效缓解了客户还款压力。"SHOW（秀丽）卡"是面向女性客户群的信用卡产品，终身免年费以及多种多样的消费优惠活动是该产品的获客优势。"Fashion（范儿）卡"是针对青年客户群较大的融资需求而推出的产品。卡片为金卡级别，一次性授予信用额度，可循环使用，最高授信额度为50万元。

3. 天津金城银行推出"政采贷"全面支持中小微企业

近年来，为进一步扶持中小企业发展，从中央到地方出台了一系列中小企业参与政府采购项目的相关办法，为中小微企业提供了参与平台，但"融资难""融资贵"仍是小微企业发展壮大的"拦路石"。面对政采合同订单项下庞大的资金缺口，小微企业要从传统银行办理贷款，可谓困难重重。服务小微、服务实体经济是民营银行的重要发展使命。

为此，金城银行积极发挥自身源于民间、熟悉民企的特点，推出了

"政采贷"，对取得授信的小微企业没有抵押担保要求，以政府采购合同申请贷款最快可当天放款，可以快速有效地缓解小微企业资金困难。而"政采贷"对贷款期限不设限，按日计息的特点更是切实减轻了企业融资成本。天津金城银行移动端"政采贷"融资产品主要创新点包括基于移动互联网技术打造对公直销银行。天津金城银行利用移动互联网技术，创新推出对公直销银行App客户端，作为对公客户服务的渠道入口，用户可在线自主注册、申请开户，并提供"政采贷"等互联网金融服务。基于图像识别技术打造智能验真平台。天津金城银行利用图像识别技术，客户只需将企业法人、经办人等相关身份信息、发票、合同等实物信息拍照上传，系统可实时识别图片信息，并集成工商大数据、公安联网核查，实现自动校验真伪，无须人工审核，全程方便快捷，为快速开户、融资申请等金融服务提供基础支撑。基于大数据风控模型打造自动化信贷平台。天津金城银行通过搭建大数据基础平台，整合内、外部数据，以大数据风控技术为核心，打造自动化信贷平台，可自动识别欺诈用户，评估用户信用等级，自动审批贷款申请、自动授信、自动定额、自动放款，无须人工干预，为客户提供快速便捷的金融服务体验。

天津金城银行精心打造的信用类互联网融资产品"政采贷"，实现了贷款申请、审核、授信、提额、放款等全部在线完成，方便快捷。同时具有免抵押、免第三方担保、当日放款、按日计息、随借随还、利随本清、循环授信等特点，也是其作为全国首批、北方首家民营银行，积极拥抱金融科技，践行普惠金融的具体体现。除此之外，围绕"政采贷"，金城银行还推出了金城"政购通"系列产品体系。目前上线的产品有政采贷、退税贷和凭证贷，未来还将陆续开发补贴贷和招商贷等产品，为京津冀协同发展提供更好的金融服务。

4. 天津金城银行发力科技金融，创新性推出"金科贷"产品

2017年11月，为加强对全市科技型中小企业科技创新的支持，金城银行结合各级科技主管部门的财政支持政策，与红桥区科委展开试点合作，创新推出"金科贷"产品，并已完成首笔50万元放款。

在"金科贷"产品的设计过程中，金城银行对科技型中小企业类型、

融资需求特点进行了梳理，并对部分融资需求企业实地走访，力求将政策扶持、金融产品及企业需求三者有机结合。针对科技型企业"短、急、频"真实融资需求，为享受科学技术委员会系统各类支持政策的科技型中小企业量身定做了"金科贷"，涵盖股改、高新技术、科技项目等多个财政补贴模式，为企业发放单笔金额最高可达300万信用贷款。

继首笔"金科贷"产品贷款落地后，金城银行以红桥区实验成果为经验，进一步伸展服务触角，将受益群体扩展至全市各区县。作为探索新型业务模式的有利契机和提升服务科创企业水平的重要举措，天津金城银行已将"金科贷"业务进行流程简化、批量授信，快速推进业务开展。

为了满足科创企业轻资产、重科技特点及不同成长周期的融资需求，天津金城银行在"金科贷"的基础上，契合科创企业的发展特点及成长周期，进一步优化科技金融综合服务方案。如针对轻资产的初创企业，天津金城银行将运用大数据技术，为按时足额纳税的小微企业发放200万元以内的小额信用的"金税贷"；针对由于出口退税延迟收付所产生的融资需求，申请人将出口退税专用账户托管给金城银行，可获得300万元信用贷款；针对具有较好发展前景和较高成长性的科技型中小企业客户，拟以"金抵贷"模式为企业提供最高2000万元（含）的三年循环授信额度。

金科贷和陆续推出的金税贷、金抵贷是天津金城银行践行金融创新的最新成果，体现了天津金城银行民营银行市场定位，与现有商业银行实现互补发展、错位竞争的差异化发展战略。下一步，天津金城银行将进一步提升服务科创企业水平，加大金融产品创新力度，为"双创"提供更精细化的金融产品和服务。

二 天津证券产品创新

1. 多家证券公司推出智能投顾系统

在金融科技发展浪潮下，智能投顾成为券商间新的竞争热点。2017年，多家券商竞相推出智能投顾系统，以期通过降低炒股理财的专业性要求，增加获客量，以满足广大居民的财务管理需求。自2017年4月长江证券研发的国内首个券商智能财富管理系统iVatar Go面向客户群推广后，其他券商都加紧布局智能投顾领域。后续出现的一批产品，如光大的"智投魔方"、平安的"AI慧炒股"、华林的智能投顾机器人Andy以及国信的"金太阳智投"在扩大客户群的同时，也为客户提供了更加个性化的投资策略分析和更加科学的大数据投资决策参考信息，有助于客户进行科学理性的财富配置。在金融科技的变革下，券商也从单纯的通道服务提供者成功转型为综合性金融服务提供者。

2. 资产证券化产品创新不断，多个"首单"产品发行上市

2017年，资产证券化产品创新不断，多个"首单"产品发行上市，基础资产日益丰富。基础资产方面，首单公寓行业资产证券化产品、首单PPP资产证券化产品、首单商业地产抵押贷款产品、首单培育型不动产类REITs项目、首单文化创意园区资产证券化产品、首单外币计价ABS暨首单飞机租赁ABS、首单民企长租公寓储架式权益类REITs、国内首单培育型CMBS等陆续成功发行。首单社区商业物业REITs获得上交所无异议函，ABS基础资产类型日益丰富。ABS产品设计上也不断创新。2017年1~12月，首单基础资产为商业物业抵押贷款、交易结构采用双SPV结构的ABN产品成功注册；首单创新型多品种贸易融资类应收账款资产证券化储架项目也成功发行；首单运用区块链作为底层支持技术的ABS项目也成功落地；首单引入储架发行交易结构的长租公寓CMBS也已获批。未来ABS产品的创新有望持续。ABS产品的日益丰富，一方面说明了资产证券化这一融资方式的灵活性，另一方面也说明了市场对这一金融工具的认可。目前，我国经济体量规模非常大，企业有大量亟须盘活的资产，资产证券化可以有效盘活企业表内高质量的资产，缓解企业融资约束，拓宽实体经济与资本市场的连接通道。

三 天津保险产品创新

保险业是现代金融体系的支柱力量和现代服务业的重要内容。围绕京津

冀协同发展以及天津市"一基地三区"的整体定位，空港经济区一直在不断探索金融创新示范区建设。根据天津市政府与中国保监会联合出台的《关于加强保险业服务天津自贸示范区建设和京津冀协同发展重大战略意见》的要求，在市保监局、市金融局及滨海新区政府支持下，三部门于2016年10月出台《关于推动天津空港经济区保险产业园创新发展实施意见》，空港保险产业园正式启动。产业园以示范引领、产业聚集、错位发展为原则，积极发挥金融服务实体经济的功能，持续带动天津空港经济区保险产业聚集发展，取得显著成绩。目前，保险产业园已经吸引近40家保险类企业入驻，注册资本132亿元，保险产业规模初步形成，增长势头不断加快。

2017年，天津空港经济区率先发力，在加强与国内外金融保险机构合作的基础上，以保险产业园建设为支点，加快建设全国保险创新示范区和保险产业聚集区。未来，该区将同时加大产业聚集，针对保险法人机构专业中介机构、保险分支机构等保险细分行业，出台靶向性、差异性支持政策，积极搭建产业互动平台。同时谋划产业配套，丰富保险产业链条，划分产业园保险总部区、保险创新区、保险综合区，合理布局。围绕培育新兴业态，引进和开发"保险+产业"，推动特种设备责任险、关税担保保险业务，平行车进口互助保险灯机构业务开发落地，充分发挥全国首家自贸区内保险产业的优势，抓住京津冀协同发展战略下金融保险要素资源在区域间重构的机遇，搭建亚太保险合作平台。

四 其他产品创新

1. 2017年天津商业保理创新模式有助于盘活中小企业应收账款

长期以来，我国中小企业的"融资难，融资贵"问题都没有得到根本性的解决，而大企业也是负债累累，杠杆率居高不下。在国家"三去一补"的供给侧结构性改革规划和普惠金融发展进程下，金融领域不断进行改革创新。商业保理作为一种新型融资工具，不仅可以盘活企业应收账款，有效缓

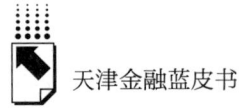

解资金短缺现状，提供融通性资金保证资金周转正常，还有助于降低企业负债规模和杠杆率，较好地管控风险。随着商业保理行业的不断发展，我国商业保理已经与互联网金融、资产证券化等金融新业态逐渐融合创新，开发出了双保理、联合保理、保理资产证券化等新型业务模式，并已根据具体情况适用于不同的细分领域。

2017中国商业保理行业峰会暨于家堡保理论坛在天津开幕。天津作为开展商业保理业务较早的地区，如今已拥有逾百家商业保理公司，形成一定规模效应。滨海新区中心商务区为商业保理企业提供了注册办理、渠道对接等保理业务全程服务。天津市财政局联合仲裁委就商业保理业务中的合同范本以及会计核算进行了规范，促进了商业保理行业的健康规范化发展。2017年，方正保理完成了首单天津自贸区保理ABS业务。未来，在国家推动应收账款融资以及市场存在巨大融资需求的大背景下，商业保理这一现代信用服务业将迎来重大发展机遇，其将成为贸易融资和风险管理的重要金融选择。

2. 天津市融资租赁居全国优势地位，创新成果不断涌现

截至2017年12月底，天津市融资租赁企业达到1485家，较2016年底的1193家增加了292家，增幅为24.5%。较2016年第三季度末的1111家增加了338家，增幅为30.4%。天津市融资租赁企业注册资金约为6415.8亿元，较2016年底的5013亿元增加了1402.8亿元，增幅约为30%。较2016年第三季度末的4329亿元同比增加了1698.8亿元，增幅为39.2%。业务总量超过11500亿元人民币，占全国总量的25%以上。

目前，天津市融资租赁创新示范区（东疆保税港区）的租赁产业有八个板块。具体包括航空租赁、船舶租赁、海工设备租赁（以上三项传统领域占全国市场80%以上的份额），还有轨道交通、医疗设备、能源、汽车和高端设备。注重业务创新，是融资租赁创新示范区的法宝之一。东疆首创的业务模式主要有离岸租赁、资产包转让、保税进口租赁、出口租赁、跨境转租赁、联合租赁等几十项创新交易模式。2017年以来，创新示范区就实现了多项突破：一是完成首项无形资产租赁业务；二是首项中国海上风电安装

平台进口租赁业务；三是首项中国国内直升机经营性租赁项目；四是实现首单SPV利用外币资金池业务；五是首单以飞机租赁资产为依托的境内外币资产证券化业务等。

3. 天津市推出九条措施，推动融资租赁创新发展

为推动天津融资租赁业创新发展，2017年3月在融资租赁业创新发展座谈会上，通过整体分析目前行业现状以及对比分析天津融资租赁发展优势，提出了九条建议：一是希望政府为融资租赁公司提供税收优惠，支持融资租赁业快速发展；二是建议协同本市的市场监管委明晰动产租赁标的物的登记工作，避免重复登记；三是建议协同本市的房管局明晰不动产权属登记；四是确定融资租赁的行业属性，便于租赁公司申请税收优惠；五是建立融资租赁的交易平台，盘活资产；六是建立融资租赁的同业拆借市场；七是希望相关部门为跨境租赁业务开通绿色通道，提高外汇审批效率，拓展更多国际融资渠道；八是希望加大对融资租赁公司的补贴力度，支持本市租赁业务中装备的升级转型；九是建议政府通过融资租赁进行采购。这九条建议为融资租赁业在"十三五"期间更加健康地发展奠定了良好基础。

五 金融产品创新展望

（一）天津金融业务拓展与产品创新方向

1. 积极拓展商业银行中间业务

近年来，居民收入有所提高，天津商业银行的客户结构也呈现出客户资产等级上移的趋势，顶端、高端、中端客户数量都有较大增长。我国商业银行主要为顶端客户群提供私人银行业务，为高端客户群进行个人理财，为中端客户群发放消费信贷。而从国际整体情况来看，个人银行业务在商业银行盈利中的占比甚至超过50%。因此，未来商业银行需要对客户群进一步细分，进行个性化产品设计，大力拓展个人银行业务。除此之外，商业银行仅依靠网点来获客的方式已失去竞争优势，未来需要借助互联网以更低的成

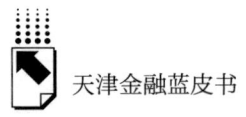

本、更便捷的交易手续为广大居民提供更高效的金融服务。

2. 丰富区域金融市场的交易主体及金融产品

未来可以政策推动更多企业进入银行间债券市场发行短期债券融通资金，同时批准金融机构开办债券借贷，鼓励天津商业银行通过发行次级债和一级金融债补充资本金。同时可以鼓励本市住房公积金、社保基金等资金通过银行间债券市场进行资金配置，提高资金使用效率和收益率的同时，也有助于增强区域金融市场活跃度及流动性。在交易主体不断多元化的同时，也意味着金融产品需要有针对性地不断创新，例如为本市重大项目发行资产支持证券，对企业发放动产质押短期贷款等，提供更多的融资渠道，有力支持实体经济发展。

3. 引进更多产业投资和创业风险投资

天津未来应该发展产业投资基金市场并建立区域性的退出平台，并在产权交易中引入产业基金等金融产品。为吸引产业投资和创业风险投资，天津可以对资本所得税或个人所得税最低免征额给予适当的政策倾斜。产业投资的增加可以为天津制造业、航空海洋运输业以及高新技术等产业发展提供更大推力，使得天津实现更快、更好的发展。

4. 开发更多种类保险业务

保险行业在继续发展健康人寿险和工程项目相关的各种责任险等成熟保险业务的同时，也需要逐步探索开发投资收益、贸易信用、项目融资、环保责任等业务空白领域的新险种。未来保险资金的投资配置也将不局限于传统选择，可以参与到医疗、基础设施建设、企业年金、资本市场等经营管理中，多元化资产配置的同时，也有助于提高资金收益。

5. 鼓励组建金融控股公司

滨海新区综合改革配套试验区正是金融控股公司建立的好契机。泰达投资控股公司、天津信托以及渤海银行等企业或金融机构可以整合金融资源，通过股权置换设立专门的金融控股公司，其内部可按金融业务种类细分若干子公司。再以一个金融机构作为母公司，组建金融控股集团进行金融业综合经营试点。通过金融控股集团内部的企业和银证保三类金融机构的有效合作，可以集合各主体优势，形成更大的竞争力，经营效益也将大大提高。但需要加强集团内部的管理，严格内部防火墙制度。

6. 有序发展离岸金融业务

天津未来拓展离岸金融业务首先需要建立一个健全的法律法规体系有效约束离岸金融业务中的不当行为，同时需要金融监管部门督促行业建立一套离岸金融业务标准及管理框架，引领行业健康发展。金融机构内部也需要有明确的规章制度和操作管理办法来指导机构业务和内部管理。其次，政府可以通过补贴税收等手段吸引更多机构在滨海新区发展离岸金融业务。最后，逐步在东疆保税港区建立内外分离型的离岸金融市场，推动业务向外拓展。除此之外，离岸金融产品的设计创新也需要根据多元化的客户需求进行。

（二）天津金融发展创新思路

在京津冀三地定位中，金融创新运营示范区功能为天津独有，也是天津在今后协同发展中的重头戏。金融创新运营示范区有三个关键词：一是"创新"，二是"运营"，三是"示范"。"金融创新"让天津先行先试，发挥开路先锋的作用。"金融运营"可以让金融创新的成功做法"固化为规则"，将"创新发明"进行小试和中试，为全面铺开积累经验。"示范"的核心是将金融创新的成功做法首先惠及京冀，同时争取在全国复制推广。金融常规管理优势在北京，河北省金融后台服务需要努力完成，天津需要在金融生态构建、金融业务拓展、金融市场营造、金融规则试行、金融人才培育等方面走在全国前面。可以考虑在四个方面形成支点，助推示范区建设加速，使京津冀在创新互动中实现协同发展。

1. 完善金融运营生态

生态不同于环境，生态更加强调"自组织、自循环、有交换"，当与外部形成交换时，生态系统本身会重新组织并按照新的规则形成循环。因此，完善金融生态不仅仅是增加机构和开发金融产品，更重要的是不同层次市场的形成，不同种类的机构并存，不同财产组成方式的放开，使不同融资需求可以得到基本满足。因此，各类要素市场的设立、重组需要加速，天津需要率先在本地开展其他互联网金融的创新平台的构建。

2. 创新金融运营机构

不仅要继续巩固传统金融业态,也需要注重新生业态,把金融机构的增加和金融工具的创新相结合,把金融平台建设和金融业务拓展相结合,把金融创新和金融监管同步跟进相结合。适时发起设立京津冀合作开发银行,营造最佳环境,争取使各个金融机构在津设立不同类型的事业总部。设立京津冀产业结构调整基金,在津设立面向海内外的个人财富管理中心等,不仅要发展传统金融,而且要从京津冀共同需要出发,着力发展新机构、开发新产品、拓展新业务。

3. 拓展已有金融优势

天津金融业发展的优势不仅要巩固而且要拓展。在构建金融创新运营示范区过程中,总结科技金融助推科技小巨人实施的经验,借助自创区的各项优惠政策,使天津的金融创新更多体现出支持大众创业和万众创新的特色,体现出支撑经济结构调整和经济平稳增长的特点,表现出领先一步开发航运金融等功能,使天津市的金融业在先进制造研发基地和北方国际航运核心区建设和改革开放先行区推进中,发挥独特的作用。

B.5
2017年的天津金融人才发展报告

王学龙 倪鑫*

摘　要： 加速金融改革创新，推进经济体制改革，人才无疑在经济发展中占据重要贡献。近几年天津市人才总量增速较缓，经济水平降低，对天津而言，应当破除瓶颈、理顺体制，不断探索人才模式创新，加强对金融高端人才的培养、引进、激励等，营造足以激励人才发挥作用的良好生态环境，健全稳固人才体系，极力为天津金融领域营造包容开放的金融环境贡献智慧，为天津金融改革进程增添活力和助力。

关键词： 金融人才　天津经济　人才环境　发展桎梏

致天下之治者在人才。人才对一国发展起关键性作用，在十九大报告中，强调人才在助推国家兴盛、民族振兴、国际上获取话语、拥有国际竞争优势中是不可或缺的重要战略性资源。大力发展人才强国战略、坚持科教兴国，培养造就一大批具有国际水平的战略科技人才、高水平人才梯队、优秀青年创新团队和领军人才。习总书记在大会上着重强调人才的重要意义，聚天下英才而用之。吸引人才、培养人才，只有"进行时"，没有"完成时"。只有清除阻碍人才发展和发挥的各种"绊脚石"，才能更加充分地制定专业

---

* 王学龙，天津财经大学金融系主任，教授，研究方向为国际结算；倪鑫，天津财经大学博士研究生，研究方向为国际金融。

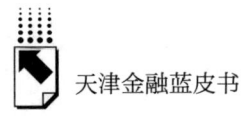

人才培养计划,改善人才引进环境,提升人才在社会上的地位,珍惜人才、尊重人才。最大限度地满足人才的幸福感和归属感的追求,进而促进人才为社会创造更多的价值和贡献。

一 天津金融人才基本概况

2017年天津市金融工作局编制了《天津市金融人才发展中长期规划纲要(2018～2030)》项目。在《天津市国民经济和社会发展第十三个五年规划纲要》中提及发展现代服务业,建设金融创新运营示范区,力争在2020年实现金融业的快速增加。因此,天津应该抓住历史机遇,积极应对各大挑战,在当下关键时期,金融人才作为金融业的第一资源,对天津金融业的发展具有重要意义,需加强顶层设计,强化系统谋划,加速机制体制的改革创新。

2018年天津在人才引进领域加大吸引力度,针对人才引进整体效率低等问题,正式实施"一张绿卡管引才"的管理办法,实现了人才服务的便利化。5月正式实施"海河计划",发布了《天津市人才引进落户实施办法》,从政策优惠上吸引本科生、研究生等人才留津。降低落户门槛的天津,正在对外地人才引进做出更为具体的限定。天津市人社局明确指出,天津实施人才新政,主要是吸引人才来天津创新创业。

从市场方面来看,天津落户政策的主要影响力集中在天津周边地区,河北等地的人口或有向大城市迁徙的意向,在北京工作的非京户籍人口或同样有迁户天津的意愿。现阶段,获得北京户口的门槛过高,并且供不应求,对于大部分人而言,户口问题一直困扰着他们,天津毗邻首都,且作为四大直辖市之一,属于大城市行列,具有高考录取率高等优势。此外,天津房价低于北京且距离北京较近,在天津落户购房不会影响在北京正常的工作生活。有观点认为,天津落户政策的陆续落地,或将对北京房地产市场带来一定的分流。也有人士谈到,无论天津未来房地产市场走势如何,天津开放落户事项仍然对京津冀的发展有一定拉动作用。目前来看,鉴于天津在人才吸引的配套政策方面力度大于北京,在交通以及教育方面又具备一定的优势,天津对北京人才的虹吸效应是存在的。著名经济学家宋清辉认为，天津人才新政的实施或将为北京的房价带来不确定性因素，如果天津人才新政聚集大量"英才"安家落户，像西安那样吸引数十万人才，对北京房产市场有可能会造成一定的分流。不过，并非所有的北京常住外来人口都认同天津落户新规所带来的虹吸效应。从北京的地位来看，不大可能被天津分流，北京一直都是全国性市场，而天津的影响还是区域性的。

为贯彻落实天津市金融人才的中长期发展，需要一定数量和高水平的金融人才智力支持，在全球科技与经济社会发展背景下，科学规划金融人才建设工作，保证高质量、体现高水平。

（一）天津金融人才总量提升

截至2017年末，天津市现有的银行业金融机构、财务、信托和租赁等行业的机构的营业网点数量达到3129个，相较2016年末的各个机构营业网点数3174个，数量有所下降，整体从业人员也相对出现缩减态势，在2017年末，从业人员为64606人，相比上一年的64859人减少了253人。但全行业资产总额有上升趋势，达到47928.7亿元的水平，同期增加了890.6亿元。并且法人机构的数量由2016年的43家增加到45家，增加了财务公司、新型农村金融机构和其他机构。具体数据如表1所示。

表1 天津银行业机构数及从业人数

机构类型	营业网点						法人机构	
	2017年			2016年			2017年	2016年
	机构个数(个)	从业人数(人)	资产总额(亿元)	机构个数(个)	从业人数(人)	资产总额(亿元)	法人机构数(个)	法人机构数(个)
大型商业银行	1247	27129	12631.1	1253	28867	12295.8	0	0
国家开发银行和政策性银行	13	568	3037.5	13	530	2810.2	0	0
股份制银行	431	12473	8277.1	418	11167	9663.0	1	1

续表

机构类型	营业网点						法人机构	
	2017年			2016年			2017年	2016年
	机构个数(个)	从业人数(人)	资产总额(亿元)	机构个数(个)	从业人数(人)	资产总额(亿元)	法人机构数(个)	法人机构数(个)
城市商业银行	304	7843	9535.7	336	7837	9251.9	1	1
小型农村金融机构	549	8481	4553.4	571	8707	4473.5	2	2
财务公司	8	238	566.3	7	216	439.2	7	6
信托公司	2	343	110.5	2	296	88.1	2	2
邮政储蓄	405	2694	963.3	416	2733	941.6	0	0
外资银行	51	1168	888.0	52	1155	847.6	1	1
新型农村机构	105	1464	352.8	93	1458	341.5	19	18
其他	14	2205	7013.0	13	1893	5885.7	13	12
合计	3129	64606	47928.7	3174	64859	47038.1	46	43

资料来源：2017年和2016年天津市金融运行报告。

（二）天津金融人才需求特征

随着金融改革、利率市场化、国家化发展的趋势，未来对金融人才的需求也会逐渐加大，也对金融人才提出了更高的要求，天津的发展需要具有金融市场、资本市场、科学技术等领域知识的复合型人才，金融人才的培育对天津发展的影响集中在以下四点。

1. 培养专业化水平人才

天津金融市场运行环境中，大量机构交错关联，银行业机构需要高水平的客户经理、风控人才、高级会计师、审计师、产品经理、营销培训师、人力资源管理师等专业人才，而且在转型发展中也急需金融交易、数据分析、网络金融、产品创新、投资银行、证券保险等方面的专业人才。这就要求高校必须在专业设置、教材选编、教学讲授、实习实训、校企合作中发现人才、引导人才、培育人才，突出"高精尖"导向，营造人才发展的良好环境。

2. 精通现代科技

金融科技正在和传统金融机构一起重新定义金融，这个过程必然伴随现有金融机构的业务转型,这给从业人员带来很大挑战。融金科技是基于科技水平上的金融服务,拥有五大专业技术:区块链、大数据、AI、物联网、云计算,应用领域相当广泛,遍及普通居民的生活中,其交易成本低、运行效率高,受到广大群众的追捧,从现有发展规模看,在未来发展中金融科技占据主要地位,金融科技也将在创新型经济中发挥更大作用。

3. 开发创新性思维

目前,中国金融业进入了"金融4.0时代",金融从业者也需要树立全新的理念,适应未来金融改革与发展的需要。以开放、包容、普惠的发展理念,推动金融的改革发展,创新金融产品、服务和工具,鼓励民间资本依法合规参与金融业发展,探索发展产业金融和供应链金融,促进金融服务提质增效,更好地满足实体经济发展的需要。

4. 培养复合型人才

未来金融新模式和新产品会不断被开发出来,人们的选择更加多元化。专业的理财机构不断增多,监管也会更加严格。这就要求高校顺应形势发展,培养精通金融理论、外语、计算机、法律、国际会计、市场营销等方面知识的复合型人才。

(三)金融人才国内城市分布情况

中国金融中心指数(CDI CFCI),是由深圳综合开发院在2009年首次发布的我国各地区金融中心指数。2007年我国各地区的数据(第九期)采用与以往不同的编制方法:"钱才集聚论"和"法市辐射论"。分析构建适合中国金融发展形势的体系与评价指标,其中包括金融机构的实力、生态环境、产业绩效以及市场规模四大类,下分88个二级指标,共同编制出衡量我国金融中心的发展聚集度,评估我国金融的发挥展的优势与不足,旨在为我国金融中心科学发展提供参考依据和有益启示。

第九期CDICFCI的评价范围涵盖我国31个金融中心城市,包括三大全国性金融中心和六大经济区域的28个区域金融中心。在综合竞争力指标排名上，上海、北京、深圳、广州排名前四，天津、成都、杭州、重庆、南京、苏州等占据前十的位置。天津作为排名第五的城市，相较2016年的排名第七，其实力毋庸置疑。与上一期相比，金融中心综合竞争力排名的主要变化情况是：郑州首次进入区域金融中心"综合实力十强"；北京、天津、郑州、青岛和成都成为综合得分"进步五强"；天津、武汉、济南、青岛、长春5个金融中心排名上升2位以上；成都西部金融中心地位保持，重庆、西安等西部城市与成都的差距进一步拉大。

2017年上海、北京、深圳等全国性金融中心引领了多个领域的创新发展，包括全国自由贸易账户、民营银行设立、多层次资本市场建设等。上海、北京、深圳三大全国性金融中心作为第一梯队，长期稳定额度占据榜首位置。观察评估的指数数据可知，三地的金融中心综合竞争力指标已远远超过其他城市，在全国金融市场上具有超强的辐射力和重要的影响力，三地的金融功能有一定差异，首都北京主要承担中国金融监管中心、决策中心和银行业中心的职能，而上海和深圳两地主要担任我国的金融市场中心的角色。上海、北京和深圳三地在我国不仅综合竞争力靠前，发展速度也远超其他城市，三地多项指标保持企稳的发展趋势，呈现显著的增长势头，进一步拉大了与区域金融中心的差距。

在"金融生态环境十强"中，北京、上海、深圳、广州依旧挤占全国前四的位置，天津排名第五，杭州、南京、重庆、武汉和程度分别排名全国第六至第十。金融生态环境分项竞争力与城市经济与社会发展水平息息相关，作为我国一线城市的北京、上海、深圳、广州在生态环境排名上始终占据领先地位，而杭州、南京、天津、苏州、重庆、成都、武汉等城市金融中心，依托其在经济总量、行政地位、知名度等各方面的优势，拥有一定竞争优势，并且金融生态环境对城市金融中心的评价占据重要位置，是该指标的主要解释力，但天津在生态环境的排名较城市金融中心的排名有所下降，金融生态环境城市排名前十的城市中有九个城市在综合竞争力排名中挤进前十的位置（见表2）。

在全国31个金融中心城市中,整体上来说,深圳在综合竞争力指标上的排名为第三。其中,金融生态环境、金融机构实力和产业绩效的排名与综合竞争力的排名次序一致,而其金融市场规模在全国排名第二,深圳作为全国性金融中心的地位十分稳固。但值得指出的是,深圳本期的综合竞争力得分仅上升了1.87分,涨幅为1.84%,涨幅较上一年大幅缩窄,其中金融市场规模得分以及金融人才环境排名均出现下滑。

根据第九期CDICFCI指数的统计,31个中国金融中心城市做出贡献的金融增加值占据我国金融总增加值的52%,并且在全国保险、证券、资金公司的总资产占比上分别为96%、96%和89%,且法人商业银行总资产占全国的81%,31个金融中心城市囊括了我国大部分资本市场份额,现已成为我国金融、经济发展的核心力量。

表2 第九期CDICFCI金融生态环境排名

城市	CFCI排名	CFCI得分
上海	1	222.9
北京	2	178.4
深圳	3	13.6
广州	4	63.8
天津	5	51.1
成都	6	49.6
杭州	7	47.8
重庆	8	46.8
南京	9	46.5
苏州	10	40.3

资料来源:中国(深圳)综合开发研究院2017年9月8日发布的第九期中国金融中心指数。

二 天津金融人才发展桎梏

尽管近几年来天津发布了多项人才引进政策,但人才增速仍然是困扰天津的大问题,城市化进程出现放缓迹象,大部分劳动力人口均流向一二

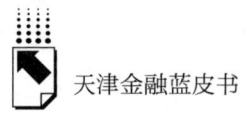

线城市,再加上我国这几年各地区陆续加入人才抢夺大战,人才流向相当明确,深圳、武汉、西安、成都等地户籍人口增长明显。天津虽拥有雄厚的存量财富,但是这些财富的增长空间有限,而这一点正是吸引人口的关键性因素。

(一)"双十条"政策助力企业走出人才困境

以天津普天单向器公司为例,该公司是一家生产汽车零部件的创新型企业,近年来,乘着国家政策扶持的东风,企业通过不断改革创新,每年的生产订单量保持两位数增长。但随着生产规模不断扩大,企业的人才困境愈发凸显,已成为摆在企业发展道路上一个绕不开的"大坑"。企业虽招收大量技术人员,但较多都是非天津户口,人员流动性较大,对企业的正常运营产生一定冲击,每年该企业在春节之后便会发布招聘信息来补招人员,专业培训、岗位熟悉等时间成本较大,加重了企业负担。在天津"双十条"政策出台之后,创新型企业引入人才落户政策,在党的十九大之后,天津相继出台了"天津八条"和"双十条",与政府相关机关进行对接,获得政策红利,促进企业发展再上一级新台阶。

通过相关机构专业人员不断进行深入探究和重复论证,并在社会上积极征求意见,最终制定出可行性强、有效性高的"双十条",天津市公安局始终秉持为人民服务的初衷,推进天津经济快速发展。按照市委、市政府关于促进经济社会发展、服务企业家创业发展、保障民计民生的部署要求,把积极回应人民群众对美好生活的需求作为各项工作的出发点、落脚点,实实在在地为企业排忧,为广大人民群众解决难题。并且,坚持对信息的获取、公开发布需严格遵循公开透明原则,一切行为责任均需依法,始终秉持服务人民、利民惠民的方针,坚守数据开放共享的原则,紧扣民意,关切和民生诉求,充分运用"互联网+"思维,通过打造服务发展全链条渠道,积极推进公安"放管服"工作改革,从公务办理程序上逐一进行简化,不断深化社会治理手段的创新,积极创建"五个现代化天津",并营造适宜的生态环境。

（二）缓解金融科技人才的紧缺

据普华永道发布的《2017年全球金融高科技调查中国概要》，中国有71%的金融机构受访者认为招聘人才比较困难。据全球招聘顾问公司Michael Page发布的《2017中国薪资与就业报告》，目前国内金融科技人才缺口达150万。在这么大的缺口之下，中小银行很难实现转型升级。中小银行难以吸引或自我培养复合型的金融科技人才。目前，国内金融科技人才扎堆聚集在一线城市，而技术专家主要来自高等院校、顶尖实验室或研究院、顶尖科技巨头等。此外，严重的供需不平衡使金融科技人才的薪资水平居高不下。在此背景下，地处非一线城市、薪酬体系传统的中小银行，难以吸引金融科技人才的加盟，也难于在内部自我培养。

（三）践行教育供给侧，破解金融"人才困局"

互联网金融狂飙猛进。一方面，行业规模突破万亿元，从业机构数量过万；另一方面，行业乱象丛生，面临诸多风险，e租宝、泛亚、中晋等金融欺诈、平台跑路事件频发。究其原因，除了一些平台负责人贪婪作祟外，人才不足成为行业快速规范发展的主要瓶颈。如何弥补人才缺口？将从教育供给侧改革、金融人才培育、创新人才培养等方面展开深入讨论，改革办学模式，优化教育资源、调整教学体系、促进成果转化，为天津、区域、中国经济发展培养金融新生力军。

（四）加速改善金融体系建设

全面落实国有企业、高校、科研院所、医疗卫生机构等企事业单位和社会组织的用人自主权。向用人主体下放"四权"，即用人单位可以自主实施招录计划，自主决定聘任对象岗位、级别和职务，自主决定分配标准和形式，依法自主决定对聘用对象解除和终止聘用关系等。同时，对事业单位、企业的用人计划进行编制管理，激发员工的积极性，加强员工集体归属感，还可以对公益属性的企业采用备案制管理机制，针对不同属性的单位、企业采用不同的管理方式，便于高效建设金融体系。

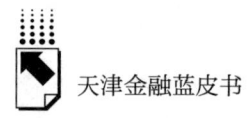

（五）面向海内外积极引才聚才

以紧迫感危机感倒逼人才培育引进工作，从理念入手，在政策制定实施上下功夫。人才引进要大力、大胆、大方、大气，以吸纳各方的大格局大力引进人才，大胆制定最具吸引力的引才聚才优厚政策，给人才以尊重、关怀、宽容、支持。实行更积极、更开放、更有效的人才引进政策，更大力度实施人才引进计划，择天下英才而用之。

在引进海外人才智力方面，支持滨海新区建立海外人才离岸创新创业基地，加强留学回国人员创业园和海外创新成果孵化中心建设，创新网络招聘、海外招聘、以才荐才等形式，对接引进高层次海外人才。

积极借助首都高端人才资源。加快天津滨海—中关村科技园等重大承接载体建设，支持用人单位建设和提升企业技术中心、工程实验室等高端研发平台，为集聚各类高层次人才创造条件。

三　天津金融人才发展政策建议

在2017年，相继出台多项政策文件。①七项外籍人士出入境新政：此次发布的政策文件主要针对外籍华人、留学生、高层次人才和长期在我国工作的人员等，其中这些群体可以包括授权自贸区管委会等单位推荐外籍人才及家属直接申请在华永久居留，以工资和税收为标准建立人才申请永久居留的市场化渠道，为外籍华人在华居留和永久居留提供更大便利，吸引外国留学生来华创新创业，为长期在华工作的人员提供居留便利，为外籍人才提供入境便利等。②出台《天津市人才公寓管理暂行办法》。③出台《关于深化人才发展体制机制改革的实施意见》。在2018年出台了《天津市进一步加快引育高端人才若干措施》，此项人才新政共8个部分，涉及人才引进、培养、平台建设、激励奖励、优化服务等方面，主要有五大创新点。一是人才引进方面，体现"竞争性"，强化了对顶尖大师、领军人物和创业英才等高层次人才的支持政策。二是人才培养方面，体现"协调性"，采取精准措施,加快培养创新型人才。三是平台建设方面,体现"专业性",强化载体平台建设,提升对人才发展的支撑能力。四是强化激励方面,体现"精准性",给予人才丰硕的资助奖励和相关优惠税收政策,积极鼓励人才创造新成果。五是优化服务方面,体现"配套性",建立党委联系专家制度,优化市场服务,优化生活配套。服务民生服务企业"双十条"措施:根据新规,符合天津市引进人才政策等有关条件的人,将可以"租房落户"。第一,实行引进人才"租房落户"政策,对本人或直系亲属无名下合法住房的,可在其长期租赁房屋所在社区落集体户口。第二,拓宽突出贡献引进人才政策受众面,从外地在津投资企业扩展到全部在津注册企业。第三,对在本市高职院校毕业的外省市毕业生在津就业并申报落户的,由毕业2年以内调整为30周岁(含)以下。

2020年,在人才发展体制机制改革的重要领域和关键环节上取得突破性进展,基本形成与"一基地三区"战略定位和具有国际影响力的产业创新中心,将积极创建运行高效、包容性强、对外开放力度大、科学规范的人才发展体系,提升天津在我国以及国际上的竞争优势,并能更加吸引众多的优秀人才流入天津,使天津成为人才聚集的最佳城市,逐渐在我国形成双创佳地。

要形成促进人才发展的整体合力,从中央到地方,人才工作已经正式成为组织部门工作的一个重要板块。但是靠组织部门孤军奋战是不行的,人才工作已深入到经济社会的方方面面,需要各职能部门的共同参与、协调配合,还要企业和人才的认同和支持,加速整体人才凝聚力和合力,规范人才的组织领导,从上至下的人才工作需公开、公平、公正。

(一)创建高素质人才梯队

高素质人才队伍是地方经济保持竞争力的有利资本,使地方人才济济,要求人才无断层,形成人才磁场。对金融机构、公司、企业而言,人才对企业的发展起至关重要的作用,因此需要打造一批适合企业本身运营的人才梯队,就得从建立合理的人才发展通道入手,明确企业需要人才的类型,并通过企业的人力资源部门对社会进行人才招聘，通过层层的专业面试与筛选，最终挑选出能为企业带来最大收益的人才，随后通过培训加强员工对企业业务的掌握，人力资源部还可以在工作中确定人才的发展目标和通道，不断激励提升自身能力，实现升职机遇，安排好人才职位的轮换，确保人才能够在实践汇总获取充足的经验和决断力。

（二）完善机构内部的激励机制

实行目标任务考核管理。首先，参照对各个金融机构进行考核的标准，对各机构的基础管理、目标任务和创新工作进行全面考核；其次，建章立制规范内部管理，制定实施金融人才机关考勤、信息、工作业绩考核管理制度，为进一步加强人员团队建设提高工作效率提供了制度保障。最后，瞄准短板构建工作合力，强化争先进位意识，清醒认识工作中存在的差距和问题，通过加强沟通交流，学习取经，设立激励机制等方式，努力打造一支完备的人才队伍。

（三）营造人才发展的优良环境

优良的环境能够产生促进人奋发向上的无限动力，比如可以在生活中给予人才照顾，可在交通、住房、医疗、教育等领域提供一定的优惠政策，通常，最与生活贴近的政策最能吸引人才。在工作中，健全补贴、休假等优惠政策。可以从三个方面着手。其一，创建诚信民主、正义公平的优良环境。从社会培养人才的成本和人才自身认识上来说，这种公平、公正的环境是对成本的节约和才华的珍视。其二，营造一个发展空间极大的工作环境。使得人才在无创造个人价值时能感觉到企业重视，企业能够给人才提供更广阔的施展空间，能提供平台和机会帮助人才在不同领域发挥所长。还可以针对不同类型的人才提供针对性的创新平台，实现优势互补、利益共享的新局面，努力为人才争取有发展前景的工作，不仅挑战了他们的能力，也满足了人才自我实现的需求。其三，营造一个务实、人本、温暖、和谐的服务环境。良好的服务环境是人才工作的后勤保障，解决好人才的生活起居和后顾之忧，才能锁住人心，积极为人才解决好户籍转移、子女教育、医疗保障、住房问题等。在日常工作中，要尊重、信任、理解人才，温暖人心。

（四）创新金融监管规则

金融创新示范区不仅仅是创新走在全国前列即可，因为遇到的问题前所未有，所以面临的监管难题也会前所未有。金融创新运营示范区的成功，也需要积极探索具有时代特色、适合中国国情的金融监管规则，以便起到示范和引领作用。

B.6
2017年的天津金融生态环境发展报告

王学龙 杨春波*

摘 要： 金融是地区经济的核心，良好的金融生态环境意味着创建统一、和谐的社会，降低金融风险爆发的可能性，有利于营造良好的发展环境，推进社会全面健康发展。天津金融发展稳中有升，还需加大金融生态环境的建设，最大限度地拉动天津市成长的速度，聚焦金融服务实体经济、防控金融风险、深化金融改革三项重点任务，大力推进金融创新运营示范区建设，从支付体系、金融法律、信用环境、政府职能等多方面促进天津金融生态环境的发展。

关键词： 金融生态环境 法制体系 服务体系 金融市场

一 天津金融生态环境发展现状

（一）金融生态环境概念

金融生态环境是金融生态规律和特征的抽象化，直接反映了金融内外部之间的相互依存关系。通常所讲的金融生态环境指的是金融机构正常运营的外部微观环境，也是金融运行的一些基础条件。将抽象的资源生态概念引进

---

* 王学龙，天津财经大学金融系主任，教授，研究方向为国际结算；杨春波，天津财经大学硕士研究生，研究方向为区域金融。

金融领域，既是对金融理论的创新，也是对银行业发展与生存的环境的囊括。金融是经济的核心，构建良好的金融生态环境意味着创建统一、和谐的社会，有利于营造良好的发展环境，降低金融风险爆发的可能性，推进社会全面发展。

（二）金融生态环境现状

天津金融发展稳中有升，还需加大金融生态环境的建设，最大限度地拉动天津市成长的速度，向全国、全世界招贤纳士，用政策优势吸引高水平的金融人才来带领机构、行业、市场前行。从金融业发展视角分析，保持稳健增长，抵御市场冲击和各大金融风险。2017年末，天津市地区生产总值高达18595.38亿元，相较于2016年增长了3.6%，其生产总值又可细分为第一产业、第二产业和第三产业增加值，分别为218.28亿元、7590.36亿元和10786.74亿元，分别比2016年增长了2%、1%和6%。截至2017年底，天津市金融机构本外币存贷款规模均超过3万亿元，其中存款余额为30940.81亿元，增长2.9%，比年初增加873.77亿元。贷款余额高达31602.54亿元，增长9.9%，比2016年末增加了2848.49亿元，同比增长了近10%。

去产能扎实推进，2017年第四季度规模以上工业产能利用率为77.1%，相较于2016年第四季度提高了3.4%，这是除2014年以外达到最高的水平。去库存持续显效，全年商品房待售面积下降29.9%。去杠杆稳步实施，11月末，规模以上工业企业资产负债率60.5%，同比下降1.8个百分点。新出台两批52项降成本政策措施，1~11月，规模以上工业企业每百元主营业务收入成本85.13元，是降成本各项措施实施以来的最低水平。补短板逐步加力，全年科研技术服务、信息技术服务和居民服务投资分别增长76.1%、52.4%和16.9%。

第一，持续推进创新发展。加快建设国家自主创新示范区，科技型企业发展活跃，2017年，全市新增规模超亿元科技型企业420家，国家高新技术企业突破4000家。全市备案市级众创空间154个，聚集创业团队超过

5600个、创业企业超过3500家。19项科技成果荣获国家科学技术奖励,其中有17项为科技进步奖,2项为技术发明奖,这19个奖项涉及的领域相当广,包括生物医药、材料研制和装备制造等。

第二,提升金融机构的存在数量,将风险均摊,使得中介服务核心业务获得相对稳定。截至2018年3月31日,天津市有境内上市公司50家,新三板挂牌公司202家,拟上市公司22家,证券信用评级公司1家。上市公司总股本628.33亿股,总市值5807.95亿元。天津的基金管理公司为1家,证券公司1家,但拥有33家证券公司的分公司,设立147家营业部门,登记注册私募基金管理人458家,证券投资咨询公司1家,证券投资咨询分公司4家,独立基金销售机构7家。3月证券营业部总资产165.68亿元,净资产14.59亿元,净利润0.42亿元,指定与托管市值3837.02亿元。截至目前,天津有6家期货公司,2家期货分公司,设立30家期货营业部门,期货交割库52家。2018年3月,期货营业部门交易量为287.66万手,总计代理成交金额高达1714.45亿元,而期货公司交易量高达582.14万手,代理交易金额为3455.09亿元。

第三,相对提升对外开放水平。2017年,全市新批准设立的外商投资企业951家,合同外资额264.23亿美元,实际直接利用外资106.08亿美元,增长5.0%。其中,自贸区引进外资成效显著,实际直接利用外资28.03亿美元,增长12.1%,快于全市7.1个百分点,占全市的26.4%。自天津自贸区挂牌至2017年底,区内企业共设立境外企业机构173家,2017年,区内实际利用外资28.03亿美元。截至2017年底,区内累计新增外商投资企业1988家,注册资本3709亿元,99%以上通过备案设立。2017年,区内实际利用外资28.03亿美元,增长12.1%,占全市的26.4%。设立对外投资合作"一站式"服务平台,开设企业对外投资"一站式"服务窗口,集中受理企业境外投资相关事宜,提供备案受理、证书发放、业务咨询等综合服务。建立"走出去"服务联盟跨境综合服务平台,吸纳50余家海内外投资组织、专业服务机构和金融企业,为企业境外投资提供项目推介、离岸金融和法律财税等全流程服务。

第四，积极承接非首都功能，主动服务雄安新区规划建设，加快推进滨海—中关村科技园等承接平台建设，"通武廊"携手打造协同发展试验示范区。京冀企业来津投资到位资金超过1000亿元。重点领域合作取得新进展，京津冀港口集装箱码头公司揭牌，天津口岸进出口总额中，来自北京与河北的货物比重达到29.8%。作为京津冀机场群中骨干机场，天津机场加快打造进出北京的"空中新通道"，全年旅客吞吐量2100.50万人次，增长24.5%。实行京津城际月票制，累计刷卡51万人次。生态环保联防联控不断深化。自贸试验区建设扎实推进。改革创新不断深入，90项改革任务完成81项，175项制度创新中169项落地实施，10项创新经验在全国复制推广。深入推进双向投资便利化，2017年，天津自贸区实际利用了28.03亿美元的外资，同比增加了12.1%，并且已经实现全面汽车平行进口的试点运营。此外，天津的融资租赁行业在全国租赁行业中占据首要位置，其船舶、飞机行业的租赁业务在全国该租赁行业中的占比超过80%。

随着"放管服"改革持续推进，营商环境不断优化，创业氛围日趋浓厚，民营经济主体大幅增加。2017年，新登记民营市场主体22.67万户，增长36.7%，占全市新登记市场主体的98.7%。民间投资保持活跃，全年完成投资7092.16亿元，增长4.6%，快于全市4.1个百分点，占全市投资的比重为62.9%。限额以上批发零售业中，民营企业运营的销售额高达13868.30亿元，同比增长了7.1个百分点，在天津市企业总销售额中占46.1%，较2016年提高了1.3个百分点。2017年1~11月，在规模以上以营利性为主的服务业行列中，民营经济获得的营业收入高达1337.04亿元，占天津市服务业营业收入的67.5%，同比增长了31.9%，快于全市6.9个百分点。

在现有发展的基础之上，想持续保持天津特有的金融环境，应该从营造良好的信用环境着手，逐渐加大金融改革创新，不断对法制体系进行完善与健全。

二 天津金融生态环境完善进度

(一) 金融法治体系不断完善

《"十三五"现代金融体系规划》明确中央与地方金融监管职责分工,将赋予地方政府相关金融监管职责,避免地方发展冲动带来道德风险。地方各级政府不得对金融资源市场化配置和金融机构自主经营进行干预。省级政府落实好防范和处置非法集资第一责任人的工作,严厉打击非法集资、金融诈骗、非法证券交易等各项违规行为。

聚焦金融服务实体经济、防控金融风险、深化金融改革三项重点任务,大力推进金融创新运营示范区建设。实体经济是金融的根基,要坚决在服务实体经济发展上积极求进出实招,着力调整优化服务理念、服务对象、服务布局,针对科技创新、智能产业、生态环保治理等需求,开发适应性强的金融产品,把服务实体经济作为考核重点,积极主动地加强天津市综合服务的功能。在京津冀一体化发展进程中,结合"一带一路"建设,把握国家发展方向,加速供给侧结构性改革,不断增强金融服务能力,发挥海河产业基金引导作用,助力产业转型升级。要降低融资成本,服务中小微企业,大力发展普惠金融。筑牢金融风险防控处置体系,打好防范化解重大风险攻坚战。稳妥防范处置近中期金融风险,完善风险防范处置长效机制。加快健全系统性风险金融监测评估防范体系,完善金融机构推出市场化进程的机制,加强风险管理,预防金融危机,牢固金融机构的稳健性发展,保障国家金融安全。

要把防范化解系统性金融风险放在突出位置,大力推进国有企业去杠杆、清理"僵尸企业"、严控地方政府无序举债、防控房地产泡沫、整治金融乱象等工作,确保金融安全稳健发展。强化金融机构规范运营,完善严格的内控和风险管理体系,从严落实地方监管职责,坚持"战区制、主官上",建立市、区两级金融监管和风险处置机制,加强全流程和全链条动态监测预警，做到金融监管全覆盖。要坚定不移地深化金融改革创新，狠抓自贸试验区金融创新，建设高水平国家融资租赁创新示范区，发展新型金融业态模式，形成聚集效应，打造服务"三北"的金融高地。用好资本市场，提高直接融资比重，推动上市国企再混改，培育发展各类股权投资。

要坚持以服务实体经济为宗旨，促进供给侧结构性改革和关注实体经济的需求、京津冀协同发展、创新驱动发展和新旧动能转换，全面提升金融服务质量效率和水平。要坚持以防范金融风险为底线，大力整顿规范金融秩序，切实化解和防范政府债务和融资平台债务风险，全面提升金融监管水平。要坚持以深化改革开放为动力，主动服务"一带一路"建设，加快推进改革创新，大力发展市场主体，全面提升金融创新运营示范区建设水平。

通过梳理2017年天津市发布的各项与金融相关的政策建议，摘取20个相关文件，主要集中在制造业发展、供给侧结构性改革、区域协同发展、项目投资、"走出去"战略等（见表1）。

表1　2017年天津重要金融政策指示

发布时间	文件名称
2017年12月12日	《关于进一步完善我市市属国有企业法人治理结构的实施意见》《天津市市管国有企业违规经营投资责任追究试行办法》
2017年11月27日	《天津市加快推进农业供给侧结构性改革大力发展粮食产业经济实施方案》
2017年11月16日	《关于成立京津合作示范区建设协调工作领导小组》
2017年10月31日	《关于进一步引导和规范境外投资方向实施方案》《天津市降低实体经济企业成本2017年第二批政策措施》
2017年10月26日	《关于促进我市开发区改革和创新发展实施方案》
2017年10月18日	《天津市企业投资项目核准和备案管理实施办法》
2017年9月6日	《加快实施企业"走出去"战略促进对外投资合作健康有序发展行动方案（2017~2020年）》
2017年8月21日	《加快实施企业"走出去"战略促进对外投资合作健康有序发展行动方案（2017~2020年）》
2017年7月18日	《关于进一步促进我市民间投资持续健康发展的实施意见》

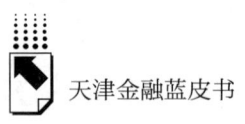

续表

发布时间	文件名称
2017年6月30日	《关于培育和发展我市住房租赁市场的实施意见》
2017年6月21日	《关于我市创新农村基础设施投融资体制机制实施方案》
2017年6月5日	《天津市新一轮中小企业创新转型行动计划(2017~2020年)》
2017年5月27日	《支持我市企业上市融资加快发展有关政策》
2017年4月28日	《天津市加强政府性债务风险防控工作方案》
2017年4月24日	《天津市降低实体经济企业成本2017年第一批政策措施》
2017年4月19日	《关于我市商贸流通领域供给侧结构性改革实施意见》
2017年2月13日	《关于实施项目带动战略促进投资增长的意见》
2017年1月24日	《关于促进创业投资持续健康发展的实施意见》
2017年1月18日	《成立天津市推进"一带一路"建设工作领导小组》
2017年1月6日	《天津市加快推进制造业与互联网融合发展实施方案》

资料来源：天津政务网。

（二）金融基础设施建设力度加大

1. 将设立市信用中心　推进社会信用体系建设

为加强信用信息管理，实现信用信息公开与共享，推进社会信用体系建设，天津市发改委起草了《天津市信用信息管理办法（征求意见稿）》。

天津市将设立市信用中心，建立完善国家信用信息共享交换平台（天津）、"信用中国（天津）"网站，与国家、各区、市有关部门和组织建立的信用信息服务系统、信用网站互联互通，实现信用信息跨区、跨部门、跨空间的共同使用，完善各个平台间守信奖惩机制，对于遵守信用的主体，将在行政管理和公共服务过程中给予支持与便利。在财政支持、政府采购、政府投资项目招标、国有土地出让、融资信贷、媒体推介、荣誉评选等活动中，列为优先选择对象。对失信主体，将在行政监管中列为重点核查对象，同时取消已经享受的行政管理和公共服务过程中给予的支持与便利，限制申请财政资金或者政策支持。

2017年我国社会信用体系建设具体工作全面部署，一些重点领域工作已向纵深开展。主要体现在："放管服"改革推动政府职能发生深刻转变，全面推进依法行政，政府活动全面纳入法制轨道；深入推进智慧法院建设，缓解执行难等问题，健全奖惩机制，加强对被执行人信用监督管理；证监会利用大数据、云计算提升科技化执法水平；对于税收部门而言，应强调事中监督、事后跟踪的监管机制，树立现代化税收理念；在医药卫生、劳动用工、科研、环保等领域的工作取得重大进展。

目前，我国已基本建立起公共信用体系框架，有必要对下一步社会信用体系建设的方向、边界和深度进行思考。为降低经济社会运行的信任成本，应大力推动"信用＋"创新实践，使信用理念和信用机制渗透至所有的经济社会活动，加速实现管理方式的信用化、智能化与信息化，提高整体社会运行效率、诚信水平和文明程度。

我国现有信用理论研究落后于实践探索，已有的理论并不能解释实践中的各种现象和问题。当前，信用理论研究需要多个相关交叉学科共同推进，究其核心和突破口在于经济学科的创新。信用理论研究必须立足于信息经济和数字经济发展的视角进行。

此外，在2017年8月，天津市政府下发《天津市加强政务诚信建设实施方案》，按照《国务院关于加强政务诚信建设的指导意见》的要求，结合天津市实际制定相应的实施方案，按要求应当在公共服务和行政管理的各个层次和各个领域中深入落实公正的原则，严格履行在招标投标过程中的义务，同时对于政府的诚信遵守承诺等机制要建立健全，极力为社会营造良好的信用环境，做好相应表率工作。2018年底，依托天津市信用信息共享交换系统，归集、处理和应用政务诚信信息，实现政务诚信记录全覆盖。循序渐进，不断提升公民的诚信履职意识和行政水平，建成规范有序、诚实守信、服务经济、运行高效、监管有力的政务诚信体系。

2. 支付体系稳健发展

中国人民银行开发研制的支付系统，主要有实现大额支付、小额批量支付和网上跨行清算等多功能。支付系统在物理结构设立了两级处理中心，即国家处理中心和在全国地市级及其以上城市的城市处理中心，该支付系统已经与商业银行、政策性银行、外汇管理局、结算公司等金融组织连接。此外，与澳门、香港的结算系统相联通,促进国家实体经济发展,切实发挥了资金流动"主动脉"的功能,为开展便民金融服务提供了有利平台,为人们的居家生活带来了实实在在的方便,是服务人民美好生活的重要表现。央行支付为社会资金的快速流动提供了基础支持服务,中国人民银行天津分行严格按照总行的要求和部署,以发展天津金融运营示范区为主要目的,始终将支付结算功能放在最为核心的地位,不断改善现代化的支付结算体系,为促进天津经济发展提供了主要的动力源泉。截至2017年6月末,天津市接入大小额支付系统的直接参与者、特许参与者9家,网上支付跨行清算系统、直连系统参与者6家,电子商业汇票系统、直连系统参与者7家。而天津通过小额支付系统进行交易的金额与交易次数相较于2016年分别增加了36.67%和44.88%,通过大额支付系统进行交易的金额与交易次数相较于2016年分别增加了16.07%和3.87%。在2018年6月以前,天津市现代化支付系统日均处理业务79.76万笔,金额3903.83亿元,成为名副其实的社会资金流动"高速公路"。

为防患于未然,天津清算中心也始终把安全生产、确保支付清算系统平稳运行作为头等大事。人民银行天津分行积极开展调查研究,在机房选址、设计方案制定和完善等方面做了大量工作,经过充分评估和反复论证,目前已初步完成了备份接入系统机房的选址和设计方案的完善,并力争在2018年底前完成机房建设。

(三)中介服务体系不断壮大完善

1. 传统金融服务机构

2017年末,根据中国人民银行天津分行发布的金融运行报告数据,2017年天津市金融机构营业网点高达3129家,从业人数为64606人,资产总额高达47928.7亿元。在3129个营业网点中,大型商业银行所占比重最高,约为39.9%,其次是小型农村金融机构和股份制商业银行,营业网点数量占比分别为17.5%、13.8%,法人机构为45家,主要集中在新型农村金融机构中。

2. 证券基金机构

相较于2016年天津证券市场,2017年证券期货市场发展进一步增加,各类证券业机构稳步发展，经营风险基本可控，法人证券公司资产规模有所增加，基金管理公司业务规模有较大幅度增长，期货公司平稳运营。2017年末数据显示，当年新增4家国内上市公司，总计49家。

法人期货公司稳步发展，代理交易规模有所下降。2017年末，天津市法人期货公司资产共计76.7亿元，同比增长14.1%；净资产总额22.1亿元，同比增长14.1%；代理交易额3.4亿元，同比下降12.3%；代理交易量5903.1万手，同比下降35%。

3. 保险业机构

人身险公司产品结构有所调整，对银邮代理渠道的依赖下降。2017年人身险公司普通寿险实现保费收入206.5亿元，占人身险保险收入比重为48.8%，较上年下降7.9个百分点；分红寿险实现保费收入143亿元，占人身险保险收入比重为33.8%，较上年上升4.2个百分点。从渠道结构看，银邮代理渠道共完成了170亿元的保费收入，但与2016年相比下降了15.7个百分点，较上年下降80.8个百分点。

4. 融资租赁机构

2017年上半年，根据《天津市融资租赁业十三五规划》和《天津市推动融资租赁业发展行动方案》，天津围绕东疆保税港区重点区域加快国家级融资租赁创新示范区建设，不断改善政策环境和创新业务模式，同时建立完善融资租赁业管理服务体系，加大行业监管力度，促进天津融资租赁行业规范健康稳定快速发展，继续保持全国领先的优势地位。

截至2017年第二季度末，在天津设立的各类融资租赁企业总部数量高达1285家，包含9家金融租赁企业和49家内资融资租赁试点企业，较第一季度增加8家，较去年同期增加31家（全国同期新增34家，天津占全国新增内资融资租赁试点企业数90%以上），同比增幅为172%。外商投资融资租赁企业1227家，较第一季度增加了39家，较上年度同期增加270家，增幅为28.2%。截至6月，全市融资租赁企业注册资金达到5523亿元，较第一季度增加了259亿元，较去年同期增加了1690亿元，增幅为44.1%。其中金融租赁365亿元暂无变化，内资租赁520亿元，较第一季度增加了24

亿元，较去年同期增加了242亿元，增幅为87.1%；外资租赁4638亿元，较第一季度增加235亿元，较去年同期增加1418亿元，增幅44%。总资产超过11000亿元，占全国近三成。

（四）金融市场健康发展

1. 社会融资结构进一步优化

2017年，天津市社会融资规模2790.3亿元，比上年少804.2亿元。从社会融资规模的结构看，一是对实体经济发放的表内贷款占比大幅提高。银行业机构本外币各项贷款占社会融资规模的102.6%，同比上升30.1个百分点。二是表外融资占比较低。银行业机构表外融资占社会融资规模的0.8%，比2016年的社会融资规模增加了3.0%。三是从直接融资的数据来看，其占比呈现大幅下降态势。企业直接融资净减少179.7亿元，同比少增1142.4亿元。2017年天津市社会融资规模见图1。

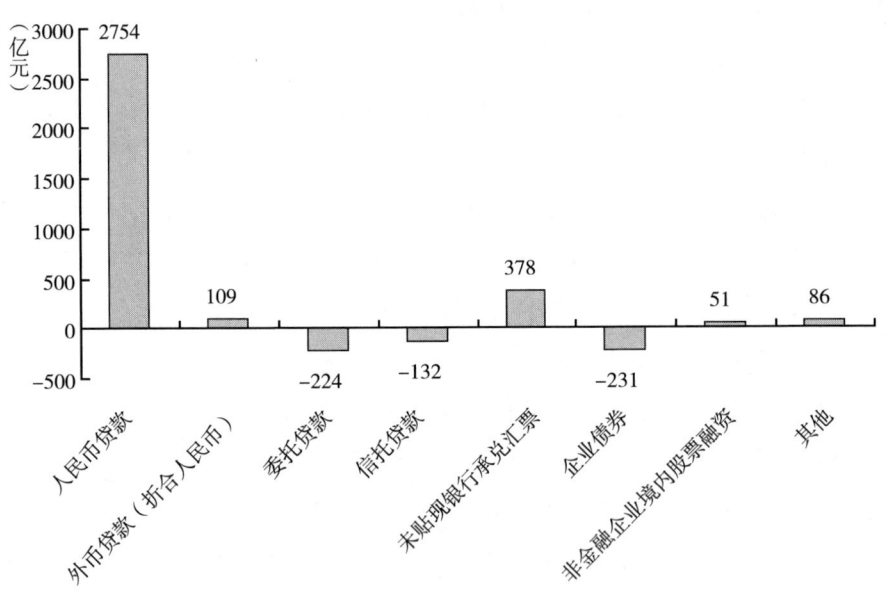

图1 2017年天津市社会融资规模

资料来源：中国人民银行天津分行。

2. 货币市场交易平稳增长

2017年天津市银行间同业拆借市场累计完成信用拆借3455笔,同比上升80.5%;累计金额12842.8亿元,同比上升16.1%。债券回购交易量继续增长,累计成交212798.5亿元,同比上升11.1%。从期限看,市场交易仍以短期为主。隔夜和7天拆借占全部拆借成交金额的84.4%。从价格看,利率水平均呈现出上升的态势,其中,拆入加权平均利率相较于2016年上升了1.01个百分点,拆出加权平均利率水平同比上升的幅度有所减少,仅为0.42%。

3. 票据融资大幅下降

2017年,天津市银行承兑汇票余额、票据贴现余额和再贴现余额均比上年下降,金融机构贴现业务整体定价上升。2017年天津市金融机构票据业务统计量见表2,2017年天津市金融机构票据贴现、转贴现利率见表3。

表2　2017年天津市金融机构票据业务统计量

单位:亿元

季度	银行承兑汇票承兑		贴现			
			银行承兑汇票		商业承兑汇票	
	余额	累计发生额	余额	累计发生额	余额	累计发生额
一	3061.2	1149.7	635.0	603.6	16.8	5.1
二	2951.6	1113.8	511.5	492.5	12.6	9.9
三	2882.7	1122.5	473.1	478.4	11.5	10.1
四	3007.2	1079.7	513.3	516.1	13.8	15.9

资料来源:中国人民银行天津分行。

表3　2017年天津市金融机构票据贴现、转贴现利率

单位:%

季度	贴现率		转贴现率	
	银行承兑汇票	商业承兑汇票	票据买断	票据回购
一	4.79	4.92	4.20	3.65
二	5.32	5.57	4.79	3.90
三	5.21	5.77	4.77	3.42
四	4.97	5.85	4.72	3.16

资料来源:中国人民银行天津分行。

三 天津金融生态环境未来方向

金融生态环境是促进我国经济和谐发展的核心突破点,进一步促进金融行业支撑经济增长。加强金融生态环境建设能够提高经济竞争实力,其能影响资源的配置和货币政策传导机制,对金融资源有一定的吸引力。加强金融生态环境建设,能促进金融业的健康发展,其紧系金融业发展速度和发展质量。通过打造良好的金融生态环境,为金融业发展提供良好的生长条件,在天津未来经济发展中,可以从改善金融生态环境着手,完善金融机构、市场、企业以及政府相关的基础设施建设,为区域经济发展提供发展空间。

(一)提高经济发展水平

1. 大力挖掘区位价值

(1)高水平建设金融创新运营示范区。2017年,天津扎实推进金融创新运营示范区建设,助推金融业发展迈上新台阶。一是金融创新运营示范区建设稳步推进。制定《关于加快金融创新运营示范区建设有关政策》,支持金融机构落户、金融改革创新、金融人才发展和金融环境优化。二是金融业发展活力和开放水平进一步提升。金融机构体系更加健全,自贸试验区金融改革创新进一步深化,融资租赁持续保持全国领先,租赁公司境内外总资产约占全国的1/4。三是金融服务实体经济能力不断增强。科技金融、农业金融、绿色金融和普惠金融稳步发展,投贷联动试点和农村"两权"抵押贷款试点有序推进,对经济社会发展重点领域和薄弱环节金融支持力度不断增强。四是强化金融风险防控。建立"推进金融创新运营示范区建设工作协作机制",形成加快金融创新、防范金融风险、维护金融安全的合力。

(2)转变政府职能。党的十八大以来,国家积极强调将转变政府职能作为加速深化行政体制改革的主要工作。而"放管服"改革工程已初见成效,在经济新常态背景下,在利民惠民、促进就业和稳住增长等领域均发挥着重要的积极作用,有效激发了社会创造力和市场的活力。首先,积极推进简政放权，大规模减少行政审批程序，降低投资创业和群众办事的高门槛，努力提高政府办事的效率，减少不必要的生产经营成本。其次，深化商事制度改革，精简审批程序，简化市场主体登记手续，健全国家企业信用信息公示系统，强化政府信用维护和服务公众等意识，既要要求政府诚信，也要强化企业的信用管理，对于个人而言积极构建个人信用，提升公众诚信教育，努力打造一个公平竞争、准入便捷的市场环境。最后，政府还应当积极创新监管方式，采用"互联网+监管"结合技术，将大数据、云计算等信息技术实现线上线下同一标准进行监管，加速各个政务部门、监管部门之间信息的共享和高效传递，便于建立统一的市场监管平台。

（3）稳抓京津冀一体化机遇。天津也在深入推进京津冀交通一体化。例如，完善天津连接雄安新区、京冀周边城市的交通网络，推进津承城际、天津至北京新机场联络线、京沪高铁二通道等项目前期工作，启动津石高速公路建设，大力发展海铁、海空、空陆联运，加密航班航线。

（4）抓住"一带一路"机遇。借助"一带一路"建设可积极推动海洋经济发展，促进天津港口物流运营和北方国际航运中心发展，坚持将"打出去"和"走进来"服务做大做强，设立京津冀跨国并购基金，推进京津冀地区能源、钢铁、对外承包工程等企业通过自贸试验区与"一带一路"沿线国家和地区开展合作。

2.产业结构全面优化

进一步培育发展新动能，增创国际竞争新优势。积极支持服务实体经济的金融业务发展，推动产融结合示范区建设，探索融资租赁企业税前扣除政策，率先开展租赁产业配套的外汇制度创新，支持自贸试验区保理企业开展离岸、跨境、跨省市国际保理合作，规范发展境外股权投资基金、企业跨境投融资、大宗商品现货离岸交易等业务，更好地服务实体经济发展。全力打造汽车平行进口全产业服务链，搭建政府的管理服务平台。探索开展平行进口汽车标准符合性整改，建设全国平行进口汽车大数据中心、销售定价中心，努力培育新经济新动能，促进产业结构转型升级和高质量发展。

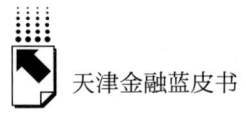

3. 加速金融创新

科技推动了金融创新,为"金融生态"创造了条件。运用云计算、大数据、人工智能等科技信息技术,将其融入进金融行业中,催生新的金融业态,推动了金融创新的发展。有科技特征的金融行业,能极力满足公众的多元化需求,突破传统的管制与技术束缚,开启科技变革,全面实施综合性经营,以转型获得新的发展红利,占据新的竞争优势。对于银行业而言,与现代金融科技进行有机结合,充分发挥出自身优势,快速提升银行在风险决策等领域上的智能化管理水平。

(二)促进金融行业稳定持续发展

1. 支付体系稳健发展

支付业务量保持增长。各类支付系统共处理人民币业务量同比增长13.6%,移动支付业务量同比增长84.9%。服务实体经济实施新举措。启动移动支付便民示范工程,加强农村支付环境建设,支付服务普惠性不断增强。业务改革创新进一步深化。空头支票行政处罚改革试点成效显著,集中代收付业务调整有序推进,电子商业汇票、RFID 票据等创新业务上取得显著性进展。

2. 完善金融法律的环境

金融消费权益保护工作机制进一步健全完善。编制《金融消费纠纷处理实务操作指引》,提供有效应对金融消费纠纷的操作指引、处置流程和处理技巧,妥善处置金融消费争议。深入推进金融消费权益保护检查和评估,推动金融机构提升业务合规意识和金融消费权益保护意识。加强金融知识宣传工作、开设金融课、金融知识宣传活动品牌创建、与校园合作开展绿色金融活动,提升了社会公众的金融素养和风险意识。

在互联网金融迅猛发展的背景下,始终把监管放在首要位置,互联网金融监管需要监管部门、金融机构以及各个行业部门共同协作,建立健全监管体系,加强信息的沟通能力,实现信息数据共享机制。同时,互联网金融长期发展积累了大量的问题,急需法院出台相应的审理机制。拥有良好的金融法律环境能够促进经济结构的有效转型，使经济体制不断自我完善，还能提高经济增加效率。由此可见，金融法律环境是确保国家或地区正常运行的一个重要基础。因此，需要厘清金融与法律两者之间的关系，梳理合规与合法的关系，建立行政监管机构，实现完整有效的信息录入，严守互联网金融行业的法律法规的底线，在履行新规的过程中不断进行改变。

而现有的金融法律体系存有不足之处，包括在期货交易法、金融控股公司法以及存款保险法等领域进出管制过于宽松，再加上立法的专业性和资源均受到一定程度的限制，法律修订的周期也较长，无法适应经济社会的变化。从金融执法的视角来分析，保障和约束"一行两会一局"履行监管的标准有所欠缺，各部门的监管执法权力的运行规则尚不完善，此外，对金融争端处罚机制中缺乏有效的赔偿和处罚机制。因此，从立法层面，应努力使得金融立法与当前金融重大变革有效结合，为金融改革提供强有力的法律支持。从企业层面来看，通过完善公司治理结构，加强监督和内部约束，使得企业的管理人员以长远利于为主，将更多注意力放在企业文化、企业信誉上。要建立严格、规范、透明的授信及业务标准和操作流程，并保证严格实施，切实保障资金安全和实现股东价值最大化。二是树立"服务立行"理念，创新金融服务。应转变单纯强调外部环境因素的思想观念，主动检讨以客户为中心的意识是否真正落实到位。要围绕客户设计产品，进行创新，开展全方位服务；要结合实际，大力提高市场研发能力，适时高速资产、产品、客户和收入结构，采用"差异化"的经营方式，关注产业发展的动向和宏观经济形势的波动，在宏观政策落实进程中寻求发展契机。

3. 创造良好的金融信用

信用体系建设稳步推进。出台《天津市加强个人诚信体系建设实施方案》，为地方信用体系建设提供政策支持；率先开展和谐劳动关系企业信用体系建设，为企业建立电子信用档案；开展民营中小企业信用体系建设；开展农民专业合作社信用体系建设，对544户农民合作社进行信息采集和评价。信用对于金融行业而言，是其正常经营的主要依据。中小微企业融资难、融资贵的困境，根本原因在于企业信用不对称性，信用是国家金融市场

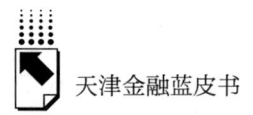

的基石，良好的金融信用体系是保证金融体系健康可持续发展的关键所在，首先应该增强企业的信用意识，针对企业信息不透明问题建议出台统一的财务制度，规范中小微企业财务工作，完善企业信用积累。其次，应当加强对信用信息的整合，根据全国企业信用信息公示系统，建立以信用监管为主的跨部门跨行业合作体系。改进执法环境，加大执法的力度，对失信行为加强法律惩罚，使得失信者"一处失信，处处受限"，这种惩罚机制能过给予其他企业警示作用。

在全国范围内加大诚信宣传力度，提高民众对信用的重要性认识，将金融信用纳入社会信用的框架中，统筹共建商业信用、执法信用、农业信用、政府信用以及金融信用的建设，努力提升全社会的信用水平。

4. 强化金融生态环境建设的领导

金融生态环境包括多个领域，涉及经济、政治、文化等，相互制约，相互促进。目前，我国金融生态环境现状远不能满足市场的要求，金融风险依旧在萌发阶段，国家或地区的生态环境决定着该地区对金融资源的吸收能力，生态环境不好的地区，投资环境也不好。由此可见，对该区金融生态环境的改善与投资环境的改善有着同等重要的地位，积极创建适合于金融机构内外部发展的生态环境，做好金融生态环境建设的宣传，培育信用维护的重要性理念，通过政府牵头，我国央行和各个监管部门的有效配合，维护金融和社会的稳定。

5. 加快经济增长方式转变

经济增长有两种方式：集约型和粗放型，这两种增长方式不同于市场经济或是计划经济。改革开放前，我国经济增长属于粗放型增长模式，但随着经济的快速发展，人民生活水平有了显著提升，但经济的质量和规模都远远不如其他发达经济体，求其原因在于劳动生产率不高，经济效益较差。国家呼吁转变经济增长模式，即以低投入、高产出、高质量等为特征的集约型增长模式，从以往的数量型主导转向质量型，这种模式能够在一定程度上节约资源，更加有利于建设和谐社会，遵从科学发展观的要求。转变经济增长模式，还需要搭配经济结构的调整和不断发展循环经济，抓住技术、知识、服务等发展潜在动力，通过结构调整，提升整体的技术水平，加强资源的合理使用，促进建设环境友好型、资源节约型的社会。改善生态环境，不能仅仅依靠商业银行，要改进银行的客户方，使作为银行贷款对象的个体在市场上成为独立的主体，健全企业经营体系，加速技术创新，提高经济增长的质量。

6. 深化金融改革，增强金融生态的自调能力

深化金融改革，全力服务实体经济，防控金融风险。从金融业来看，银行业合规经营有利于金融生态环境的创建，促进金融体系的稳定性和健康性，深化整治市场乱象，抓好重点领域和关键环节的风险治理，引导基层树立正确的经营观和风险观，加快建立部门内部监管和外部防范结合，进一步提高合规经营能力。以金融发展为契机，着力提升服务实体经济能力，注重支持供给侧结构性改革，主动对接重点项目，极力满足其对资金的需求。改革创新是银行业等金融机构实现高质量发展的动力源，制定科学发展战略，面向社会提供针对性的金融产品，加速特色经营，扩大金融覆盖面。加快工具创新，有效调整金融资源的优化配置、行业结构、客户结构，提高资金配置效率。要进一步推动金融市场化开展直接融资，开辟企业多渠道。

总之，加强和改善金融生态环境建设事关政府、银行及全体公民的切身利益，只有各方联手，共同努力，才能够真正使金融生态环境得到有效改善，并最终成为良好金融生态环境的受益者。

B.7
2017年的天津市金融改革创新发展报告

刘玚 邱兰*

摘　要： 近几年，随着金融的进一步发展，天津市越来越重视金融改革创新，并不断加强金融改革创新。目前，金融行业在天津经济的发展中发挥的作用举足轻重，对于经济结构的调整与优化升级具有极大的促进作用。本报告构建金融创新指数来评价天津市当前整体的创新现状并从人才引进、服务运营创新和自贸区改革创新三方面阐述天津市金融改革创新取得的成效，并对天津市的金融改革创新的进一步发展进行分析，为其能够更好地发展提供新思路。

关键词： 金融创新指数　人才引进　服务运营　自贸区

一　金融创新现状

（一）金融创新指数

金融创新将直接融资的创新和间接融资的创新包括在内。对于天津

---

* 刘玚，中国滨海金融协同创新中心研究员，天津财经大学金融系讲师，研究方向为货币政策、区域金融；邱兰，天津财经大学珠江学院，研究方向为金融创新。

市而言,利用金融机构本外币各项存款余额及其贷款余额依次测算天津市金融机构的融资水平和投资能力,代表间接融资中的金融创新;天津市在上证所和深交所基金交易额当月值和债券交易额分别用来衡量天津市的基金发展程度和债券市场的发展状况,代表间接融资的创新。上述四个指标分别用 X1、X2、X3、X4 表示,以上数据均来源于 Wind 资讯。

表 1 的结果显示,KMO 值是 0.699,Bartlett 的球形度检验的 P 值为 0.000,说明检验通过。

表 1 KMO 和 Bartlett 的检验

取样足够度的 Kaiser-Meyer-Olkin 度量		0.699
Bartlett 的球形度检验	近似卡方	47.113
	df	6
	Sig.	0.000

公因子方差可以反映主成分分析从原始的四个变量中提取的信息量。表 2 的结果显示,从变量 X2、X3、X4 中提取的信息量较大,X1 损失的信息量比较大。

表 2 公因子方差

指标	初始	提取
X1	1.000	0.790
X2	1.000	0.837
X3	1.000	0.881
X4	1.000	0.856

拥有较大提取方差的成分为主成分,因此从表 3 中可以得知,总共能够提取两个成分,分别是成分 1、成分 2,该两个成分累计占总方差的 84.074%,且成分 1 和成分 2 的方差分别为 2.471、0.892。

表3 解释的总方差

成分	初始特征值			提取平方和载入			旋转平方和载入		
	合计	方差的（%）	累积占比（%）	合计	方差的（%）	累积占比（%）	合计	方差的（%）	累积占比（%）
1	2.471	61.772	61.772	2.471	61.772	61.772	1.825	45.635	45.635
2	0.892	22.302	84.074	0.892	22.302	84.074	1.538	38.438	84.074
3	0.408	10.191	94.264						
4	0.229	5.736	100.000						

按照成分得分系数矩阵可以计算出因子 X1 和 X2 的得分（见表4），具体计算如下：

$F1 = 0.250 \times$ 本外币各项贷款余额 $+ 0.318 \times$ 本外币各项存款余额 $+ 0.306 \times$ 基金交易额 $+ 0.663 \times$ 债券交易额；

$F2 = 0.261 \times$ 本外币各项贷款余额 $+ 0.195 \times$ 本外币各项存款余额 $+ (-0.765) \times$ 基金交易额 $+ (-0.370) \times$ 债券交易额。

得到最后的总得分 $= \dfrac{45.625 \times F1 + 38.438 \times F2}{84.074}$

表4 成分得分系数矩阵

指标	成分	
	1	2
X1	0.250	0.261
X2	0.318	0.195
X3	0.306	-0.765
X4	0.663	-0.370

从表5与图1可以看出，2017年的创新综合指数相较于2016年有较明显的涨幅。整体来看呈逐月增长的趋势，从折线的走势来分析，在1～3月缓慢增长，4～8月增长的速度较快，9～10月天津市的创新有所减弱，但在11月又缓慢增长。

表 5　天津市金融创新综合指数 CX

时间	F1	F2	总得分
2016 年 1 月	1.704981785	1.17230367	1.461425083
2016 年 2 月	1.679576849	1.18757318	1.454616499
2016 年 3 月	1.757131477	1.16203377	1.485036383
2016 年 4 月	1.735811179	1.18286916	1.482989605
2016 年 5 月	1.749034599	1.19421669	1.495355224
2016 年 6 月	1.778842335	1.20725159	1.517494189
2016 年 7 月	1.809296893	1.20037065	1.530878877
2016 年 8 月	1.805421281	1.20286928	1.529917567
2016 年 9 月	1.827412872	1.20388189	1.542317464
2016 年 10 月	1.822307803	1.23681786	1.554604531
2016 年 11 月	1.869942828	1.1967869	1.562158762
2016 年 12 月	1.887845934	1.19914519	1.572954681
2017 年 1 月	1.843683034	1.26615755	1.579620799
2017 年 2 月	1.856756459	1.2735559	1.590099467
2017 年 3 月	1.918248583	1.25849067	1.616589414
2017 年 4 月	1.926162087	1.28957514	1.635096417
2017 年 5 月	1.937975807	1.29617535	1.64452642
2017 年 6 月	1.975730273	1.2885307	1.6615243
2017 年 7 月	1.969366875	1.30856955	1.667231888
2017 年 8 月	1.985143416	1.31656757	1.679451959
2017 年 9 月	1.954379412	1.33583494	1.671562291
2017 年 10 月	1.914348276	1.35779804	1.659874928
2017 年 11 月	1.938434275	1.33555125	1.662777635
2017 年 12 月	1.959357429	1.30746998	1.661296088

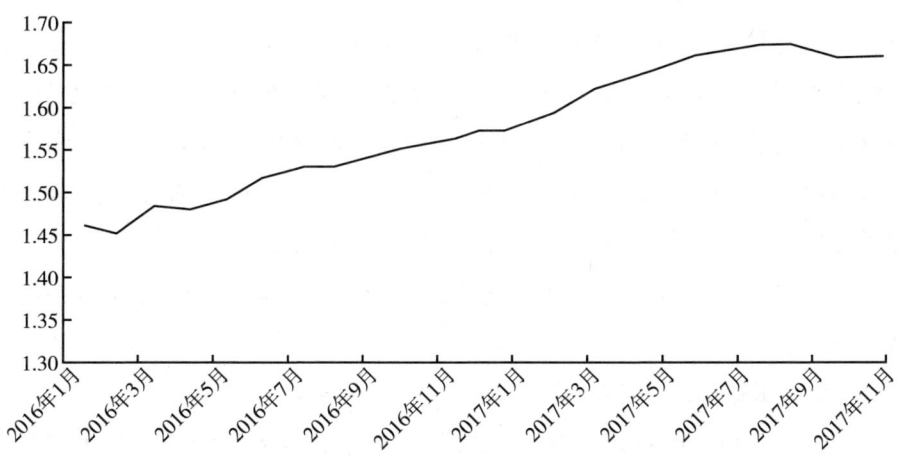

图 1　天津市 2016~2017 年金融创新综合指数 CX 走势

（二）银行机构积极推进普惠金融发展

1. 天津银行探索普惠金融发展新模式

天津银行不断探索普惠金融发展新模式，加大对蓟州、宝坻、宁河、静海等涉农区域的资源投放力度，并于天津市率先发放了第一笔农村承包土地经营抵押贷款。截至2016年底，天津地区涉农贷款余额达100亿元。天津银行依托蓟州区自然资源优势，以支持农家院升级改造为切入点，推出了农家院专属产品"蓟县农乐贷"，以信贷资金助力提升农家院接待能力，提升服务品质，促进村民增收、景区增效，累计投放了4500多万元的贷款，有50余农户受惠。将范围拓宽，同社会保障局、人力资源进行合作，共同推出"小额担保贷款"，将业务辐射范围向涉农村镇延伸，利用该贷款"小额、便捷"的特点，扩展惠农助农覆盖面。近两年，累计向1700多名城乡自主创业者提供信贷资金2亿元。

2. 天津农商行摸索合适的普惠金融发展路径

天津农商行不断满足客户的存贷款业务，积极办理传统结算业务，包括柜面通业务和农信银等，与此同时，提供资产、负债和中间业务一体化服务，加大发展本行的新业务和独有的特色业务，将中间业务进行全方位扩展，提供更加全面的上门服务，实施咨询、按揭贷款、理财、贷款、承兑票据贴现、国际业务、代收水电费及煤费、代发工资和社保等综合性服务。当前，天津农商行已研发出了120多种特色业务品种，包括"吉祥消费贷"和"吉祥微小贷"等，产品链条具有全方位和多元化等特性，并初具规模，可以在生产、经营、消费和生活等方面全方位地满足客户对金融服务的需求。通过业务产品的创新，下沉了服务，贴近了市场，贴近了实际，逐渐摸索出了一条适合本市农村地区的普惠金融发展路径。

3. 浦发银行助力"三农"服务

宝坻浦发村镇银行以服务"三农"为根本，以繁荣宝坻经济为己任加大风险控制力度，继续依次将市场、资本、创新作为导向、纽带、依托，与时俱进不断完善服务功能、拓宽服务领域、加快创新步伐，以宝坻深入推进京津冀协同发展重大战略为依托，继续本着坚持稳健经营及科学发展的原则，将建立现代金融企业制度的步伐加快，持续将内部管理强化，金融服务水平提高，为宝坻新农村建设提供助力，为促进宝坻经济和社会和谐发展贡献力量。

4. 天津滨海农商行努力开创普惠金融之路

天津滨海农商银行通过搭建融资平台、研发金融产品、优化服务方式、拓展资金渠道对中小企业提供扶持。为符合产业政策、竞争力较强、盈利性较好的小微企业提供定制化服务；为暂时出现经营困难的中小微企业，提供的还款方式较为灵活，使得小微企业走出融资困境。两年来，发行金融债券40亿元，为支持小微企业提供专项资金来源。截至2017年末，小微企业贷款余额275.80亿元。

天津滨海农商银行全面关注客户的金融需求，丰富"客定制"多层次零售业务产品，打造层次鲜明、功能健全、渠道丰富、定位精准的金融服务体系，满足多样化的消费需求。目前，形成了乐居贷、消费贷、经营贷、联合贷四大系列个贷产品，涵盖买房、购车、留学、结婚、旅游、教育培训等家庭消费，致力于将金融服务的覆盖率、可得性及客户对其满意度进一步提升。两年来，发放贷款29000余笔，个贷余额翻了一番，由2016年初的15.14亿元增长到2017年底的31.09亿元。2017年末，涉农贷款余额81.54亿元，保持较快增长。目前，金融知识宣传已成为天津滨海农商银行一项常态化工作。

（三）大力开展金融创新支持京津冀一体化建设

京津冀协同发展取得重要进展。高水平承接北京非首都功能疏解，确立全市"1+16"承接格局。全力支持服务雄安新区规划建设，与河北省签订支持雄安新区建设发展战略合作协议。滨海—中关村科技园注册企业累计达到355家，北京市科学技术研究院等13家科研院所落户天津，中煤科工金融租赁等一批投资合作项目签约落地。"通武廊"携手打造协同发展试验示

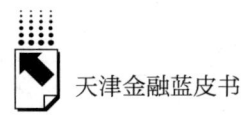

范区。京冀企业来津投资到位资金1089.14亿元,占天津市实际利用内资的43.6%。天津企业投资435亿元到河北。重点领域合作实现新突破。基础设施互联互通更加便利。京滨、京唐城际铁路开工建设,京津城际实现"月票制",滨保高速全线贯通。试运行京津冀航空货运班车,京津冀机场一体化运营机制初步形成。天津口岸进出口总额中,来自北京与河北的货物比重达到29.8%。产业对接合作加快。中沙新材料产业园、西青电子城数据中心等项目加快推进,津冀芦台协同发展示范区等园区建设进展顺利。生态联防联控联治取得新成效。

京津冀人才一体化工作又取得新成果。近期,京津冀三地人才工作领导小组联合发布了《京津冀人才一体化发展规划(2017~2030年)》(以下简称《规划》)。这是我国首个跨区域的人才规划,也是首个服务国家重大战略的人才专项规划。《规划》将习近平总书记系列关键讲话精神以及治国理政新思想、新理念和新战略深入贯彻,遵循人才成长和社会主义市场经济规律,将共享、开放、绿色、协调、创新的发展理念贯彻落实,按照加强对接互补、为协同发展服务、实现联动融合、推进链接共享、坚持重点突破的基本原则,明确了以支撑京津冀协同发展战略实施为出发点,以人才一体化发展体制机制改革及政策联合创新为主线,以京津冀人才一体化发展重大任务、重点工程为抓手,大力推进人才一体化发展,打造京津冀协同发展新引擎的总体思路。

二 金融人才引进政策改革创新

天津市金融人才资源相对匮乏。从金融人才的整体素质看,硕士研究生和博士研究生占比不高,特别是注册金融分析师(CFA)、注册金融策划师(CFP)、注册会计师(CPA)等高端金融人才较少;从金融人才国际化水平看,掌握金融专业知识并熟练使用外语的金融人才少,熟识国际金融规则、惯例和业务的金融人才十分匮乏。特别是伴随着大数据、云计算、物联网等技术的快速发展,同时具备掌握金融运作和精通互联网新技术等能力的金融人才匮乏，限制了天津在互联网金融、物流金融和金融科技等新兴金融领域的创新发展，天津市人才集聚能力需进一步增强。

（一）天津市金融人才现状

1.7项外籍人士出入境新政

此次实施的7项出入境政策措施主要服务外籍高层次人才、外籍华人、外籍留学生和长期在华工作人员等群体，包括：授权自贸区管委会等单位推荐外籍人才及家属直接申请在华永久居留，以工资和税收为标准建立人才申请永久居留的市场化渠道，为外籍华人在华居留和永久居留提供更大便利，吸引外国留学生来华创新创业，为长期在华工作人员提供居留便利，为外籍人才提供入境便利等。

2.人才住房管理新政

《天津市人才公寓管理暂行办法》规定，人才公寓为过渡性周转用房，按照属地化管理和"轮候租赁、只租不售"的原则，由各区、委办局负责制定本区域、系统人才公寓管理实施细则，做好日常管理和运行工作。引进人才租住时间原则上不超过两年，期满应迁出人才公寓并将户口迁至自有住房。入住人才公寓申请人一般为人才"绿卡"A卡持有者，持有人才"绿卡"B卡且属于天津市紧缺急需人才的，批准同意后也可入住人才公寓并享受相关优惠政策。人才本人及配偶、子女可落户人才公寓。属于义务教育阶段的引进人才子女，可向户籍所属区教育局提出入（转）学申请，由区教育局统筹安排就学。

3.《关于深化人才发展体制机制改革的实施意见》

《实施意见》明确提出，将评价人才的方式及其机制进行改革，使评价主体的选择迈向社会化，争取将"问东家、问专家、问大家"做到位。例如，将职称评审权限进一步下放，允许具备条件的专业协会、行业组织和科技团体承接社会化评审。在具备条件的高校、科研院所、医疗卫生机构推行职称"以聘代评"，在国家重点实验室、新型研发机构、大型骨干企业和高新技术企业开展自主评价工作。《实施意见》提出，对人才要实行差别化评价、完善不同类型、行业、职业人才的评价标准体系。基础研究人才以同行学术评价为主,弱化中短期目标考核,注重研究成果质量及对国家、社会的影响力;应用研究和技术开发人才突出市场评价,注重创新能力、创新成果、产学研结合等;科技成果转化人才强调评价转化效益,将利润和产值等经济效益以及环境保护、资源节约、吸纳就业等社会效益作为评价重点;哲学社会科学人才则强调社会评价;等等。

(二)"海河英才"计划引进金融人才政策解读

天津正处于新旧动能加速转换、经济结构转型调整的关键节点,以创新引领高质量发展,需优化创新环境、引进创新人才。要打响"天津质量""天津品牌",需要年轻人才。同时,为支撑"一基地三区"的定位,对于人才的需求更是急切。为此,天津市进行政策改革创新,制定"海河英才"行动计划。

在金融人才的引进上,对获得副高级及以上职称以及拥有国内外精算师、特许金融分析师(CFA)、注册税务师、金融风险管理师(FRM)、注册资产评估师、注册会计师等执业资格的资格型人才可直接落户。全日制高校金融专业毕业的本科生(一般不超过40岁)、硕士生(一般不超过45岁)和博士生(不受年龄限制)可以直接在津落户。此外,一次性对金融分析师、注册会计师等给予30000元的资助奖励,一次性对精算师等给予10万元资助奖励。

在金融人才培养上,为培育所需金融人才,天津市实施教育行业领域人才培育计划,包括在金融领域的"杰出津门学者""特聘教授""青年学者"培养工程,最高给予100万元经费资助,形成教育人才的培养体系。

(三)金融人才集聚的影响

金融业的发展过程中,人才集聚发挥着重要作用,人才区域集中才能充分发挥其集聚效应,并有效促进金融业及其创新发展。一方面,金融人才集聚是对天津市金融人力资本不断投资的效果;另一方面,金融人才集聚可以使知识与技术的传播不再受时间和空间的限制,增大知识交流的密度和交易频率,促进知识的交融、积累与创新,并进一步保证信息的真实性,推动金融业的发展。

1. 人才集聚增强集聚引力

人才集聚具有自我增强的作用。区域人才聚集都具有一个阈值,某区域的人才集聚一旦超过该阈值,该区域的支出份额或消费需求会因此而增大,消费市场的规模也会随之扩大,遵循市场接近原理,人们会向规模大的市场的区位靠拢,也就是人才集聚会吸引更多的人才。人才集聚的自我增强不仅体现在空间上,在知识、技术的积累上也是如此。金融人才聚集会降低知识和技术学习与积累的成本,趋低的知识积累成本将使该区域的知识、技术存量增加,也就是人才技术、平均素质会相应提高,进而推动该地区人才期望效率工资、人才边际收益随之提高,形成人才集聚、循环积累知识、技术链条。

2. 人才集聚推动知识、技术创新

金融人才集聚增加知识的多样性。人才集聚区域的个体间由于知识的整体性及其互补性为根据进行联合,知识、技术的持有者的合作产生新的知识或技能。对于某一区域而言,人才集聚在增大知识密度的同时还可以使知识分工更加具体、交流知识的意愿更加强烈,加强各个人才集聚的合作研究,为人才交流和互补提供便利,促进新知识、新技术的产生,推动金融业的创新。

3. 人才集聚促进内生经济增长

根据传统的经济增长理论,当物质和劳动要素的投入比率达到稳态时,平均资本不会再增长,经济停止增长,此时只有靠外生变量(技术进步)来推动。而人才集聚不仅能够将知识进行创新,产生新知识、新技能,还能使知识得到广泛传播,被其他地区或国家消化吸收,随着知识的不断传播与积累,过去的创新会助推新的创新,将目前知识和技术等的创新效率提高。由此而知,在人才集聚的情况下,在产品、服务过程的知识和技术的积累程度会逐渐提高,知识产生内部化的激励越强,人力及知识资本将会违背物质

资本收益递减的规律，应降低成本、加速创新，进一步推动经济的增长，使经济达到更高的稳态水平。

三 金融服务运营创新

（一）金融服务实体经济

2017年，天津市金融业全面贯彻落实党的十九大精神，以习总书记提出的三项任务——金融服务实体经济、深化金融改革、防控金融风险为依据，扎实推进金融创新运营示范区建设，为全市经济社会发展提供金融支撑。

2017年12月27日，天津东疆保税港区国内首单外币计价ABS暨首单飞机租赁ABS在上交所成功发行，这一由中飞租融资租赁有限公司以飞机租赁业务产生的相关资产作为基础资产发行的资产证券化产品，不仅开创了飞机租赁融资的国内先河——此前基本从银行融资，而且弥补了ABS产品以外币计价的空白，为国内短期、中期、长期美元固定收益类产品建立了价格引导机制，在资产证券化产品发展进程中也属于重大金融创新，被业内称为"具有里程碑式的意义"。

天津市出台了普惠金融发展实施方案、支持企业上市融资、构建绿色金融体系等一系列政策，激励金融机构积极为培育经济新动能输送新鲜血液。

北京银行天津分行不仅以知识产权质押为某生态景观建设公司发放了600万元贷款，还以投贷联动模式与其签署了认股权协议，并于2017年11月又创新性地为其操作了一笔2000万元的债权融资计划，这种直接融资的方式不仅进一步拓宽了科技型中小企业融资渠道，同时帮企业增加信用背书，给成长型企业带来的多方面有力影响。2016年秋天，天津市推动投贷联动试点，试点银行通过内部、外部投贷联动方式累计为67家科创企业投放资金5.85亿元，试点成效明显。

与此同时，对于成熟企业，相关金融管理部门、服务机构通过宣传培训、专项协调函、绿色通道证等方式在企业间营造争相上市的氛围。截至2017年11月，新增4家上市公司利安隆、新经典文化、绿茵景观、恒银金融，全年新增47家上市公司和新三板挂牌企业。

（二）服务创新：增强资金的流动性

支持租赁业发展，是天津自贸试验区一大特色。天津融资租赁业专业化、国际化、精英化。很多高难度创新之所以在这里实现，正是因为这里的服务好，相关职能部门、服务机构急企业之所急，想企业之所想，创新都是由问题导向催生的。

人民银行天津分行、外管局、天津市国税局、天津市发改委等负责人会聚一堂，协商为企业提供一站式服务。2017年，中民投资集团又在空港注册了一家健康租赁子公司，因为其相信天津的服务。

与其说是政策创新的高地，不如说是服务创新的高地。数据显示，截至2017年12月，天津自贸试验区内符合条件的82家融资租赁类公司办理的收取外币租金和售后回租项下外币支付贷款业务的金额分别为20.7亿美元和2.1亿美元，最高减少的企业汇兑损失达到2%。在助力租赁公司实施外债意愿结汇上，实现了多个全国"首单"和"第一"，充分发挥了天津租赁特色产业的辐射带动效应。

2017年，中信银行天津分行在自贸区内发行了第一单企业熊猫债（境外机构境内发行人民币债券）。此外，通过全口径跨境融资宏观审慎管理政策，帮助这家企业将其大额募集资金回流境内，用于境内子公司日常经营使用，支持境内实体企业的发展。

（三）金融改革稳步推进

2017年，自贸试验区金融创新交出如下成绩单："金改30条"政策80%已落地，其中7项在全国推广实施，累计已发布金融创新案例51个，形成了一批可复制、可推广的重要成果。截至10月底，在区内新开立的本外币账户累计达到4.4万个；办理全天津市24.3%的跨境收支1189.6亿元；

办理466.3亿美元的结售汇业务;跨境人民币结算2564亿元,在全市所占的比重为40.8%。融资租赁在全国依然处于领先的位置,截至11月末,全市融资租赁公司1449家,租赁公司在境外的总资产占全国的比重约为1/4,超过1.1万亿元。天津市的飞机和国际航运船舶租赁业务基本占据整个国内市场,所占比重分别为90%、80%。同时,全国的海工平台租赁业务全在天津市,占全国的比重高达100%。

从全市来看,截至2017年9月末,金融业总资产5.31万亿元,同比增长9%;1~9月,金融业增加值高达1418亿元,同去年同期相比增长了10.5%,占天津市GDP的10.5%。

(四)增加服务,减少审批

当前,已经在全国范围内实施的10项相关政策,包括直接投资外汇登记下放银行办理、A类企业货物贸易收入不入待核查账户、外债宏观审慎监管等,让自贸区内的相关企业颇为收益。比如,企业以前资金欠缺,需要资金,其获得资金的过程较为烦琐,必须具备相关材料,进行银行联合审查后办理结汇或划出手续。新的政策将行政审结过程简化,最高将企业的资金周转率提高至近90%,跨国公司外汇集中运营平均助力企业将资金周转率提高至50%以上。

四 自贸区金融改革创新

截至2017年12月末,自贸区内主体新开立的本外币账户累计达到4.7万个,办理1276.2亿美元的跨境收支业务,占全天津市跨境收支的比重达到24.4%;结售汇504.3亿美元;跨境人民币结算2729.9亿元,占全市跨境人民币收支的41.5%,"自贸试验区金融创新绿地森林效应逐步形成,改革红利不断显现,有力地支持了天津开放型经济发展"。2017年,三个片区一般公共预算收入226亿元,增长11.4%,实际利用28亿美元的外资,增长率为12.1%,外贸进出口额为2560亿元,增长32.8%。在全市1%的面积上,创造了全市12%的地区生产总值、10%的一般预算收入、1/4的实际利用外资额和1/3的外贸进出口额,阶段性成果较为明显,总体来看实现预期目标。天津金融业发展的代表性成果即是自贸试验区金融改革创新,为国家制度试用、地方谋发展发挥了重要作用。

（一）积极落实"金改30条",推进自贸区改革创新

1. 大力支持实体经济发展,金融服务高效性凸显

一是拓宽跨境融资渠道。区内主体开展全口径跨境融资外债资金流入2.7亿美元；跨境人民币外债签约总额超过200亿元；发放境外人民币贷款135亿元。

二是使用资金的效率有突出提升。区内主体开展238.2亿元跨境双向人民币资金池业务；区内的跨国公司6477.8万美元国内、国际外汇资金主账户归集外汇资金；区内银行为境外机构办理外汇衍生品交易8.2亿美元。

三是对租赁业的快速发展有促进作用。国内唯一获批开展经营性质租赁收取外币租金试点区域天津东港,办理试点业务累计达到13.2亿美元；符合条件的72家融资租赁公司办理9.2亿美元的收取外币租金业务,办理2.1亿美元的售后回租项下外币支付贷款业务,最高减少企业汇兑损失达2%。此外,助力租赁企业采用外债意愿结汇、开展联合租赁和外汇资金集中运营等方面,实现了多个全国"首单"和"第一"。

四是贸易投资更加便利。区内A类企业办理贸易收汇123亿美元,均未经过待核查账户；区内企业办理外商直接投资和境外投资项下各类外汇登记551笔、涉及金额441.5亿美元；区内企业办理外债资金结汇6.5亿美元、资本金结汇4.1亿美元。

2. 金融政策复制性初步实现,简政放权力度不断加大

一是创新政策可复制可推广取得新进展。截至目前,"金改30条"中6项政策已在全国推广。其中包括在外债宏观审慎监管、将管理跨国公司外汇资金集中运营准入条件、外债资金和外汇资本金实施意愿结汇、直接投资外汇登记下放银开展、A类企业货物贸易收入不入待核查账户等。

二是行政服务水平及其能力持续升高。"一站式"外汇业务综合服务在天津自贸区已实现，提升了 75% 的审批效率，开通区内企业开户"绿色通道"，使业务办理时间最大限度地缩短。

三是金融基础设施及功能不断完善。从实践看，天津自贸区现行账户体系可以较好地承载金融改革政策。此外，进一步完善了区内金融集成电路卡应用环境、拓宽应用领域。

3. 京津冀协同发展稳步推进，辐射带动作用日益显著

"金改 30 条"中创新提出设立京津冀协同发展基金等 5 项金融支持政策在建立协调机制、推进金融业务同城化、京津冀信用体系建设、全国动产融资中心建设以及信贷投放和产品创新方面取得了新进展，实现了协同发展与改革创新的有机结合。注资规模 100 亿元的京津冀产业结构调整引导基金已在天津自贸区正式设立。

4. 切实防范风险，优化金融发展环境

在推动天津"金改 30 条"实施中，始终坚持促改革与防风险并重。

一是建立多维指标体系。结合天津自贸区的特点，从宏观到微观、机构到个人、区内到区外等不同角度建立监测指标。

二是丰富核查手段。将传统监测手段与现代核查技术有机结合，探索搭建针对不同市场主体、行业特点和业务种类的风险预警、应急预案，运用负面清单、约见会谈等监管手段，指导市场主体切实把握好创新政策的内涵、边界和尺度。

三是凝聚监管合力。通过搭建内部监管、强化业务指导、建立跨部门协作等手段和机制，增强市场主体风险防范意识和能力，为稳妥有序推进金融改革创新创造有利条件。

（二）着力推进投资与贸易便利化，完成多项创新突破

1. 金融改革打头阵，租赁创新突破多

2017 年 11 月 7 日，以"跨境金融服务促进投融资便利化"为主题，天津市发布了天津自贸试验区第六批金融创新案例，涉及提升租赁业发展水

平、跨境撮合活动、金融服务投融资便利化和跨境金融服务等。

天津自贸区自2015年4月挂牌以来，已在全国范围内推广了中资企业海外直贷、中资企业跨境借款、首单境内外币租赁资产证券化、个人跨境人民币结算、碧水蓝天基金支持京津冀节能减排和水土气污染治理等45个金融创新项目。

2017年9月22日上午，一架全新的空客A320客机从德国汉堡飞抵天津滨海国际机场，这是天津自贸区东疆保税港区片区以租赁形式引进的第1000架飞机。至此，东疆租保税港成为全球继爱尔兰之后拥有飞机资产最多的飞机租赁聚集地。

目前，中国民航机队约六成为租赁引进，东疆引进飞机约占40%的市场份额，"东疆模式"对包括飞机租赁公司、航空运输企业和本土飞机制造企业等在内的航空产业发展起到了巨大的推动作用。东疆保税区已经陆续开发出租赁交易结构约40项，其中有联合、离岸、进口、出口、保税等租赁。

2017年天津自贸区先后完成了多项租赁业创新突破。如完成了"蓝鲸1号"——超深水双钻塔半潜式钻井平台的进口租赁业务，并取得史无前例的突破；积极主动地摸索、探究并进行无形资产租赁业试点的开展，推进落地第一单科技类、文化类无形资产租赁业务。全国最大的融资租赁聚集区——天津自贸区在融资租赁公司和办理业务的规模等方面居全国之首。

2. 全面深化"放管服"，企业经营更便利

2017年2月，原有国地税分别办理的192个事项，在天津自贸区中心商务片区实现统一受理，在全国自贸试验区中尚属首例。企业在单一窗口就可办理所有涉税事项，一次排队、一次咨询、一次办理。"以前至少要两天，现在十几分钟就能在一个窗口办完。"审批窗口税务专员刘津辰告诉记者。中心商务片区还针对办事人填表难、频繁返工跑冤枉路的难题，研发商事登记网审系统，借助该系统，办事人只需三步就能搞定业务：在家网上申报、后台在线审批、到场直接拿照。"13个工作日就能开票运营

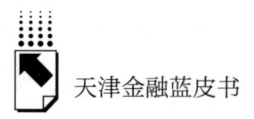

了，原来以为至少需要一个月。"刚在自贸区注册公司的福建商人施女士高兴地说。

审批效率大大提高，是天津自贸区全力实施"放管服"改革，促进政府职能转变的成果。在全国率先实施"一照一码"登记制度改革后，天津自贸区又将涉税事项纳入联合审批，将负面清单以外的外资企业备案与企业设立合并受理，实现了企业设立"一照一码一章一票一备案"一天办结。据了解，天津自贸区三个片区建立了集中统一的行政审批机构，承接了239项市级审批和服务事项，建立了综合受理单一窗口。

便利化同样延伸到天津口岸通关领域。为支持天津自贸区建设，天津市海关、天津市检验检疫局分别出台了三批29项、四批48项通关通检便利化措施，大大提高了口岸监管服务效率。

针对企业遇到检验检疫流程和通关烦琐等突出问题，天津市检验检疫局积极推动服务优化，企业进口集装箱滞港时间由原来的平均3~5天缩短到半天。近几年迅猛发展的进口乳制品行业，以往检验检疫通关主要集中在港口，耗费时间长。现在检疫人员直接到存储基地检验检疫，或将检验样品提前空运到津，然后货物到港直接放行，为企业节约了大量时间和费用。

京津冀海关区域通关一体化改革成效明显，企业通过首都机场进出口货物的通关时间节约8小时，途中运费降低30%；北京、河北企业通过天津港口岸进出口货物通关时间缩短3天，通关成本减少近30%。

自贸区挂牌以来，随着"批次进出、集中申报"等海关创新监管举措的实施，现在航空周转件清关已从过去的1~2天缩短到2个小时，企业航空维修业务大幅增长，自贸区便利化监管制度创新使企业享受到了改革红利。

3. 自贸区建设升级

挂牌几年来，天津自贸区持续完善外商投资负面清单管理，建立对外投资合作"一站式"服务平台和"走出去"服务联盟，形成更具开放性和透明度的投资管理制度。此外，提出了120条制度创新风险防范措施并实施风险联动防控,强化了对市场主体的信用约束,建立了联合惩戒机制,事中事后监管有效加强。

截至 2017 年 6 月底,天津自贸区新登记的市场主体数量是设立前历年总和的 1.58 倍。其中,新增的外商投资企业占到同期天津全市的近 60%,区内企业设立境外机构的数量和中方投资额分别占到同期全市的 40% 和近 60%;新批准的外商投资企业数量和外资合同金额分别为 846 家和 239.97 亿美元;实际直接利用外资占全市的 24.8%,达到 25.01 亿美元。

(三)自贸区银行助推企业融资

2017 年,中国银行天津市分行针对近年来国内中小企业"融资难、融资贵"的难题,撮合跨境中小企业,首创"中银全球中小企业跨境投资撮合服务",举办跨境撮合贸易洽谈会。2017 年 6 月在天津和法兰克福举办的两场洽谈会共进行了近 700 次"一对一"洽谈活动,为天津与"一带一路"沿线国家的中小企业搭建了桥梁。同年 5 月,中信银行天津分行作为主承销商之一,成功为中信银行境外子行在境内发行 30 亿元人民币债券,发债资金用于为国内实体企业发放融资,这是天津辖区内首支境外金融机构在境内发行的人民币债券。平安银行天津自贸分行发布的离岸跨境融资外债案例,从"离岸业务、跨境结算、租赁保理、投行业务"等方面,打出了一套支持自贸试验区企业发展的"组合拳"。

(四)天津海关创新促进自贸区升级

天津海关通过创新通关监管模式、税收征管方式和行政审批模式,使天津口岸贸易便利水平明显提升。在东疆保税港区率先实施"提前报关,码头验放"的通关流程和物流流程综合优化改革,自贸试验区内船舶进出港时间平均缩短 1 小时以上。税收征管"自报自缴"比例突破 60%,集中汇总征税规模不断扩大,2017 年汇总征收税款 144.94 亿元,同比增长 96.53%。建立检验检疫行政审批通报、通审、通签机制,企业就近申报、

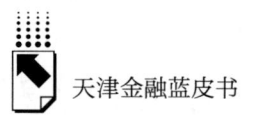

取证更便利,将自贸试验区海关报关企业注册登记许可、集中受理保税仓库和出口监管仓库业务申请事项取消。

通过为企业减负,让物流提速,给限制松绑,使特殊区域功能得到有效拓展。允许保税货物在特殊区域间自行运输,进出特殊区域的货物由"一票一报"改为"多票一报"。突破汽车"落地征税"限制,在全国率先实现平行进口汽车入区保税仓储,去年共验放二线出区平行进口汽车10.3万辆,占全国九成以上。

制度创新也促进了新兴业态的发展和市场营商环境的持续优化。天津融资租赁产业快速发展,东疆飞机融资租赁业务占到全国的90%,跨境电商迈上新台阶,共接受跨境电子商务网购保税进口申报清单757.09万票。

五 天津市金融改革创新展望

(一)加强金融人才集聚的管理

2017年,天津金融发展稳健,吸引优质金融创新项目,现代服务业引领天津金融创新步伐。依靠人才优势展示服务创新优势、竞争优势和建立区域创新体系的局势逐渐浮现。此时,对于创新人才管理的改善就显得尤为重要,有效管理人才创新才能有效聚集人才,充分发挥金融人才驱动"金融+服务"的进一步发展。留住人才的关键在于,如何发挥改革先行先试的特点,通过创新体制机制让天津的经济版图出现内生性的创新、创业动力,涌现出大量本土创新型中小企业,形成产业集群效应。同时发挥教育和研发优势,打通产学研转化的关键环节,结合最新科技趋势营造自主创新、自由创业的氛围。

1. 完善金融人才管理机制

不仅要发现人才,更要评价人才,将二者有机结合,同时将人才评价标准进行完善,使之更加符合金融业发展的需要。规范金融从业人员准入标准，推进职称制度的改革。将企业选拔人才的程序和制度进行改革，构建助攻多种人才培养的选拔机制。针对金融业创新人才缺乏的情况，及时推进政府人才管理目标，将相应企业在引进、培养和使用人才中的作用充分发挥。适度取消管理人才过程中的行政审批和费用收取等相关步骤，提供高质而有效的公共服务，创造良好的人才引进氛围。

2. 加强金融人才的流动

在市场配置人才资源的基础上，尽力引进人才，促进区域人才合理并有序的流动。充分利用统计局的统计功能，组织相关人员进行多方面的调研，准确把握天津市金融行业缺乏金融人才的类型及数量，包括技术型人才、综合型人才、基础型人才等。政府部门根据统计的结果撰写人才需求目录，并大范围地发布消息。同时，为加大对人才的吸引力度，相关的政府部门可以指定多种优惠政策，尤其是申报项目方面，增加急需人才引进的专项资金量。除此之外，相关企业还可以开展人才定向培养、选派等，来满足对人才的需求。

3. 创新人才培养开发

将金融行业的发展趋势、企业对人才的需求与互联网技术相结合，建立企业与高校间的联系，加强信息的流动性，解决消息不对称问题。同时，高校与企业合作，完善技能教学体系，开设相关的课程或论坛，培养企业需要的金融人才。借鉴西方国家对金融人才的培养理念和方法，实施相关政策鼓励海外留学生和专业人士回国就业，取西方国家之长补己之短，最大限度地开发、培养金融人才。

（二）加大金融服务运营创新力度

天津立足港口和制造业优势，强化金融创新运营示范基地。目前，金融服务跨区域便利程度和金融产品"互通、互认、互联"程度均较低，金融辐射功能发挥不充分，与周边产业联动效果显现不完全。在三地定位中，天津要强化金融创新运营功能，做好"承京启冀"工作，以高质量发展为新契机，做好京津产业转移承接合作的创新拓展。具体表现为促进金融市场融合，在传统金融机构基础上丰富多种形式的金融体系，培育金融控股公司，做强特色金融业态并形成集聚发展，完善商业运营环境和特色金融产业，为新型金融机构的合理快速发展创造条件，形成京津冀金融产业链"全覆盖"，培育产融结合新业态，实现"金融+实体产业"双创新，逐步打造"国际化、多元化、高效化"的金融创新运营示范中心。

（三）自贸区金融创新展望

目前，我国自贸试验区的发展已经过了三个阶段，党的十九大报告中习总书记提出，"赋予自贸试验区更大改革自主权，探索建设自由贸易港"，为自贸试验区得到更进一步的发展寻找方向。

一是加快国家层面对自贸区的统一立法。目前已设立11个自贸区，自贸区围绕制度创新这个核心，开展了一系列先行先试，推进了外资负面清单管理、证照分离等重大改革，部分改革经验向全国推广，取得了显著成效。尽管每个自贸区针对自己的发展颁布了自贸区发展条例，但仍然需要结合整体形势，进一步结合单个自贸试验区制度条例实践，扩充其核心内容，尽快制定《中国自由贸易试验区法》，使自贸区立法阶位提高。目前，自贸区采取的通过全国人大授权暂停区内实行的外资三法（《中外合资经营企业法》、《外资企业法》和《中外合作企业法》）和部分行政法规的准入限制，都属于临时调整，难以在短时间内突破现行法律法规，使得管理部门常常面临依法行政约束与改革创新的矛盾，影响开放措施的真正落地，因此应加快立法，将自贸试验区成熟的改革创新成果与以固定。

二是加强自贸区顶层设计，更好地发挥自贸区工作部际联席会议的作用。2015年2月，下发了《国务院关于同意建立国务院自由贸易试验区工作部际联席会议制度的批复》（国函〔2015〕18号），对于国务院领导同志牵头负责的国务院自由贸易试验区工作部际联席会议制度的建立正式同意，以工作需要为依据，召开不定期或定期会议，主持人为召集人或者由其委托的副召集人。目前，自贸区已步入深化改革期，易推动的政策已基本落地，剩下的大部分为改革难度较大、涉及部门较多、地方和部委理解不一致的改革创新内容。建议加大联席会议的协调解决力度,更好地发挥联席会议对全国自由贸易试验区深化改革试点工作指导作用,有效解决自贸试验区发展瓶颈和障碍。

三是赋予地方更大改革自主权,加强改革系统集成化。建议各地自贸区能够以体现区域产业特色的改革事项形成体系化方案,将原有的碎片化政策需求完善整合为政策体系,同时国家层面能够在合理的情况下最大限度地下放更多的经济管理权限,赋予各地在制度创新先行先试的内容和次序,以及在推广复制改革经验等方面更多自主选择的空间,不必"千篇一律",而是结合区域特点"百舸争流"。

四是支持有条件的自贸区探索设立各具特色的自由贸易港。目前,国家已明确支持在海南、上海设立自由贸易港,天津作为京津冀地区唯一的自贸区,具备"自贸试验区＋海关特殊监管区＋外贸大港"等国际通行自由贸易港的基础优势条件,同时具备集装箱码头和铁路集装箱中心站,可区别于上海水水中转模式,依托中欧班列,利用海铁联运中转枢纽优势,做大转口贸易。建议对京津冀自贸港申建给予大力支持。

(四)高标准建设金融创新运营示范区

1. 明确金融创新运营示范区的发展思路,构建指标体系量化建设目标,提升示范区品牌效应

(1)厘清建设思路

以集聚资源为手段,大力发展金融总部和新型金融业态,将开放扩大作为途径,加快步伐探索金融服务业以及资本项目可兑换的全面开放;以提高资源配置效率为目标,促进跨区域金融功能集成,探索构建京津冀金融合作新机制;以金融制度创新为核心,积极构建与国际金融投资和业务规则体系相适应的行政管理体系。

(2)明确建设目标

力争在2020年基本建成金融投资服务便利、货币兑换自由、金融监管高效、金融合作领先、金融科技融合、金融法制规范的金融创新运营示

范区。

(3) 构建金融创新运营示范区评价指标体系

可以学习利用全球金融中心指数（GFCI）、新华—道琼斯国际金融中心发展指数（IFCD INDEX）、中国金融中心指数（CDI CFCI）、上海金融景气指数等国内外知名指数的原理方法，运用包括统计分析、专家打分、问卷调查在内的一系列定量定性研究工具构建金融创新运营示范区建设评价体系。通过构建金融创新运营示范区发展评价指标体系，力争从多个角度、多个层次客观描述天津金融创新运营情况，从而间接反映天津金融业整体发展轨迹和行业景气情况，为预判金融业发展前景、衡量天津金融业定位目标的实现水平提供标准和依据，使天津金融业的稳健发展具有科学评估的依据。

2. 巩固融资租赁的发展地位，突出示范引领作用

(1) 加快建设和完善融资租赁创新示范园区机制体系

借助政府的扶持并结合租赁创新示范园区自身的自主性和创新性，加强政府在园区规划布局中的主导作用，切实提高示范区、政府、监管机构以及参与主体之间的沟通协调，为其提供最适合发展的优惠政策。

(2) 鼓励融资租赁模式与产品创新

运用合理定价与风险收益评估无形资产，比如应收账款、长期股权投资、商标和专利权等。研发通过融资租赁方式盘活企业存量资产的可能性，为抵押品不足的中小微企业以及科技型企业提供全新的融资方式，同时也为金融支持实体经济发展开辟一条新的道路。同时，充分发挥京津冀三地自身比较优势和相互协同的合作机制，积极开展融资租赁保理、融通仓、保兑仓、固定资产类融资租赁等多样化融资租赁服务，加强供应商、物流企业、融资租赁公司、银行、承租人以及保理商等多个主体之间的联系，吸引河北的产业资源和北京的金融资源在示范区内形成集聚效应。

(3) 建立中国金融租赁资产登记流转平台

建立规范的信息披露制度、市场信息分析报告制度和信息保密制度，提高租赁资产登记流转市场的透明度。同时，发展租赁资产定价、评级以及增

信等中介机构，建立租赁资产流转市场中介服务体系建设。

3. 推动新金融业态发展，创新金融服务实体经济模式

（1）积极推动保理业务发展

一是开展保理财税管理试点，争取国家支持对试点商业保理企业提供保理融资服务视同金融商品转让。二是通过应收账款池、票据池、发债基金等形式支持商业保理公司健康、持续发展，提升天津保理公司经营能力。

（2）鼓励信托业务加速转型

加大发展资产证券化创新试点的力度，运用银行信贷资产证券化双 SPV（特殊目的公司）结构——"信托+专项计划"，使银行间债券市场的信贷资产转向交易所市场，并以此为基础研发土地信托，助推生产要素，如集体经营性建设用地等的市场化流转。将无形资产的管理办法规范化，其中包括其保护、托管、流转、登记、质押和评估等，设立版权、知识产权等资产证券化试点。积极主动地探究碳排放权产品和巨灾保险产品证券化，创新碳债券、巨灾债券等新型债券类相关产品。

（3）加大力度建设资金结算中心

充分依托天津口岸优势和口岸贸易量大的特点，加快推动天津商贸物流资金结算中心建设。支持相关产业的集中集聚，比如物流业和现代服务业，发展资金流、信息流和物资流，建立生产资料交易体系和生活资料销售体系，把直接交易与客户配送紧密结合起来，将交易成本及物流成本减少。

4. 加强天津金融创新运营示范区的保障机制建设，在主动承接非首都核心功能疏解的基础上提高金融资源流通自由度，优化天津金融运行环境

（1）培养和引进高端金融人才

首先，加快制定国际人才规划的步伐，建立区域联动由金融人才支持的体系，加大力度支持金融人才的安居状况，引进并培养金融人才，尤其是具有较高创新意识和国际视野的高端人才。其次，将国内具有较强实力、条件的高等院校金融机构和科学研究院、所的优势和资源整合，建立接轨国际的人才培训基地，并加大力度鼓励科研、金融等相关机构建立博士后流动站，

来培养能够满足需求的创新型金融人才,重点对金融支持产业结构调整的金融服务做出有针对性的研究。最后设立金融创新项目和金融创新人才奖励机制和奖励基金,成立金融创新项目和金融创新杰出人才评审委员会,开展杰出金融创新项目和杰出金融创新人才评选活动。

(2) 加快设立区域性金融信息平台

一是鼓励天津市的金融机构设立与金融服务相关的专营、数据、备份及后援等服务中心,包括科技金融、商业物流、"三农"等,尽快将天津建设成金融服务外包中心和创新运营服务中心。二是要完善中小微企业信用信息金融服务平台,加快公开、共享及应用信用信息,为经济的发展提供服务,同时支持联合信用管理公司申报取得个人征信业务资质,制定出台《天津市个人信用征信数据库管理暂行办法》,将个人征信数据库尽快建立起来。三是加快流转平台的设立。其中,有中国金融租赁登记和中国融资租赁资产登记二者的流转平台,并助力租赁公司与信用信息基础数据库进行连接,建立综合信息统计分析体系建立,使之具有统一性和共享性,设立综合服务平台。

(3) 统一金融体系运营标准和管理规则

一是引进、研究并制定整体的市场化机构准入条件,尽力完善国内外企业、机构建立基金、保险、证券和银行等相关金融机构的业务范围、持股比例和股东资质等方面的制约。二是尽快在天津市内规划一个类似北京金融街的能够容纳现有金融机构以及未来金融机构进驻的金融核心功能区,降低不同类型金融机构人才和业务的交流成本,提高各类金融机构之间的合作可能性,形成集聚效应吸引天津以外的金融机构进驻这一区域。三是联合北京与河北的关键企业,形成上中下游的一套完整产业链,在加快研发订单质押、贸易融资、航运金融和供应链金融等创新金融业、产品的前提下,形成统一性、有效服务实体经济发展的区域性金融服务体系,为全国提供可复制、可推广的经验。

(4) 健全金融监管创新协同机制

一是要加强同国家各有关部委以及各地政府的沟通联系,逐步建立健全沟通联络协调机制，整体研究、规划和指导天津金融创新运营示范区建设工作。二是尝试下移金融监管权限，将审批层次减少，主动申请国家直属监管部门将一些职能授权天津属地监管部门，比如部分机构准入、高管核准、产品审查、业务创新等，采用靠前监管。三是建立并完善风险评估与防范机制，积极探索建立地方金融监管体系，加强对股权投资基金、融资租赁公司、投资公司、典当公司、融资担保公司、小额贷款公司、交易场所、融资平台、金融中介机构等领域的监督管理，努力构建和完善金融安全区。

分析与展望篇

Analysis and Forecast

B.8
2017年天津金融发展状况分析

周胜强　祁　林*

摘　要： 2017年，天津金融无论在总体规模还是服务实体的能力上都有着显著的提高，总体发展环境持续优化，态势良好。金融聚集效应不断显现，在自贸区方面的改革创新得以深化，不过由于总部数量较少、经济实力有待提高、创新缺乏推动力等劣势的存在，天津金融的腾飞尚需时日。天津应抓住京津冀一体化以及雄安新区规划的契机，拓宽金融类别，促进集聚效应，发展多层次金融体系，积极引入高端人才，注重市场监管，使金融合理、有序、快速地发展。

关键词： 金融服务实体经济　金融创新　金融集聚　多层次金融体系

---

* 周胜强，中国人民银行天津分行金融研究处处长，经济师，研究方向为金融监管；祁林，天津财经大学硕士研究生，研究方向为金融市场。

一 2017年天津金融运行状况

（一）2017年天津经济运行情况

2017年，天津市各级上下全面贯彻学习党的十九大精神，以习近平总书记针对天津提出的"三个着力"为重要抓手，习近平新时代中国特色社会主义思想为指导，力争将中央和市委的重大决策部署全面落实好、贯彻好，并在过程中形成全新的发展理念，秉持稳中求进的发展思路，继续深化供给侧改革，致力京津冀协同发展建设，促进新旧动能的转向与变换，全市经济稳定走强，结构转型取得良好收效。

1. 总体经济稳定增长，发展质量渐进提高

回顾2017年全年，天津总体的生产总值达到了18595.38亿元，同比增加了3.6%之多。细分来看各产业增加值，第一产业达到了218.28亿元，同比提高2.0%；第二产业达到了7590.36亿元，同比提高1.0%；第三产业达到了10786.74亿元，同比提高6.0%。

值得一提的是，工业方面获利能力得到显著增强。以2017年1~11月为例，规模以上的工业企业有20.1%的利润增加幅度，同比增加21%。而规模以上服务业企业则是在利润方面提高了1.6倍之多，在这之中战略性新兴服务业以及新服务业分别提高了6.7倍和2.5倍。财政收入方面主要体现为质量的不断提高，税收收入与一般公共预算收入之比达到了69.5%，同比增长9.9%。

2. 供给侧结构性改革持续深化，创新驱动引领发展

去产能方面稳步进行。据统计，2017年第四季度规模以上的工业产能利用率高达77.1%，同比增加3.4%，这一数据是自2014年第二季度以来的最高值。去库存方面也成效显著。2017年商品房的待售面积降低了29.9%之多。去杠杆也逐渐显效，11月底，规模以上工业企业的资产负债率降到了60.5%，较于上年同期减少了1.8%。此外还有两批共计52项降

成本的政策规定落地，规模以上工业企业在1~11月每百元主营业务收入成本降到了85.13元，为降成本导向推动以来的最低值。补短板方面也持续加大力度，2017年居民服务投资、信息技术服务、科研技术服务分别提高了16.9%、52.4%与76.1%。

创新驱动工作也持续推动。国家自主创新示范区得到了加速发展，科技型企业日显活力。全市在2017年新增加的亿元规模的科技型企业共有420家，国家高新技术企业总数超过了4000家。在天津备案的市级众创空间总计154个，聚集了3500多家的创业企业和5600多个创业团队。获得国家科学技术奖励的科技成果共计19项，其中17项科技进步奖、2项技术发明奖，涵盖新材料、生物医药以及装备制造等数个领域。

3. 产业结构重整优化，实体经济转型发展

服务业的领头地位更加牢靠。其增加值与天津生产总值之比在2017年达到了58.0%，同比增加1.6%。其中，发展较为迅猛的是现代服务业。由于手机漫游费与国内长途费被取消，电信业务收益总量提高了71.3%，同比增加18.9%。在2017年1~11月，信息技术服务业与互联网及其相关服务、软件的营业收入分别提高了40.6%与77.1%，占规模以上服务业的15.6%与52.1%。

高端制造带动了工业发展。2017年，装备制造业增加值占规模以上工业比例为35.6%，增长3.6%，为工业总量的增长贡献了约59.5%，同比增长16%。工业产品也更加贴合市场，出口整体向好，规模以上工业的出口交货总量提高了9.3个百分点，同比增长19.3%。其中，计算机通信与其他电子设备制造业、汽车制造业带领工业分别实现了2.7%和6.4%的增长，贡献卓著。

农业方面进行了收效显著的结构调整。着力推动以增水产品、增菜、增林果、减粮为核心的"三增一减"策略举措，使得三年调减100万亩粮食种植面积的阶段性目标得以超额完成。天津粮食全年总产量达到212.02万吨，同比提高8%，粮食生产得以再丰收的同时农业生产宣告稳定。

4. 新经济蓬勃发展，新动能加快积聚

新产品、新产业风头正劲。全年合乎市场需求与产业转型升级方向的新产品生产情况良好，城市轨道车辆、服务机器人、集成电路、锂离子电池、太阳能电池、碳纤维增强复合材料产量分别提高了2.3%、3.5%、14.2%、26.6%、27.9%、29.3%。高新制造业增加值提高了3.9个百分点，高于全市整体8.1%，为工业增长贡献了64.6个百分点；战略性的新兴产业增加值增长3.9%，快于全市规模以上工业1.6个百分点；高技术（制造业）产业增加值增长10.4%，快于全市8.1个百分点，对工业增长的贡献率达到64.6%。

"互联网+"也加快发展步伐，新业态与新模式呈现良好发展局面。全年限额以上的批发和零售业累计418.60亿元的网上零售额，同比提高了30%，占全市比重为17.8%，同比增长5.7%。网络销售的如日中天引领了快递行业蓬勃发展，全年快递业务总量超过5亿件，同比提高22.4%。规模以上服务业在1~11月中，高新技术服务业与战略性新兴服务业的营业收入分别提高了14.7%与29%。共享单车的日益盛行也促进了自行车行业生产，全年全市自行车产量提高了31.6%。

5. 京津冀协同发展提速推进，民营经济活力不断释放

天津致力承接非首都职能，为雄安新区建设提供服务与支持，大力建设滨海—中关村科技园等一系列承接平台，"通武廊"联合建设协同发展示范区。北京、河北的企业到天津投资的资金总数（已到位）超过1000亿元。在一些重点领域迎来了全新的合作，津冀国际集装箱码头公司正式揭牌，在全市进出口总额中，来自河北和北京的货物比例高达29.8%。天津机场作为京津冀机场群中的关键支点，积极打造往来首都的"空中新通道"，2017年的旅客吞吐量达到了2100.50万人次，同比提高24.5%；京津城际的月票制得以实施，刷卡累计51万人次。持续推进生态环保联控联防工作。

得益于"放管服"的全面落实，营商环境持续改善，营造出良好的创业氛围，民营经济蓬勃发展。全年新登记22.67万户民营经济主体，数值同

比提高36.7%，占全市的98.7%之多。民间投资也日益兴起，2017年完成7092.16亿元的投资额，同比提高4.6%，高出全市4.1个百分点，占全市的62.9%。在限额以上的批发零售业里，民营企业的销售总量达到了13868.30亿元，同比提高7.1%，占全市销售总额的46.1%，同比增加1.3个百分点。1~11月，聚焦规模以上的营利性服务业，民营经济创造了1337.04亿元的营业收入，占全市比例为67.5%，同比提高31.9%，大大高于全市6.9个百分点。

6. 投资消费继续增长，出口速度由负转正

投资结构持续改善。全市2017年的固定资产投资总额为11274.69亿元，同比提高0.5%。优势性工业产业投资提高了6.9%，高于全市增长6.4个百分点，同比多增2.4%。"三新"产业共有1926.15亿元的投资总额，同比提高了30.5%，高于全市的30%的增长率，占全市的17.1%，同比增长4.0%。在这之中，高新技术服务业的投资总额增长了66.6%。房地产调控的政策效果有所展现，其开发投资总额为2233.39亿元，减少了2.9%；商品房的销售面积达到了1482.12万平方米，减少了45.3%。

社会消费品的零售总额在2017年达到了5729.67亿元，同比提高1.7%。享受型消费品销量增长迅速。金银珠宝、化妆品、家具、体育娱乐用品的零售额分别提高了9.6%、14.8%、47.8%与85.7%。大众餐饮方面继续稳步提升，限额以下的住宿餐饮业有12.6%的营业额增长，高于全市的1.6%。

外贸进出口总额在2017年达到了7646.85亿元，同比提高12.8%。这之中，有4694.49亿元的进口额，同比提高了21.6%，有2952.36亿元的出口额，同比提高了1.2%。聚焦出口方式，一般性贸易出口达到了1437.32亿元，同比增长3.7%，占天津出口总额的48.7%，上升了1.2个百分点。再看出口市场，对欧盟、美国、日本的出口各自增加了8.3%、7.1%与11.2%，加总的出口总量占天津整体的37.8%。

7. 招商引资势头良好，金融存贷规模稳定增加

2017年，天津出台了关于积极利用外资助推对外开放的若干条政策，

收效显著。全市全年新增951家外商投资企业，共计264.23亿美元的合同外资额，实际直接利用外资额106.08亿美元，同比增长了5.0%。这之中自贸区在招商引资方面收效最优，实际直接利用外资28.03亿美元，同比提高12.1%，高于全市的7.1%，占天津总体的26.4%。

存贷款规模均高于3万亿元。2017年底的统计数据显示，天津市金融机构（含外资）本外币贷款余额31602.54亿元，同比提高了9.9%，相较于年初增加了2848.49亿元，同比多增89.12亿元。而存款余额则是30940.81亿元，同比提高了2.9%，较年初多增了873.77亿元。

8. 民计民生持续改善，消费价格涨幅平稳

就业收入持续向好。随着全市创新创业大环境的营造以及诸如百万人才计划的大力推动，天津的应届大学生就业率超过了90%。2017年新增就业人员48.95万，同比提高了0.1%，就业的结构也有所改善，第三产业的就业总数占六成以上。天津还出台了20项居民增收的政策，调高最低工资标准，达到了2050元，并提高了城乡居民基础养老金标准，调至277元。天津居民全年人均可支配收入达到了37022元，同比上升8.7%。

消费价格上涨幅度较为缓和。具体来看，居民消费价格在2017年增加了2.1%，同比涨幅无变化。作为促使CPI提高的服务价格增加了4.1%，这也使得CPI上升1.7个百分点。由于鸡蛋、猪肉、蔬菜的价格降低，食品类的整体价格回落了0.1%，也是近年首降。生产价格则保持增长。工业生产者的购进价增加了11.1%，出厂价增加了8.4%，增加幅度同比上升了12.8个与10.5个百分点。

（二）2017年天津金融运行情况

1. 金融业发展规模进一步提升

天津在2017年的金融业增加值达到了1951.75亿元，同比提高了12.5%。金融存贷规模不出意外继续扩张，无论存款还是贷款均超过了3万亿元。截至2017年底，包括外资在内的金融机构在全市有30940.81亿元的

本外币存款余额,相较年初增加了 873.77 亿元;贷款方面的余额则为 31602.54 亿元,相较年初增加了 2848.49 亿元(见表1)。

表1 2017 年末金融机构(含外资)本外币存贷款余额

单位:亿元,%

指标	年末数	比年初增加额	比上年末增长
中外金融机构本外币各项存款	30940.81	873.77	2.9
非金融企业存款	14488.17	194.18	1.4
住户存款	9756.89	414.78	4.4
中外金融机构本外币各项贷款	31602.54	2848.49	9.9
非金融企业及机关团体贷款	24971.48	1319.14	5.6
住户贷款	6316.37	1468.86	30.3

资料来源:中国人民银行天津分行。

全市加速推动了企业上市挂牌进程。全年新三板挂牌公司与新增上市企业共50家,这之中有新增境内上市企业4家,新三板挂牌企业与上市企业总数共计268家。2017年末共有477.74万证券账户,提高了8.8%。各类的证券交易总量在2017年共43527.96亿元,减少了0.7%。其中,股票交易总量减少了14.8%,达到了22299.66亿元;债券交易总量提高了24.7%,达到了19572.70亿元;基金交易总量减少了17.1%,共计1597.96亿元;期货市场成交总量提高了0.2%,共计60422.64亿元。

此外,稳步发展的还有保险行业。原保险在2017年共计565.01亿元的保费收入,提高了6.7%。其中,人身险收入额提高了5.4%,共计423.44亿元;财产险收入额提高了11%,共计141.57亿元。赔付方面支出减少了12.6%,共计155.32亿元。其中,人身险的赔付支出减少了2.5%,共计81.23亿元;财产险赔付支出缩减21.5%,共计74.10亿元。

天津自贸试验区自挂牌起已有三年。央行天津分行公布的统计数据显示,截至2018年5月,"金改30条"已经全面落地,24项措施收到了很好的效果,11项举措在全国范围内推广实施。自贸区的跨境收支在天津市中的占比超过四成,有效推动天津经济更好地发展,塑成全面开放的格局。据天津市统计局统计，截至2017年末，天津自贸区新登记了4.18万户市场主体，超过往年的1.86倍，注册资本共计1.5万亿元。新增加的市场主体里，10亿元以上注册资本共计281户，亿元以上的则是2613户。

2. 金融服务实体经济能力增强

当代经济的核心是金融。一个区域只有金融蓬勃发展，实体经济才能向高质量迈进。金融业涉及多项服务，其中与各大企业息息相关的就是支付结算业务，这将对金融方面流水活动的精度和速度产生深刻影响。这一年来，央行天津分行积极引导，天津的支付机构与商业银行致力于支付结算业务的优化工作，以使公司的资金周转效率有所提高，为实体经济营造出良好的金融环境。

支付清算是金融领域的一项基础性服务，其政策性较强，极大地影响经济生活。央行天津分行自2017年起促进金融机构从建立账户与资金流转至支付清算的整体流程环环提速，让金融成为实体经济的有力支撑。央行天津分行关于账户的设立方面要求所有金融机构积极投入到开户服务的优化工作上，缩短单位账户的办理时间。措施方面，央行天津分行为办理单位账户业务设立了限时办结制、责任追究制、首问负责制等多项制度，规定当天上报的银行账户审批业务"务必当天办结"。引导银行机构通过设立"绿色通道"、预约开户、网上预审等多种方式，努力缩短客户单位账户业务的办理时间。

用银行机构专人处理的督促机制来支持银行完善差错管理、建立内部考核等机制，及时处理支付系统挂账等业务并完善系统控制。如天津滨海农商行通过支票影像截留业务的大范围推广来节省资金的在途时间，有利于清算效率的提高；农业银行则是由专人负责每天报告支付系统的待处理业务明细。当然，天津在拖延支付和无理拒付等查处方面也是收到了良好的成效。截至2017年底，天津分行共计处理了20余起涉及票据业务的投诉，对于持票人的合法权益起到充分的保证。同一时期，全市的支票业务退票率有所降低，同比减少了0.19%。除此之外，积极尝试自助受理方式的支票业务，缩短客户等候时间。截至2017年末，全市累计投放45台自助受理终端机，以供支票圈存，共办理25238笔业务，其中成功圈存了15641笔，同比分别提高了27.1%与19.5%，对于资金及时到账以及业务办理效率提升具有巨

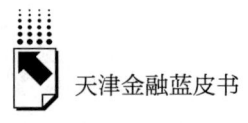

大的助推作用。

全市多家银行自2017年以来逐一对支付结算业务（小微与三农）、民生项目、重点项目实行减免收费。全市银行机构也致力于"互联网+支付"新模式的应用与推广，使线上支付与线下支付均贴合该行业的应用实际。身处天津，足不出户就可购电、缴纳税款、罚款等，十分便捷。

3. 金融发展环境持续优化

天津在2017年继续加快建设金融创新运营示范区，助力金融发展再上一层楼。首先，扎实推进金融创新运营示范区建设工作，出台了《关于加快金融创新运营示范区建设有关政策》，有利于金融的环境优化、人才发展、改革创新与机构落户。其次，进一步提升金融业的开放水平与发展活力。金融机构整体体系愈发完善，进一步推动自贸区的金融改革创新工作，融资租赁依然处于国内领先地位，租赁公司的境内外资产综合约占全国四成，优势明显。再者，金融对实体经济支持作用愈发明显。普惠金融、绿色金融、农业金融与科技金融均得到了快速发展，继续推进农村"两权"抵押贷款试点与投贷联动试点，在金融支持上针对重点领域与薄弱环节都有了补足。最后，同样重视控制金融风险。通过区内协作机制的设立使推动金融创新的同时有效防控风险，保持金融稳定。

二 天津金融产业集聚状况分析

金融产业集聚指的是某一国家的金融公司（国内与跨国）、金融机构、监管部门等总部型机构在地域层面的向某一地区聚合，同时和其他机构群体有时常往来关系的一种产业化的特定空间结构。

（一）优势分析

1. 京津冀协同发展进一步提高深化

（1）京津冀协同发展已取得重要进展

天津紧抓"1+16"的承接布局，主动投身缓解北京非首都功能压力的工作中去,并与河北展开战略合作,积极服务雄安建设,立足于京津冀协同发展。现已有 355 家企业在滨海—中关村科技园进行注册,同时北京 13 家科研院所在天津扎根,一批金融租赁合作项目如中煤科工等接连落地。据统计,北京、河北对天津的投资高达 1089.14 亿元,占全市所有实际利用内资额的 43.6%,天津投资河北的也有 435 亿元。

(2) 重点领域合作实现新突破

基础设施联合建设。京唐、京滨城际铁路正式开工,"月票制"也正式实行到京津城际中,滨保高速也全部贯通运行。京津冀的航空货运班车开始试运行,初步形成了京津冀的一体化机场群。在天津口岸的进出口货物中,来自北京与河北的占了 29.8% 之多。使产业对接更加便捷。西青电子城数据中心、中沙新材料产业园也都在有条不紊地建设中,津冀芦台示范区等协同发展的模范区也都在搭建中。取得新进展的还有生态的联治联控联防。

2. 天津自贸区高速发展

天津自贸区的创新驱动发展在 2017 年不断取得优异成绩。现已落实 81 项工作,落地了 169 项新制度,并有 10 项向全国推广借鉴。双向投资更加便捷。自贸区在 2017 年实际利用了 28.03 亿美元的外资,同比提高了 12.1%,占天津总体的 26.4%。同时汽车的平行进口试点也有条不紊地推进。融资租赁业仍走在国内前列,诸如船舶、飞机等业务超过国内综合水平。

3. 于家堡核心金融区

于家堡金融区不仅在地理上处在天津滨海新区的核心地带,功能上更是中心。具体来看,于家堡金融区正处在滨海发展带与天津发展带的交汇处,具有良好的资源积聚,具备良好的区位优势,其将功能定位在"一个基地、五个中心"也是十分合理,计划在 10 年内花费 2000 亿元搭成向我国北方特别是环渤海地区提供金融支持的大型平台,使之成为国际化的金融示范区。

4. 融资租赁优势再续

由于天津的融资租赁起步较早,现已形成集聚效应。2017 年全市的融资租赁额已在 1.15 万亿元以上,而 2006 年还只有 3 亿元,相对其他省市已有压倒性优势。回首这十年,天津无论是政府还是市银监局、市保监局抑或是租赁企业、东疆保税港区等都各司其职，勇于探索，参考优势经验，对天津的融资租赁框架进行搭建与完善，包括监管层面，使得营商环境得以日益优化。通过行业研究所、行业论坛的相继设立与召开，天津融资租赁逐渐打响品牌。

5. 金融创新运营示范区

天津在京津冀战略中有着"一基地三区"的角色定位，这个"区"就包括了"金融创新运营示范区"，同时也是天津发展的一个新基点。天津的金融领域把它当作激励与奋斗的目标，迎难而上，以大金融理念为建设导向，深化供给侧结构性改革的同时积极投身服务自贸区与京津冀的金融创新，使其与实体经济交相辉映。

（二）劣势分析

首先，经济实力上作为支撑有待加强。金融虽然是经济的核心，但经济更是金融的基础。一个地区要使金融高速发展，经济总量的提高必不可少，天津虽然在总量上并不突出，但可依靠腹地优势引领金融需求，从而带动金融发展。众所周知，现今天津GDP"挤水"，此时的天津若想在经济总量上谋求提高需要新的动能点来激发，这是值得思考的。

其次，总部经济欠缺。与北京相比，位处天津的金融机构、大型国有公司、大型跨国公司的总部少之又少，特别是金融机构。天津的商业银行总部只有4个，有3个还是国际银行设在中国的，证券业更是只有渤海证券，其他的金融机构就只有天津信托与恒安保险把总部设在天津。机构总部稀少使得大量资金外流，直接影响了天津的资金流动性，阻碍金融的腾飞。

再次，金融业的发展结构不够均衡。在金融领域，天津的证券业明显薄弱，如本报告前文提到位处天津的证券总部只有一家，剩下的都只是营业部。总的来说，非银机构只占了21%，就连相对发达的租赁业，结构也不是很均衡。汽车租赁公司就发展得较为迟缓。天津的直接融资明显乏力，由于企业特别是中小企业无法通过直接融资获得资金，只能过于依赖银行，而银行大多还停留在以息差为主要盈利模式的传统业务阶段。

最后，金融创新乏力。即便滨海新区得到了国家层面的政策引导与支持，但因为实施方案并未具体敲定，很多还处在研讨、商议、观望中，所以并没有什么实质性的进展。天津的金融创新实际上更多的只是产品创新，而且主要关注点在于引进外国的先进产品，天津的金融机构急需立足自身特点与天津的基本情况来加强适应性产品创新，同时将金融创新做大，使其覆盖更多领域，同时关注其中隐藏的金融风险，做好防空预警。

（三）对策建议

1. 加强金融合作，搭建多层次金融体系，提升市场开放水平

本报告前文已经提到，金融的发展要依靠经济基础作为良好支撑。天津欲壮大经济实力需将目光聚焦在合作上。天津具有良好的区位优势，并坐拥北方重要大港天津港以及京津冀协同发展战略，要积极与环渤海以及北方广大地区展开金融合作，优化发展环境，充分发挥金融集聚作用和外部经济作用，吸引更多金融机构总部扎根天津。要继续深化改革，健全服务职能，提升资源配置效率和利用率。同时也要促进区域内的各金融机构积极开展交流与合作。

此外，搭建多层次金融体系也是今后的工作重点之一。要建立具有辅助作用的组织，使得金融结构体系更加完整、健全。同时扶植信用担保公司、小额贷款公司、村镇银行等使金融资源更好地匹配需求，形成多层次金融支撑体系。同时聚焦招商引资，利用好建设自贸区的良好时机，打造更高的开放平台，优化对外环境。

2. 培养、引进高学历金融人才，提供居民金融文化素养

教育自古以来就是社会进步的助推力，我国始终重视再教育工作上的投入力度。教育方针需要继续毫不动摇地贯彻，继续较大教育资金投入，尤其是基础设施和教师队伍，从政府层面就要加以重视。金融是所有行业的"晴雨表"，其捉摸不定、瞬息万变的态势让我们时刻警惕知识的更迭，稍有落后便会被市场淘汰。当然，培养人才不能盲目，需要贴合市场需求，要培育实用型人才，在知识框架的更新中，通过专业培训培育新时代金融人才。

培养之余还要重视人才引进。目光不仅聚焦在国内，国外优秀人才也应积极引入。借助人才引进政策大打人才争夺战，以更好的薪资待遇、发展前景、培养路径、落户政策等吸引高学历人才，且引的是"才"，而不单单是"人"。此外，金融素质的提升应覆盖民众，要加强金融知识的基础教育和宣传，让人们具备基本的金融素养和风险意识，也是金融教育体系中不可或缺的一环。

3. 加强金融监管，鼓励金融创新，完善金融法律体系

现阶段欲解决天津金融集聚不足，优势匮乏的局面，金融创新是一条可行之路。金融市场活力需要靠金融创新来激发，当然创新也需贴合市场需求。要注意金融领域的知识产权维护，预防"搭便车"甚至侵权行为的发生，鼓励高质量的金融产品上线，促进自主创新。作为商业银行要探索更多复合市场需要的金融产品，同时注重机构创新。保险行业则是在创新服务与产品的基础上，利用社保基金的国家政策支持，发展保险业集聚。

金融创新势必会伴随着金融风险的衍生。于是就需要金融监管及时跟上，引导金融运作步入正确的轨道，促进合理配置天津的金融资源。监管的同时需要法律作为有效依据和有力支撑。在不与国家基本法律相冲突的前提下，因地制宜，参照天津自身发展特点及短板，针对特殊情况进行补足，使法律环境趋于完善。同时加强金融法律法规的宣传工作，着力建设良好的信用体系，健全征信体系，让民众树立应有的法律意识和维权意识。

三 天津金融改革创新

天津在 2017 年着力金融改革创新，尤其在体制机制创新方面，除了熟知的普惠金融、政策性金融、开发性金融与商业性金融之外，还大胆革新传统金融模式，大力探索新金融，使要素市场更为规整，拓宽社会融资的总量，凸显金融对本地区的辐射带动作用，更好地服务实体经济。

（一）天津自贸区取得的成绩

天津自贸区是我国北方的首个自贸试验区，自 2015 年 4 月一直到现在，在贸易投资便利化方面倾注了诸多努力，在推动全面开放的战略部署上做出了应有的贡献，使得发展依靠要素红利化为依靠制度红利。

1. 金融改革打头阵，租赁创新突破多

金融的投资便利化是投资便利化领域最具说服力的，天津自贸区在投融资便利化方面交出了漂亮的成绩单。在 2017 年的 11 月，天津列出自贸区第 6 批关于金融创新的，与投融资便利化主题贴合的案例，在金融的跨境服务、租赁发展层次等方面均有涉及。

天津自贸区从挂牌之后，有四十五个金融领域的创新项目得以在国内推广，具体涉及污染治理、节能减排、跨境人民币结算、资产证券化等多个领域。2017 年 9 月 22 日，从德国汉堡飞往天津机场的 A320 客机是天津东疆港保税区利用融资租赁的方式引入的，而且正是第 1000 架，颇有里程碑意义。东疆租赁飞机总量在世界范围内也成为第二个飞机资产保有量最高的租赁基地（第一个是爱尔兰）。如今，我国通过租赁引入的飞机占全部的 60% 左右，东疆港保税区夺去了四成市场，这种令人称奇的"东疆模式"正以其在国内飞机制造公司、航空运输公司、飞机租赁企业等领域做出的卓越成绩引领国内航空租赁业前进。交易结构方面更是拥有联合租赁、离岸租赁、进出口租赁、保税租赁等四十多类。

2. "放管服"全面深化，企业经营更便利

天津自贸区于 2017 年 2 月在其中心商务区，办理了 192 个原国地税的事项，这在全国范围内首屈一指。企业在同一个窗口就可排队、咨询、办理全部的涉税事项。以往烦琐的填表以及复杂的返工均在有了商事登记网审系统后得到了有效解决，家中申报、后台审批、现场取照，只需简单的三步便可在线上从容搞定，十分便捷。

得益于天津自贸区"放管服"的全面深化，以及政府职能调整，审批的效率提升不少。先是革新了"一照一码"的登记方式，而后在联合审批

中划入了涉税事项，企业建立和外资企业备案（不含负面清单）一起办理，使得多项业务一天之内就可办结，极大地提高了效率。目前区内已有239个市级的服务与审批项目通过单一受理窗口承接、受理。天津口岸的通过区域也得到了类似的便利化。天津检验检疫局、天津海关各自发布4批48项、3批29项通关检验措施以使其便利化，口岸的监管效率得到了极大的升级。此外，天津检验检疫局还致力于完善现有服务，通过一系列有针对性举措解决了通关麻烦和检疫流程烦琐等问题，减短通关时间，节约通关成本。

3. 从"端菜"到"点菜"，自贸区建设升级了

从挂牌成立至今，拥有"走出去"服务联盟与"一站式"服务平台的天津自贸区采用优化的负面清单管理方法，成立了开放透明的管理投资体系。同期，120项创新性的把控风险措施的运用以及联控联防风险的施行给市场的信用主体以强有力的信用约束，通过类似的联合惩戒办法提升了事中事后监管的强度。截至2017年6月末，新登记在天津自贸区的市场主体总数已达到往年加总的1.58倍，同期相比，外商投资企业在全市整体的比重约六成，区内外资企业的中方投资额与境外机构总数与全市整体的比重分别六成与四成，共有239.97亿美元的合同外资额，和全市总量相比为77.8%，实际直接利用的同期数据则是25.01亿美元和24.8%。

接下来，天津海关的重点工作将从"端菜"到"点菜"的职能调整，全面思考企业的真实需求，在重要零部件与设备的平行贸易、科研材料设备的进出口关税减免、探索创建自贸港方面做深入研究与探讨，创新制度措施，更加贴合实际，致力在国内大量推广。

（二）天津金融改革创新的对策建议

1. 发展金融中介机构，完善金融服务体系

在现代经济社会中，构建一个完整的金融服务体系，让诸多种类丰富的金融机构集聚起来，特别是机构的总部，此外，还需要效率较高的、较为诚信的金融中介。金融中介可以促进金融行业高效运行，使信息完全、对称，还能激励更多的金融创新，具有很大的作用。天津方面的当务之急

是要引进或者直接成立具备法律服务、外包服务、审计服务、投资咨询、保险经纪、金融信息服务、货币经纪、资产管理、资信评级、资产评估等功能的金融中介，完善服务系统的同时使得金融资源得到最有效配置，使得金融具备更好、更周到的服务品质。此外，还要在信用担保方面做足功课。可聚拢现存的担保机构，汇总成担保集团，继而形成集团化企业，融资给企业的过程中可运用担保分包再担保制度。天津当局急需为金融发展营造良好的环境，成立中介机构的同时，监管也要及时跟上，对其定期考核绩效，避免隐藏的道德风险。

2. 建立中小企业融资服务体系，解决中小企业融资难题

中小企业融资是一个多年的难题，归根结底还是要走创新这条路。由于现今中国已有的财务公司大多和大公司是从属关系，这也决定了其服务对象的局限性。因此，要再建立，就要做到尽量不从属于大公司，让它们专职负责消费者和中小企业融资这两方面。当然，美国的成功经验也是值得参考的，它是通过成立金融服务公司的渠道来实现的。保险、基金、银行、投行的职能特征都可以在它身上体现，潜在风险不小。在设立的开始阶段主要还是合资的形式。直接融资要想办法做上去，中小企业一旦合乎相关条件要积极在创业板和中小板谋求上市，并寻求纷繁的基金投资援助，当然企业联合发行债券也是一种筹资的办法。此外，商业银行也不能忽视信贷产品的创新，尤其要贴合中小企业真实需求和自身特质，以丰富间接融资渠道。

3. 推动消费信贷业务发展，有效拉动内需

消费信贷业务需要有相匹配的地方性法规，这也是目前需要补足的，使双方的利益都能够得到保障。之后就要丰富消费信贷的产品和服务，主要对接点是广大的商业银行。要积极投身到消费信贷的产品开发中去，尽量涵盖住房抵押、汽车、房屋整修、耐用消费品、个人、个人债务重组、个人资金周转等多类贷款，可以和资产证券化融合起来推出消费信贷证券化，这能使流动性和收益性都大幅提升。此外，还可成立住房、汽车、农用品、日用品等领域的专属消费信贷公司，提供定向服务，也能够促进消费信贷推广。

4. 扩大金融类别，促进产业集群发展

近来，有两种新兴的金融模式，一个是供应链金融，另一个是绿色金融。首先是供应链金融。供应链众所周知是材料挑选、采买、加工制作、出成品、销售的一个完整过程。供应链金融正是基于此而拿出的一个金融办法，主要是能够节省整个过程的成本。它的主要类别为物流金融，发展供应链金融可以物流金融为切入点。一是要当局抓紧扶植具有高诚信值、好的服务水准，有一定竞争实力的物流公司，使其积极与商业银行展开物流领域的金融合作，政策需大力支持物流金融这种模式。此外，还要大力发展绿色金融。其中最火的是碳金融。这主要是和控制温室气体排放相关联的一种金融模式。有很多种形式，比如碳指标交易、直接投融资、银行贷款等等。天津当局应支持各金融机构纷纷开设碳金融业务部门，形成专门化管理，上市公司也要在碳经济发展上多下功夫。天津拥有排放权交易所，要借此优势全力构建碳交易市场，使其成为天津金融的新招牌，也有利于产生集群效应。

B.9
2017年天津市金融发展环境

杨 帆 刘泽东*

摘 要： 本报告聚焦于2017年天津金融发展环境。首先，对天津2017年度相关产业结构和相应的金融结构进行了透彻的分析以及必要的总结。其次，分析了"十三五"中对金融有影响的新要求，并对天津金融的监管等方面提出了对策、建议。最后，详细地分析了自贸区金融创新的成果以及区位优势与发展重点。分析了自贸区金融创新的路径以及方向。

关键词： 产业结构 "十三五"规划 自贸区

一 天津产业结构分析

1. 产业结构

2017年天津市的地区生产总值为18595.38亿元，同比增长率达到3.6%。其中，按行业划分，农、林、牧、渔业220.49亿元，同比增长2.1%；工业6863.98亿元，同比增长2.3%；建筑业747.23亿元，同比增长-10.9%；批发和零售业2346.03亿元，同比增长5.1%；交通运输、仓储和邮政业780.40亿元，同比增长6.1%；住宿和餐饮业309.10亿元，同

---

* 杨帆，中国滨海金融协同创新中心研究员，中级经济师，研究方向为金融生态；刘泽东，天津财经大学珠江学院金融系主任，副教授，研究方向为资本市场、农村金融。

比增长5.2；金融业1951.75亿元，同比增长8.0%；房地产业783.27亿元，同比增长-11.2%；其他服务业4593.13亿元，同比增长8.9%。按产业划分，第一产业增加值为218.28亿元，同比增长2%；第二产业增加值为7590.36亿元，同比增长1%；第三产业增加值10786.74亿元，同比增长6.0%，三次产业比重为，第一产业占比1.2%，第二产业占比40.8%，第三产业占比58.0%。

天津市相关经济较快并且稳定发展，也进一步优化和升级了相关的产业结构，对2017年的相关产业结构进行详细分析，可以看到天津市产业结构的模式从第一产业到第三产业的比重递增（见图1）。随着社会的需求逐渐不断地变化以及经济水平的逐渐上涨，技术层面的进步迅速，天津市的第二、第三产业的比例逐渐增长。但是，就天津市的产业结构构成而言，仍然存在着不合理因素，其第一产业和第二产业较第三产业相对偏高（见图2）。

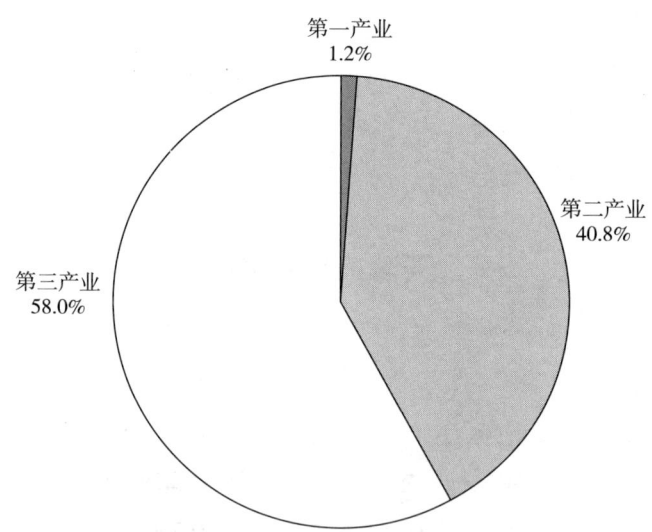

图1　天津市的第一、二、三产业相应的增加值比例

资料来源：天津统计年鉴。

就产业比重方面，自2015年的第一季度以来，天津的第一产业比重的变动相对较为平稳，第二产业的比例基本上一直呈小幅下降的趋势，

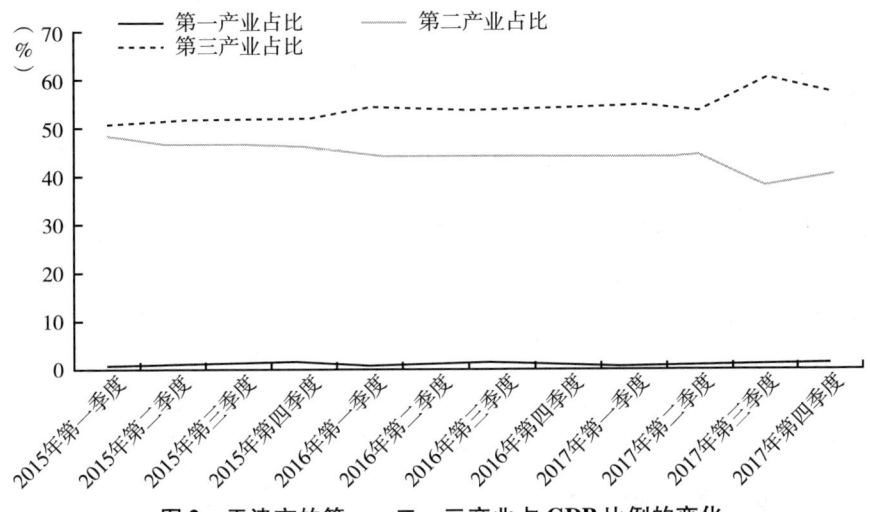

图 2　天津市的第一、二、三产业占 GDP 比例的变化

资料来源：天津统计年鉴。

而第三产业的变化趋势与第二产业是相反的，近几年的增速有小幅上涨。近几年，天津市的第三产业有了比较大的发展，从 2015 年的第二季度开始天津的第三产业的比例已经超过了一半，为 51.7%，2017 年的第三季度该比例达到了历史最高值，为 60.8%。

产业的同比增长速度方面，自 2015 年的第一季度以来，天津的第一产业以及第二产业与上年同期相比增长速度基本上为负值，表明天津的第一产业和第二产业与上一年同期相比有所下降，天津第三产业的同比增速大体上均为正值，表明天津的第三产业与上一年的同期相比有所上涨。天津的产业结构正在发生显著的变化（见图 3）。

就三次产业的环比增速看，自 2015 年的第一季度以来，天津的第二产业和第三产业的环比增速基本上较为平稳，这表明了天津的第二产业以及第三产业与上一季度相比的变化大体上较小，天津的第一产业的环比增长速度波动相对较大，表明天津的第一产业与上一季度相比有较大变化，受季节因素影响较大（见图 4）。

2. 天津市的相关金融集聚的测度

哈盖特提出的熵是比值与比值的比，可以运用到对相关区位的分析。位

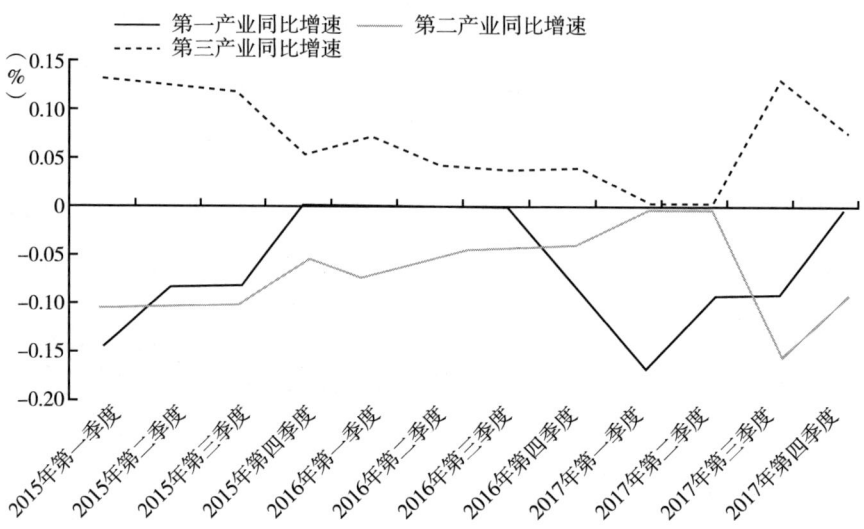

图3 天津市三次产业同比增速变化趋势

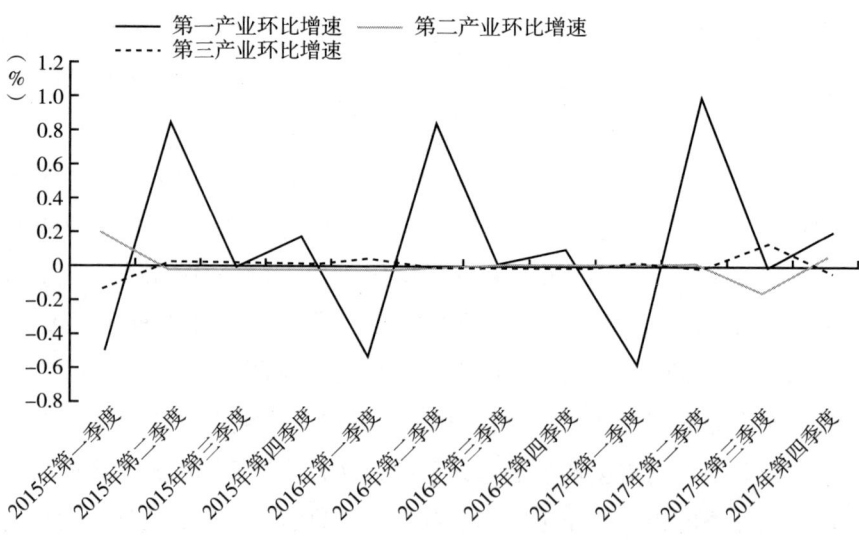

图4 天津市三次产业环比增速变动趋势

置熵也是特定区域中特定元素的空间分布的量度。熵是一个相关特定产业区域聚集程度的反映，即该区域在相对非低水平区域中的地位和作用，熵也可以用来衡量某一相关产业的专业水平的指标、行业的规模以及效率的指标。可以通过以下公式进行计算：

$$E_{ij} = \frac{X_{ij}/X_j}{X_i/X}$$

其中，X、X_j、X_i 分别是全国工业的总产值、地区 j 工业产值、产业 i 在全国的总产值，X_{ij} 是相对应的某地区的相关某工业的对应的产值，j、i 分别表示相关地区 j 以及产业 i。因此，区位熵的分子产业 i 在地区 j 的生产总值与地区 j 所有工业产值的比值，相对应的分母是产业 i 在全国的总产值与全国所有工业总产值的比值。

把某一特定区域的产业结构水平同全国平均的水平进行比较大体上所得出的差异就是所谓的区位熵指数，所以区位熵指数可以被用作对某一特定地区的某一产业的专业化水平的评估。某一特定地区的某一产业聚集程度与对应的区位熵指数基本上呈正向相关的关系，即相关区位熵指数越小，该地区该产业的聚集程度就越低，反之，就表示该地区对应的该产业的聚集程度就越高。若某一行业在全国范围内分散的比例与相对完整的该产业在全国范围内的相对分散比例大致相同，而且地区内聚集的程度也不高，基本就可以计算出该相关地区的区位熵指数也不高，反之，若某一相关地区相对应的某一个行业的区位熵指数较高，那么也就表示这一相关行业的聚集的程度也就越高，相对应的本地化程度也就较高，而且专业化水平的程度也比较高。

按照上文所阐述的内容，基本可以看出，天津市的银行业、证券业和保险业的发展水平分别可以由本地区的银行业、证券业和保险业的集聚区位熵反映出来。按照区位熵的计算公式就可以得出天津市的银行业集聚区位熵 E_1 以及证券业集聚区位熵 E_2 和保险业集聚区位熵 E_3，计算的公式为：

$$E_1 = \frac{S_i/G_i}{S/G}, E_2 = \frac{C_i/G_i}{C/G}, E_3 = \frac{I_i/G_i}{I/G}$$

其中，S_i、C_i、I_i 分别表示 i 地区银行的储蓄存款余额、i 地区股票的筹

资额和 i 地区相关的保费的收入；S、C、I 分别表示全国的银行储蓄对应的存款的余额、全国的股票筹资额和相关的全国的保费的收入；G_i、G 分别表示 i 地区的总产值和全国的总产值。计算的结果如表 1 所示。

表1　2016年的天津市的金融集聚区位熵

银行业	证券业	保险业
0.8	0.21	0.71

从表 1 中能够发现，银行业区位的熵为 0.8，相对稳定。证券行业的区位熵较小，只有 0.21，因此可以看出证券行业的集聚程度不高。保险行业的区位熵值相对较高，年度平均的增长率为 0.71。从表 1 中还可以看出，天津的金融集聚区位熵小于 1，甚至小于 0.5，集聚的程度基本不高，仍然有待进一步稳定增长。这与之前对天津金融业的分析也是基本一致。

2016 年，天津全部金融业增加值以及增长的比例分别是 1735.33 亿元和 9.1%。截至 2016 年底，全市包括相关的外资金融机构在内的全部金融机构的本外币各项存款及各项贷款的余额分别是 30067.03 亿元和 28754.04 亿元，大体而言，分别比年初上涨了 1917.66 亿元和 2759.37 亿元。2016 年全年，天津铁合金交易所的成交金额约为 13.3 亿元，天津渤海商品交易所及天津股权交易所的成交金额大约分别为 1822.13 亿元和 7.61 亿元。一年新增的相关上市公司与新三板挂牌的企业总数为 83 家；截至 2016 年底，天津市新三板挂牌的企业总数以及上市公司的总数累计高达 220 家。天津市在 2016 年实现了金融企业上市零的突破——天津银行在港交所成功上市。2016 年底证券账户上涨 16%，总量为 438.96 万户。各类证券整年的交易总额以及期货市场的成交额分别下降了将近 50% 和 35%，其成交额分别为 43811.79 亿元以及 60286.78 亿元。其中，股票的交易额、债券的交易额和基金的交易额分别约为 26162.1 亿元、15702.39 亿元和 1926.83 亿元，仅债券的交易额有所上升，上升了将近 20%，而其他的都有所下降，并且下跌幅度基本上超过了30%，股票的交易额以及基金的交易额分别下跌了将近49%和30%。

保险市场的形势相对较好，2016年的原保费收入为529.49亿元，上升率基本上超过了32%，相关的赔付支出达到176.67亿元，上升率超过了27%。其中，人身险以及财产险等相关收入和人身险等赔付与财产险等赔付均有所上升，分别上升了44.6%、6.1%、24%、42.1%。

二 "十三五"时期相关金融的监管与发展

（一）"十三五"期间的经济环境变化对金融发展的影响

1. 金融风险更加聚集

未来五年，中国经济发展将发生很大的变化，向质量以及效益的上升转变，也将相应地变为出口驱动型以及投资型。在一定程度上，由于经济的转型，工业发展随之而来的不确定性也会增加，相关金融风险也将会发生空前规模的集聚。第一，在经济结构的调整进程中，政府相关投资形成的担保将消失，政府带来的债务风险也将到来。第二，银行的风险会增加，比如由于产能过剩而造成的经营困难，而且银行的不良的贷款率也将快速增加。与美国以及欧洲和一些新兴经济体相比，由于产能的过剩，由政府投资主导的经济增长方式和产能利用率也一直处于较低的水平。当前，市场整体的供给相对大于其整体的需求，相应的销售的难度也随之变大，相关产品价格下滑，银行很难收回其贷款，企业的利润增长基本上表现为负增长。如果这些形势进一步恶化，金融风险将增加，范围将扩大。相关数据表明，截至2017年末，中国商业银行的不良贷款率增加到1.74%。

2. 利率水平以及货币信贷的增速下滑

在未来五年的计划中，中国经济的上升速度将变慢，逐步加强供给侧结构性约束，外部的需求相对不足，人口红利下降，需求侧的投资需求下滑。与此同时，货币信贷的水平以及相应的利率水平也会有新的变化。第一，货

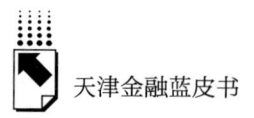

币信贷的上升率有较为明显下滑的状态。在一定的程度上保持 M2 的上升率，可以保持价格水平的相对稳定和经济的稳定上升。第二，从整体上看，中国的相关利率基本上一直在下滑。

3. 核心的改革内容是金融市场化

在未来五年的计划中，中国经济增长的基本特点为市场作为相对基础性的一个角色，在相关资源的配置中也起着决定性的作用。如果不适当地对经济进行宏观调控，就会对监督和管理产生相对负面的影响，会恶化资源利用，也可能会挤压市场的一些作用，如自动调控的有关功能，也阻碍了相关价格机制的使用。在微观上，以市场为主导的金融资源配置的金融体系将慢慢取代以市场化改革为基础的金融体系。在市场的作用下，根据市场的不同以及各自的特征，建立有针对性以及不同层次的资本市场。对于银行体系，也应按照其差异发展并使之逐渐完善，并能非常好地使商业银行的贷款具有非常高的增长潜力，并得到较高的管理效率。科技产业的发展方向也将发生巨大的变化，我国经济的发展将得到有效的提升。

4. 通过调整经济结构来转移金融机构服务的关注点

未来五年的计划中，产业结构调整以及消费结构调整是中国经济结构新改变的主要体现。关于产业结构，经济发展的主导产业是以生活服务业以及生产性服务业为基本主导的服务行业。关于消费结构，消费的转型以及升级不能避免，但是随着消费类型的持续扩大以及个性化服务的日臻完善，经济在金融的发展中起重要的功能。金融发展的根本是经济基础。金融业的逐渐转型以及转移服务的重心也会出现在金融的发展的过程当中，并随着结构的转变而调整。首先，随着服务业比重的逐渐增加，银行业已经发生了较大的变化，而且以前的重工业信贷也可以转化为银行的不良资产。其次，近年来，随着相关消费的需求以及收入水平的逐渐提高，商业银行等个人的理财业务也越来越受到群众的关注，信用的空间逐渐增加。目前，非小型的商业银行的主要策略是利用智能和移动消费信贷以及信贷的消费占据市场。

5. 共享经济的发展引领普惠金融的发展进程

随着城市化的增长，城乡之间的增长差别也在逐渐缩小，中国的经济在未来将实现共享，不平衡的增长将逐渐消失。据国家统计局统计，中国2017年的总产值超过82万亿元，上升率为6.9%。在"十三五"期间，共享经济的持续增长也预示着经济社会的可持续增长，收入的分配将更加公平。因此，发展共享金融以及普惠金融就显得特别重要。第一，大力支持共享的经济增长是新时期金融改革的重点。第二，普惠金融的发展还基本取决于金融机构自身与金融体系发展的共享以及平衡。

（二）对规范天津市金融的监督与管理的建议

1. 优化相关金融生态环境，为金融集聚秩序提供保障

要实现金融以及经济的健康与稳定增长，必要的条件是非常好的社会信用环境。区域金融的生态环境直接受区域相关社会信用水平的影响。因此，天津首先需要考虑的是信用观念以及社会大众的认识。加强信用教育，不仅要增长人们的信用的意识，而且要加强认识的重要性，充分运用相关法律法规，并根据不同监管方式的特点、监管的范围、各种宣传和教育等方式，在必要时可以采用不同的方式，对不诚信的行为进行严厉地惩罚，同时，对具有良好信誉的行为给予一定奖励，奖惩制度的建立也在一定程度上对市场主体信用的提高起到推动作用，不能忽视。大数据的广泛使用，对我们的工作以及生活产生了积极的影响。因此，天津也要充分利用现有的大数据以及互联网资源，使用网络建立相关信用体系以及相应的信用数据库。

2. 将相关的金融体系平衡并使之统一

金融的协调发展对实体经济的协调发展有非常重要的意义。第一，比较充分地使用金融资源，从而提高相应的利用率，协调以及完善相关资本供求的结构。供给侧结构性改革是金融资源供需结构协调发展的重要步骤。在此之前，要建立相对公平的市场竞争机制以及有效的市场清算机制。有关部门要以优化产业的结构为目标，积极地应对国家的政策以及经济的转型趋势，

更加重视并且积极地发展科技金融以及绿色金融，从而增加投资的强度。政策扶持的科技产业以及低碳经济，整合金融业等相关产业，促进金融业与其他相关产业的融合。第二，注重监管与相关创新活动的彼此协调，维护金融的基本稳定。新时期金融改革的基本要求就是在相对合理以及科学的监督和管理下实施金融的创新。加强金融创新以及监管的同步进行。金融创新的稳定增长需要金融监督与管理作为有力的保障。金融的创新仍然需要适当的金融监管以保证其发展的趋势。应更加重视协调融资结构，协调间接融资以及直接融资的健康发展，使二者相互补充。从目前的实际情况来看，中国的间接融资在融资结构中仍然占据相对主导的地位，银行业也积累了相当多的金融风险，相应的资本市场的发展也有不足之处的。因此，必须优化金融市场的融资结构，以直接的融资为重点，重点提高直接融资的比重。因此，在"十三五"期间，要大力规范"新三板"的相关发展，建立多种相关类型以及有针对性的资本市场，尽快完成证券的市场登记制度的改革。如果条件允许，资产的证券化试点也将增加，资本市场在较短的时间内将更加透明，功能也将更加健全。

3. 加强相关金融创新，加大促进金融聚集的力度

天津应尽可能充分发挥滨海新区的金融改革以及创新先行先试的优势，尽可能加强与周边省市的创新进行交流与合作，发挥各自优势，积极引进先进的技术以及人才。此外，还可以将各种创新的主体通过合理以及有效的方式结合起来，建立相对合理的金融创新的体系。

就天津而言，天津的区位品牌包括区域性以及品牌效应两个方面。天津地处环渤海地区，是一个重要的环渤海地区金融中心。因此，天津市应加快建立一个属于天津的独特的金融产业，尽可能地扩大其对整个北方地区乃至全国的影响。此外，北京以及天津和河北的协调发展战略带来了一系列的重要优势，如相对优越的地理位置、充足与优质的各种资源以及国家相关政策的大力支持。尽可能地充分利用这些优势，这将使天津经济增长快速。充分利用天津的特点，打造有天津特色的产业品牌，从而进一步推动区域经济的发展，促进产业的结构优化与升级。

三 天津自贸区的金融创新

建立天津的自由贸易区是中国积极应对国内外新经济环境的措施。2015年底，中国人民银行正式出台了《关于金融支持中国（天津）自由贸易试验区建设的指导意见》（以下简称《指导意见》）。

（一）自贸区金融创新成果

1. 金融市场取得丰硕成果

自2015年初以来，总共有31374家市场主体进入天津市的自贸区，注册资本（金）共11226.98亿元，每年登记地市场主体数相较于设立自贸试验区以前的1.4倍。其中，新增内资企业为27059家，注册资本（金）8031.56亿元；新增外商投资的企业为1654家，注册资本（金）3192.84亿元；新增个体工商户数为2670户，申报的资金为2.49亿元。在新增市场主体中，其注册资本（金）超过10亿元的有205户，超过亿元的有2076户。

截至2017年3月末，该自贸试验区总共有市场主体53528家，注册资本（金）20538.7亿元。其中，内资的企业数为43644家，注册资本（金）为15611.4亿元，外商投资企业为3375家，注册资本（金）4872.85亿元，个体工商户为6509家，申报资金4.73亿元。

2016年，自贸试验区的各项经济指标都得到了很好的完成。利用外资的情况有了改变，达到25.01亿美元。仅2016年的新登记的金融主体就为13600家，外资企业数量也有上涨，新增840家。境外相关的企业机构也新增90家，投资额占全市的大约一半，为119.94亿美元，占比约为45.8%。东疆保税港区在2016年实际利用外资的金额为3.8亿美元，实际利用内资金额为58.7亿元，一般公共预算收入为51.8亿元，同比上升35.7%。天津港保税区在2016年实际利用外资的金额为20.1亿美元，实际利用内资金额为222亿元；一般公共预算收入为108.6亿元。中心商务区在2016年的实际利用外资金额为1.26亿美元，实际利用内资金额为173.2亿元；一般公共预算收入为52.3亿元,同比上升25%。

2.相关支持政策有所突破

综上所述,天津市政府以及人民银行近年来实施的相关政策都非常明确、具体、针对性强,非常适合天津的租赁业发展的实际情况以及发展趋势。在未来的发展中,天津的租赁业将受益于这些相关政策,并以此作为可靠和有力的支持。

近年来,天津高度重视金融业的发展,出台了一系列相关政策,支持金融业的上涨,加快跨境人民币业务增长的步伐。促进跨境人民币业务的发展,对于维护经济以及金融的稳定态势,增强中国在国际经济金融改革中的话语权以及影响力,促进人民币跨境贸易结算便利化具有非常关键的作用。

天津特色产业以及优势产业都是租赁业。近年来,天津租赁业的发展非常快速,形成了内外资租赁与融资租赁互补的模式。其产品的相关业务多样,主导作用非常明显,创新能力非常突出。为了促进天津租赁业的快速发展,中国人民银行出台了一些创新的措施。

(二)天津自贸区的优势所在

天津自由贸易区的建立对于促进北京、天津和河北的一体化,提高相关新兴产业质量以及效率,促进传统的制造业转型等具有不可替代的功能。天津港不仅是中国对外贸易的主要港口,而且是中国整个交通网络的重要枢纽,还是北京以及天津与河北的综合交通网络的关键节点。因此,不难看出,天津港可利用自身相应的优势发挥相关功能,成为北方地区的贸易中心以及航运中心。北京以及天津与河北等地区将涌现出新的巨大发展潜力,国家非常重视北京以及天津与河北的协调的发展,天津也将更加充分发挥港口以及产业集群的特点,更加充分利用这些特点,促进北京以及天津与河北的协调发展。在这一过程中,突出了先进制造业的亮点。为节约营业时间,加快审批速度,设立了相应的行政审批局。行政审批制度以及其他方面制度的创新,不仅为天津的自由贸易区提供了基本保障，也为服务贸易、相关文化创意的产品和贸易以及国际融资等方面提供了非常多的便利。

（三）天津自贸区的发展重点

1. 建立相应的法律机制，为金融发展提供有力保障

无论是对于天津还是中国，都非常有必要颁布新的政策以打破非理性的不足。为了更加合理和有效利用天津的金融资源，使更多的外资金融机构能够进入，促进金融多样增长，自由贸易区应更加充分利用相应的优惠政策，根据相关需求以及合理的范围，使金融业稳定增长，并吸引更多公司投资。政府有关审批部门要更加充分地发挥作用，发挥相关政府在自由贸易区中的重要作用，政府应积极改革管理，减少审批程序，提高效率以及审批质量。

2. 建立健全的信用体系，创新金融服务业的发展

2015年夏，许多基本的交通设施包括渝家堡的高速铁路已经完成并投入使用。近年来，新注册的企业将进驻并逐渐开始运营。改革以及创新监督和管理的形式，切实地履行各项重要的任务以及相应的责任。

3. 大力发展相关金融创新，为促进资本账户开放奠定基础

跨境服务贸易的发展将推动资本的全球化，推动企业的投资以及融资等相关活动。由于资本的全球化造成的系统性金融风险，中国资本的全球化尚不健全，落后于一些发达国家。由于资金全球化流动，跨境服务贸易也将扮演重要的作用，包括自由贸易区试点和相应的改革方向等，因此跨境服务的发展，尤其是跨国金融服务的快速增长，是一个关键的问题。

4. 重视人才的开发，为金融创新的发展提供高科技人才

在跨境服务贸易中，熟悉外资银行以及大型跨国企业的人才相对而言是比较重要的。因此，有关人才的政策对天津自由贸易区的健康快速的发展非常重要。同时，流动性比较高的人才给天津的金融发展也带来了一定的挑战。由于北京人才吸引力方面的压力，天津在引进人才等方面具有挑战性。

对于高级的相关人才，应按照其自身的特点采取一定的形式。自由贸易试验区所具有的广阔的人才发展空间，增加了与高标准的国际金融的市场建立联系的渠道。

（四）自贸区金融的创新路径及方向

1. 金融应为实体经济的发展服务

2015年起，天津的自由贸易区得到了高度的重视，政府相关部门在资金以及政策等方面都给予了较大支持，目前仍在初步发展阶段，具有其自身的相对优势。要从相关的合作以及相关的政策与业务等考虑，要有科学适宜的分工以及合作，使二者相辅相成。相关的金融改革以及创新要担负起应有的重要责任。当前，普惠金融以及绿色金融已经成为研究的重点。利用自身的独特优势解决企业的可持续发展的相关问题，同时还要加强风险防范。

2. 发挥现有优势促进整体发展

在自由贸易区的成长过程中，应尽可能突出以及充分发挥其自身的优势，在服务经济转型的基础上，降低杠杆率，以提高企业上市的效率，增加直接融资，并不断提高其比例，建立再保险中心，使自贸区能够相对安全并且自由地成长。尽可能充分地发挥北京、天津与河北的协调与合作的内在优势，为其他省市提供可复制的经验。

3. 加大相关培训以及宣传力度，强化天津自由贸易区建设的影响力

第一，为金融企业以及机构快速熟悉并且掌握相关政策提供指导，人民银行天津分行将举行相关培训，并且按照市政府的要求，到北京以及河北等地区进行政策解读以及宣传，将天津市自贸区所独有的金融政策的优势大力的宣传。第二，对天津市特色以及优势进行最大限度的宣传，强化其影响力，充分运用各大媒体以及互联网、金融机构业务办理窗口，加大政策宣传的力度。

B.10
2018年天津金融发展对策分析

石振宇*

摘　要： 步入2018年，也步入了改革开放新时代。天津金融发展也不应墨守陈规，理应着力出新，探索金融发展领域的"新动能"。根据国家层面的整体需要，大力发展政策性金融是必不可少的，依据天津重点定位高端制造、坐拥天津港的特点，与金融恰当结合，着力发展科技金融、航运金融等具备天津特色的金融模式。此外，还应顺应中央政策导向，在未来大力推动普惠金融与绿色金融的发展，为天津多元化金融体系的搭建助力。

关键词： 政策性金融　科技金融　航运金融　普惠金融　绿色金融

2018年是改革开放第四十周年，也是贯彻党的十九大精神的开局之年，中国迈进新时代，在经济新常态的背景下，金融发展也进入全新时期。天津需将现代农业、高端制造业、海洋经济、航运业、进出口等作为重点项目，在金融领域着重发展绿色金融、普惠金融、航运金融、科技金融、政策性金融等，凸显金融在促进产业升级、完善经济结构方面巨大的引领作用，构建覆盖广、层次多的多元化金融服务系统。

---

* 石振宇，天津财经大学博士研究生，研究方向为金融周期。

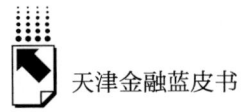

一 政策性金融

政策性金融就是在政府的政策引导下,为了使社会的金融资源得到更为合理的分配,而将国家信用作为保证,重点向国家扶植的具有一定社会价值的资金匮乏群体提供特定的金融服务,存贷利率通常较为优惠,条件是担保的有偿性与可得性。从业务形式和制度结构的角度说,政策性金融的业务与组织体系一并组成了我们所说的政策性金融的制度系统。也就是说这种金融形式并不是只包括政策性银行,还涵盖非银机构等其他制度载体。当然,其中不只有政策性贷款,也有相应的存款,还有诸如保险、贴现、投资、基金、担保、资产管理等特别的活动形式。

(一)政策性金融不可或缺、不可替代、只能加强、不能削弱

政策性金融是制度安排的特殊化,它并不是经济发展与金融腾飞过程中起过渡和调节作用的暂时性产物,它的诞生、生存与进步都离不开深刻的社会根源与牢靠的理论根基。市场这只"看不见的手"不是无所不能的,它的选择常常存在于有效性、及时性与合理性都缺乏的时候,因此考虑政策性金融的相关问题,就要从这种情况入手,同时还要兼顾宏观角度分配社会资源的目标导向以及在这种配置下宏微观主体的内外部均衡,这是要达到宏观的经济和金融的调控系统都各自优化的目的。我国经济虽然多年来蓬勃发展,不过仍无法忽视现存的诸如住房(主要是收入低的人群)、上学、就职、环境保护、节能减排、企业到海外拓展、中小企业融资难、西部开发、灾后重建等一系列薄弱领域需要重点关照,所以相较于发达国家以及其他发展中国家,我国似乎特别需要相匹配的政策性金融来为以上问题的解决做强有力的支持。

1. 资源配置的社会合理性需要

资源配置一直是经济学领域研究的一大重要课题。类比可以得知,金融资源能否得到合理有效的配置同样是金融领域关心的话题。这将在很大程度

上影响一国经济发展，甚至是人们的生活质量。在目前的市场经济背景下，金融资源配置的主体是由商业性金融主体和政策性金融主体组成。前者基本的主导作用主要体现在微观中，而后者的整体的调节把控作用主要体现在宏观中。合理的金融资源配置要兼顾宏微观这两个层面实现共同均衡。商业性金融的资源配置目标主要是为了使经济更加"有效"，而政策性金融的目标则是使社会更加"合理"。在社会经济发展的过程中，总会有一些项目，它们对于商业性金融的立场来说没有必要给予融资（有效性原则），可它们又对国家总体的发展规划、战略布局、经济腾飞等具有很大的必要性，这时政策性金融的独特优势就得以显现了。

2. 缓解金融市场失灵问题

前文提到，市场不是万能的。这种机制的作用与功能在某些层面上存在一定的局限性，再加上市场本身的缺陷例如不完善、不完全等等，市场失灵的情况就会时有发生，这也是为什么单一依赖市场调节是不行的。可见那只"看得见的手"是十分重要的。政府的职能作用特别是经济方面要充分发挥出来，通过政策干预进行有效调节，这也是现在经济社会资源配置的重要需求。同样类比金融市场可得出一样的结论，金融市场更是需要政府这只"手"来做宏观调控。政府调控市场需要一个载体，政策性金融正是这样的一种存在。它将金融和财政、市场和政府结合在一起，充分发挥政府调控、市场调节的作用。市场失灵的现象告诉我们，应正确处理好市场和政府间的关系。政府调控的手段也可能起副作用，例如过度干预，因此政府的宏观调控还是应该作为市场调节机制的一个补充，市场能办到的政府应该适时放手。一样的道理，政策性金融越俎代庖，对广大业务大包大揽就更不可取了。所以政策性金融的角色也应定位为商业性金融的补充，还是要充分肯定商业性金融的基础性作用，政策性金融作为辅助，进行逆向性选择。

3. 中国的现实国情更加离不开政策性金融

中国是正在崛起的发展中国家，同样也是处在赶超地位的社会主义国家。中国处在并将长期处于社会主义初级阶段是我们现在的基本国情，我国的市场经济同样位于初级阶段，面临着经济转轨与转型，努力实现赶超。不过现实情况是我国普遍生产力较为低下，土地面积大、人口、民族繁多，历史悠久、社会风俗大相径庭，经济金融发展存在地域性不均衡，我们思考问题时不得不考虑到这些。如此多不利因素的存在，难免会有政策扶持的需求方，政府需要动用资金对其予以援助，这已经远远超过经济效益的范畴，更多的是政治和社会层面上的意义。基于此，相较于世界其他国家，我国似乎更需要政策性金融的大力支持。因此政策性金融在我国的发展需要重点考虑的不该是转型怎么做，而是如何更好地体现其政治性，拓宽服务的深度与广度，做大做好。

4. 社会主义和谐社会需要政策性金融

社会竞争会引发不必要的福利损失，这是经济学告诉我们的。社会福利损失必然妨碍社会主义和谐社会的构建。因此政策金融一方面的作用正是将社会损失掉的福利以其自己的方式补回来，推动区域经济、城乡经济、产业经济的和谐发展，实现财政与货币政策的无缝对接。另一方面，政策性金融和商业性金融没有竞争的对立关系，而是互相补充的，没有谁替代谁一说，政策性特有的功能定位和不主动参与竞争的硬性要求使得这一原则能够得到有效保证。在这两种金融模式的共同努力下，经济社会发展定能更加稳定、均衡、可持续。

（二）我国政策性金融改革发展中面临的基本问题

1. 关于政策性金融与商业性金融、开发性金融的区别

在前文中我们已经了解到政策性金融和商业性金融存在很大的差别。它们互不竞争、互不代替，是相互补充的关系，要协调合作。一个全面的金融系统正是由它们构成。这里主要分析一下开发性金融。与以上两种金融类别不同，开发性金融并不属于金融系统中任何规范化的类别，它只是一个特殊的金融业务范畴，具备某些特质而已。它类似于住房金融、中小公司金融、贸易金融、农村金融，本身就可划分为政策性金融和商业性金融，所以和政策性金融与商业性金融不是一个维度的事物，不可混为一谈，商业性金融更不可能是政策性金融的进阶形式，这也是决定能否运行

确实的政策性银行的关键。

2. 关于政策性金融的商业化运作问题

作为政策性金融来说，商业化运作并不是首要诉求，首要诉求应该是带有政治和社会导向的诉求，商业化运作也就是市场化运作，它要服从于这种基本诉求，政策性金融要始终坚定其角色定位和职能作用，牢记其办事宗旨，不可被市场化利益淹没。现在包括政策性金融在内的所有形式的金融都需要将筹资渠道打造得更为多样化，更加契合商业运作。作为政策性金融，不能滥用市场化运作原则，商业化和运作是不可分割的，同时需要紧紧贴合其自身的宗旨和根本作用，更不能将其升级为所谓的至上原则。

现在的社会中，"市场化"或者说"商业化"一词经常存在字义上的曲解。人们多数总是认为市场化就意味着市场的全面开放，并理所当然地认为这是一个必然之举，无论什么时候说这个词都没错，久而久之就将其变为至上原则。但是事实告诉我们，它只是个重要原则，谈不上至上。这个仅仅是个手段的事物却让大家拿来当作最终的归宿，那么真实的诉求也就无从查找了，这是最可怕的。我们应秉承的至上诉求永远是国家腾飞、民族复兴和人民过上好日子，市场化原则再重要也必须对一国的法律法规之于这个机构的办事准则和功能定位绝对服从，否则便成为被滥用的"市场化"，那将对社会产生极大的危害，后果不堪设想。

3. 关于中国政策性银行"转型"问题

政策性金融在近百年以来得到了有力的推广，很多地方都开始运用，尤其是自建立了相应的机构以来，才有了发展的肥沃土壤，一些法规政策、改革创新才有所展开。纵观全球，政策性金融在多个国家都运用得十分普遍。例如美国将农业的政策性金融机构设成永久性的，从未发生市场化转型。日本的相关机构则是在经历约200年的起起伏伏后终于开始改革，始终秉持鉴定政策性立场的原则。韩国的该种机构虽然不像日本设立的那么早，但它却是韩国金融业的顶梁柱，拥有了半壁江山，同样坚持着政策性的原则，肩负着历史使命。发展得不错的还有像东欧的一些国家，包括俄罗斯等等。金融

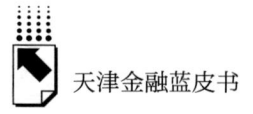

危机的袭来更让人坚定了大力发展政策性金融的决心。为预防金融危机，杜绝隐患，美、德、韩等国家纷纷设立"坏账银行"，这是政策性金融的典型应用。我国在这方面目前尚未成型，本来就起步较晚，而政策性银行还有向市场化转型的趋势，因此政策性金融在我国的发展可谓是举步维艰。虽然从过往的经历中可以看出政策性银行有很多问题，但绝不能因噎废食，这些问题的暴露不可归咎到这种政策性金融的制度上来，也不是这类银行的本身原因，问题的病根在于考评制度与监管政策的疏漏与匮乏，无法和其发展相适应、相匹配，财政部门没有做出应有的举措来对其加以支持。因此，以此为由头继而使政策性银行纷纷"市场化"是极为错误的观点。

（三）天津政策性金融发展方向

从天津的角度说，作为国开行应该将"投、租、债、贷"的优势发挥到最大，积极投身于金融服务与产品的创新中来，对于某些特殊项目领域要提高信贷支持总额，比如棚户区改造、地下管廊等基础设施建设。作为农发行来说，则需重点关照的项目有农村路网、水利建设、新型城镇化等。要在城乡一体化建设与促进农村经济腾飞的工作上加大力度，做出贡献。此外，在控制风险减少成本的前提下，促使国家能对特殊领域进行债券基金的建设工作，积极参与投放。进出口银行方面则要通过出口信贷以及相应的保险优惠服务来鼓励出口，为我国进一步对外开放做出贡献，发展天津的外向型经济。

二 科技金融

目前，中国经济步入新常态，产业结构面临重大调整，发展方式和发展思路也要做出及时的更新。科学发展是当代的主题，粗放型的经济逐渐淡出舞台，取而代之的是集约型经济，凭借收益高、前景好、社会价值大的优势，科技型企业越来越热。天津致力于成为北方经济中心，在高新制造业、高端产业的发展方面绝不可落后。目前，天津全市正在积极推进科技金融的试点工作，设立了数个科技金融平台，整个体系在逐渐完善，服务不断出新，发展走入正轨。天津建设的研发转换基地更是近年来全市经济蓬勃前进的新名片。

（一）天津科技金融体系初步搭建

最近几年，市科委积极落实科技金融试点工作，依照规划发挥政府的引领作用以及市场的基础作用，实施专业科学的管理，让更多的社会资金向科技型企业注入，完善科技金融体系框架，对本市科技金融的发展十分有利。在资金划归方面，天津拿出30亿元作为科技领域的专项基金，如产业并购基金、创投基金以及人们熟知的天使基金等，又出台了一个令人振奋的优惠政策，如一旦天使投资没有成功，那么财政资金的权益将被第一位核销。同时，基金理事会方面也是有条不紊地部署工作，例如章程的制定、规则的引导等等，天津的首个引导基金理事会得以成立，在工作上做到依照规矩，风险防范上也是积极投入。

天津目前正努力使科技导向成为全市的新招牌。截至2017年下半年，全市共有超过9.6万家的科技企业，其中，资产规模在亿元以上的就有4200家，有超过4000家的国家高企。截至2017年8月末，科技型企业中亿元以上规模的在规模以上工业企业中的比重为55.3%，相较于5年前还增加了10%。创新体系也不断得到完善，与清华大学联合的高端制造研究基地以及国际化的医药联合研究所相继成立，表明研发机构正在走向高端化、高水准。市级以上的生产力促进中心、实验室、技术中心的总量已经在640家以上。

截至2017年末，天津批复的创投基金共有16个，天使基金共计7个，有42.18亿元的整体规模。参股的子基金更是有3.59亿元的投资数值，共有26项投资已经做好，在天使投资的带领下，有3074万元的直投资金，并有54项直接投资被做好。可以说，天津已经大致设立了科技金融的基本框架。

（二）关于天津科技金融发展几个重要问题

1. 关于科技金融的发展与政府政策支持的关系问题

发展科技金融是全球几乎所有国家的共识。而我国在这方面开始比较晚，很多地方都不成熟，可以说还在积极探索阶段。科技含量高的企业相应的风险也大，而且具有比较大的融资诉求。科技金融这种科技和金融合体的形式主要也是为了满足科技企业的融资需求。二者完全是两个行当，看似并无过多交集，如今组合在一起需要很多的磨合，这也要求当局的产业政策在其中充当润滑剂。

搭构科技金融的市场是一件很重要的任务，我国现在已有创业板市场，现在的任务是要探索证券的第三板市场，这是高新产业未来的支柱。纵览现今各地公布的科技金融举措，涉及对象不仅局限于科技型中小企业，还包括科技型的金融机构。可以说科技金融的发展始终离不开当局的政策支持，尤其是在助推方面起到了很大的作用。而且出台的政策也要根据当前时局的变化及时更新才能顺应时代发展的潮流。

2. 关于科技金融的贷款担保业务发展问题

之前信用担保这个行业在天津始终发展不甚理想。首先是因为苛刻的担保要求。即使是没有银行抵押贷款的门槛限制，不过按照反担保方面的规定，信用担保机构仍被许多中小企业视为第二银行，贷款困难的问题依然没有被解决。其次就是宽松的担保条件。中小企业贷款如果变得相对不那么困难，那么当这些企业到期真的不能还钱的时候，负责贷款的银行就只能把这个信贷风险转嫁给信用担保机构，继而演变成为担保风险，值得深思。

下面要思考的就是高新技术投资范畴中可否引入信用担保这种形式。举个例子，一个刚刚成立的高新公司，现在还未成熟，但它有很大的融资需求，普通的商业银行是不会带给它的，因为风险太大。当股权投资基金也令它吃闭门羹时，信用担保机构能否挺身而出给它资金支持是值得深思的问题。

3. 关于科技金融中一些金融机构在天津注册在外地经营的问题

上海频频出手，接连使得融资体系更加完整。它们曾在2011年时公然向天津发出挑战，要和天津争夺国内最大的租赁产业集聚区。同时，京、粤、深等地也是虎视眈眈。天津在融资租赁方面虽然有着领先的优势，不过在各地都加以重视奋起直追的今天，天津也深深地感到了威胁。同时天津方面也确实还存在一些待解决的问题，比如金融机构注册地是天津的滨海新区，可是经营地却在外地的这个问题。而且这些棘手的问题不只出现在股权投资的企业之中，某些融资租赁机构也不例外。

天津发展的目光不能只局限在本市，要有更开阔的眼界，注重构建全国性市场，这样才能对周围形成外部经济效应。试想如果投资在天津的企业比不上北京，甚至比不上其他省会城市，那天津还如何形成金融机构的集聚效应？因此天津决策部门需要在这方面多做思考，既要探索全国性市场，又要保证天津相比其他地方具有比较优势。

（三）科技金融体系助推研发转化基地的路径

科技金融能够凭借证券市场、风投、信贷资本、政府基金以及商业基金来提供资金给实现将科研成果转化的伟大过程，助推构建科技成果转化基地。

1. 充分借助政府基金

科技型企业融资困难是一个难题，现阶段能解燃眉之急的要属政府基金。政府基金是中央或者地方的政府为给科技研发制造提供资金支持设立的款项支出。科技型中小企业要加以充分利用，尽快完成成果转化。

首先是中央政府基金。目前，国家自然科学基金是在我国最具影响力的基金，以对科研阶段的资助为主。目前我国有包括社会发展、工业技术、中小企业创新领域在内的多项科技产业计划。正是我国的这些政府计划基金为科研成果转化提供了主要的资金支持。

其次是地方政府基金。从天津的角度来看，"天津市科技成果转化及产业化推进计划"是主要的由政府提供资金的资助计划，可使更多科研成果完成转化。天津市科学技术委员会与市政府共同设立了这个基金，包括火炬项目、星火项目、新产品项目等多个项目。

2. 大力发展商业基金

科研成果的投资意味着可能伴有市场风险、开发风险、管理风险等诸多隐患,这也是为什么科技型中小企业融资这么难。不仅市场就连政府引导的金融机构都不情愿投给如此高风险的项目资金。这时,商业基金就成为一个全新的解决办法,渤海产业投资基金就是其中的一只。这只基金在为投资人谋求高回报的同时,也希望借以推动我国的经济增长和产业结构优化,为股权投资基金创新发展先行先试。

3. 发挥信贷资本优势

在以往的银行贷款中,间接模式主要就是抵押性贷款,并未设立供科研成果转化以及相关创新活动融资的特别部门或者相关领域的政策性银行。政策性银行中,国开行理应接下这个任务,做这份工作,但遗憾的是大型的基础设施建设项目仍是国开行的投资业务主打方向,科技金融这方面是被忽视掉的。这种情况下,科技支行或多或少地缓解了这种尴尬的局面。比如天津市科学技术委员会联合浦发科技支行共同建立了天津科技金融服务中心,这一"浦发模式"迅速席卷了科技金融创新领域,为信贷融资需求提供了全新的办理途径。

三 航运金融

航运金融是通过航运业这个传统的平台,与金融完美结合,让航运的资产、资源甚至是未来现金流等等资本化,航运业融资、金融业投资、政府牵线搭桥,做好一整套金融服务,是资源最大化利用,收益也被有效放大的一种金融活动过程。其中,涵盖多种类别,如航运保险、船舶融资、航运价格衍生品、资金结算等四个大类。

(一)融资租赁主体创新

1. 利用 SPV 融资租赁的优势

天津凭借在融资租赁方面的优势与经验,率先在主体方面做大胆尝试。

在诸多成功案例中 SPV 最为引人注目。其实就是用 SPV 来做融资，大多用在了船舶、飞机上，又名"单船 SPV"或者"单机 SPV"。它的优势主要是减少了融资成本。因为航运公司很多负债率比较高，所以想收到抵押担保贷款是比较难的。而且船这种标的的单价很高，企业购买意味着将有庞大的现金流支出，所以大多不同意出资。发展这种 SPV 的模式除了能够减少成本、屏蔽风险之外，还有很多优势。首先，税收收入有所增加。国内现在有租赁公司开展了这项业务，虽然在优惠方面具有一定程度的降低作用，不过这些公司所要缴纳的所得税还是可以增加税收总额的。其次，船舶、飞机、装备制造业等都可以此为契机加以发展。因为这种模式给这些本土企业创造了优惠条件，还吸引了外商前来交易，无论是出口还是内销都是利好消息。再者，民间资本能够更有效地募集。SPV 所融到的资金大多是社会闲散资金，将这些民间资本通过筹募聚集起来发挥最大作用，提升社会价值，投资者也从中赚取了红利，是个多赢的交易。最后，对于保税区功能的延展也是多多有益的。许多成功发展的保税区都有一个共性就是将金融和税收优势有效地结合起来，大大延伸了保税的功能。

2. 东疆 SPV 运作模式

（1）船舶租赁运作模式：船舶从境外买入，给境外企业租赁

单船 SPV 是和境外的船只制造厂商达成合作协议，而且要承租人同意，再与境外的承租人达成租赁协议时，租赁公司承担的是有限责任，以其所付资本金为限。单船 SPV 以抵押的船舶来得到贷款，给境外造船厂支付的是用外币为币种的货款。而境外的承租人需要给单船 SPV 一定的租金，单船 SPV 再还给银行本金与利息，用的是船舶的租金。过程中的租赁收入减去本息会作为投资收益给予租赁企业。

（2）飞机租赁的运作方式：飞机从境外买入，给境内企业租赁

单机 SPV 是和境外的船只制造厂商达成合作协议，而且要承租人同意，再与境外的承租人达成租赁协议，租赁公司承担的是有限责任，以其所付资本金为限。单机 SPV 以抵押的飞机来得到贷款，给境外造船厂支付的是用外币为币种的货款。而境外的承租人需要给单机 SPV 一定的租金，单机

SPV再还给银行本金与利息，用的是飞机的租金。过程中的租赁收入减去本息会作为投资收益给予租赁企业。

（二）国内航运金融发展的不足

第一，船舶融资的方式相对单调，资金结算整个过程没有很好地贴合需求。我国的航运公司在交易中大多以自有资金、贷款来买入，这样直接导致现金流趋紧，并且公司的资产负债表上会记录这笔贷款，这样对该公司未来发展是很不利的。再来看资金结算具体的技术领域，国内的企业大多希望进行集中结算资金，并实施集中的管理，可是银行大多无法满足这一点需求，这就造成了需求不匹配的情况。

第二，保险产品略显不足，缺乏防范风险的能力。纵观以往，我国航运金融的短板之一直都有航运保险这项。它的弱势主要源自自身创新能力不足，跟不上公司与行业的发展速度。现存的保险产品，由于相对落后，风险的把控能力严重不足，再加上又没有和世界其他国家航运保险业的信息共享与资源互通，弱势又被进一步放大。此外，目前的海上保险缺乏优良的法律环境，相关的保险条款也和国际脱离，凡此种种都严重影响我国航运金融的发展。

第三，航运金融透明度不高，缺少高端化的衍生服务。如今，并没有公开披露航运金融数据，监管机构在统计时也没有设立专门的科目，这导致透明度大打折扣。截至目前，这方面的数据依旧没有得到负责部门的全面统计。航运衍生品作为金融发展到一定程度后必然出现的事物，是一个高阶产物，但也是我国目前较为缺乏的。本身开始的时间就不够早，根基不牢，若能充分借鉴国际先进经验，其在国内会有很好的发展。

（三）天津航运金融展望

今后的一段时间，天津决策部门应该让全市的金融机构在金融产品创新上多下功夫。比如涉及飞机、船舶的抵押融资、出口信贷、基建融资等等。可以利用天津融资租赁的优势，借助飞机租赁基金以及航运投资基金来解决航运业的融资难题。也要鼓励商业银行尤其是能够做离岸业务的,能够在天津自贸区的平台上将离岸业务做大做强。同时航运保险要及时跟上,如要涵盖航空运输险、飞机险、海工险等险种。

四 普惠金融

(一)普惠金融需求现状

探讨普惠金融的需求首先要明确其需求主体。它具有作为经纪人的特质,能够径直参与生产分配活动以及消费过程。如今的普惠需求大致是资金融通、中介服务方面的金融需求。资金融通包括融出和融入,融出涉及存款和投资,融入涉及贷款。事实上目前的金融机构分布面积还是能够对普惠金融的存款需求形成足够支持的;相反,贷款需求相对掣肘。民间融资、财政投入、个人累积等共同构成了融入需求。由于这种融入需求面临的困难较多,资金变成发展之路上的障碍。成本高、渠道少成为融资难的病因,目前普惠金融的现有主要特点如下。

1. 低利性

普惠金融致力于农村、偏远地区、小微企业、低收入群体的金融需求。可能是由于自然的不可控因素抑或是生产力程度的限制,上述这些主体无法得到所需的融资,一般的银行不能满足它们的需求,这时就需要普惠金融来填补这个空缺。这种金融形式的借贷金额通常是小而散的,而且利率很低。

2. 波动性

普惠金融在尤其是面对农村需求主体的时候会由于生产消费和季节等因素联系在一起而出现收入的或多或少的波动。

3. 额度小

普惠金融的结款数被生产水平和规模约束比较小,总体上都用于生活以及生产方面,生活方面是填补生活消费,生产方面则是投入周转。

4. 频繁性

前文也提到，由于普惠金融每一笔的借贷数目都不大，而且均是短周期，因此借贷的过程会有很高的频率。而且在近几年的互联网金融浪潮中，这种特性就越发凸显了。比如蚂蚁金服中"花呗"允许用户每月都能进行借贷资金活动。

（二）普惠金融供给现状

1. 提供普惠金融供给的正规金融机构

这类机构主要是由政府同意，有法律法规支持的组织。如我们熟知的政策性银行就是其中之一，当然还有合作性与商业性的金融组织等。政策性银行的存在基本就是政府干预行为的一个载体，不是以盈利为目标，而是具有高度的政治性和社会性。国家信用作为其坚强后盾，使得金融活动有了很大保障。其五花八门的融资形式也紧紧靠拢国家政策导向与战略计划。商业性金融机构大家都很熟悉了，就是国有股份制的商业银行，这是一个庞大的类别。这一群体在普惠金融领域的参与情况并不好，这也是由它们的经营原则决定的。它们不像政策性银行没有盈利压力，商业银行要存活就要赚钱，趋利性使得它们将目光从西部网点等贫瘠的地方移开，纷纷投向东部沿海等相对发达地区，无形中二元金融的格局被显著化。国有商业银行还稍好一些，很多成立了普惠金融事业部，迈出了坚实的第一步。

2. 提供普惠金融的非正规金融机构

非正规金融机构主要是两个部分：直接融资与间接融资。前者在人和人、人和公司间展开，后者是非正式的金融机构，它们之间具有资金关系。形式主要涵盖了合会、互助会、民间借贷等类型。其实，区域间的经济发展不平衡和民间金融发展水平是息息相关的。在经济发展水平没有那么好的地方，民间金融就表现为只为匹配日常生活需求的民间集资还有自由借贷。在经济相对发达的区域就有了钱庄、合会这种不只是满足日常生活需要的机构存在了。随着利率市场化的推进，资源配置更加自由、优化，民间的金融机构迎来了一定程度上的发展契机。

（三）天津普惠金融发展的路径

1. 促进商业银行的转型

大型的商业银行网点覆盖广，产品种类多、基础设施完备，天津应该多引导大型商业银行积极参与到普惠金融领域中，多关注贫瘠区域和融资弱势群体，以创新与需求相适应的金融产品、加强基建，提高防御风险的能力为主。与此同时，城商行、农信社也要积极参与进来，在自身基础上努力为农村偏远地区和中小企业服务，尤其强调要有针对性地提供与普惠需求相匹配的金融服务。

2. 支持微型金融机构的建立与发展

微型金融机构也是今后需要重点设立的，比如小贷公司和村镇银行。其实，在农村的一些地区主要是相对落后的地区也有一些金融机构，可以通过对它们采用重组、并购抑或是投资的方式提供正规的农村信贷服务。中小型企业在公司运营过程中信息披露不完全、抵押担保匮乏、财务报表不够规范，导致无法像传统企业那样通过对财务报表等分析来调控风险，风险评估的方法、商业运作方式以及管理手段等等都要做出全新的改变以及重新评估，这方面微型金融机构就具有独特的优势，因此需要大力发展。

3. 推动信贷产品的创新

现有的信贷产品没有很好地与需求匹配也是导致体系不完善的一个原因。要切实考虑扶贫对象的需求投放合适的小额贷款。同时动产质押贷款要鼓励投放，民间医疗也可通过社会办医这种全新的金融服务来实现。对于商业银行，要鼓励它们积极开展手机银行、直销银行等形式，主动对接互联网平台，丰富电子支付渠道。可以通过让中小企业在新三板中增加融资种类数来使其融资方式更加多样化。与此同时，保障环节也不能少。保险公司要积极投入到有关农业的险种中去，尤其针对"三农"，要拓展保险的深度和广度。此外，也要重点关照老、弱、病、残等弱势群体以及低收入人群，为他们提供力所能及的金融服务。

五 绿色金融

天津一直以来保持一种经济高增长的态势，只是近两年受制于GDP"挤水"，才止住了飙升的势头。发展的过程是要付出代价的，环境就是其中的一样牺牲品。可持续性是发展的一大要义，因此产业结构急需转型，增长方式也要变换。天津推进社会和经济的发展就要秉持环境友好与资源节约的基本原则。金融业作为行业先驱更应该大力推广绿色金融理念。

（一）天津发展绿色金融面临的主要问题

1. 起步晚、环保意识差导致对绿色金融的认知程度低

中国的绿色金融在20世纪90年代才起步，相对来说已经比较晚了，直到今天，都不能称作在实践阶段，因为刚从概念的阶段慢慢地走出来。我们也让一些地方、机构采用试点的方法一步步推进，但多数机构仍然无法摆脱利益导向型的经营原则，工作重点并不在绿色金融上，因此在考虑的长远性方面有所欠缺，没有兼顾绿色金融的长远发展，认知水准还不高，这也成为绿色金融进一步推广的阻碍。

2. 金融机构"利益导向"与"社会责任"间的矛盾

金融机构是绿色金融的经济主体，它在整个过程中的作用是不可忽视的。但是金融机构归根结底具有公司的性质，那么为了生存就要逐利。所以利益最大化原则在绝大多数的金融机构中同样适用。如此一来，这种逐利性便会引导这些金融机构将资金投给那些并不"绿色"的领域，因为那些绿色的项目带给金融机构的利益很少，而且风险还很大。任何一个"理智"的金融机构恐怕都会做出这种选择。绿色金融本身在社会上的认知度就不够高，再加上法律也不够完善，绿色金融对于那些金融机构来说甚至可能还意味着要有一定的经济损失来换取这份"社会价值"。因此，进行绿色金融业务的金融机构少之又少也就不足为奇了。想要让绿色金融继续发展，尽快理清社会责任和利益导向的关系是当务之急。

3. 市场体系尚不完善

我国的绿色金融起步较晚，因此市场体系是很不完善的。这大致在这些点上有所显露。首先就是上文提过的法律法规不够完善。截至目前，由于碳排放权交易的试点工作如火如荼地展开，四大直辖市等7个试点先后添上了关于绿色金融的表述在地方的文件中。不过最重要的法律仍然没有动静。其次，目前的实践主体太过集中和单调。一般就是银行，看不到其他类型机构的参与。另外，还有一个困扰多年的问题就是直接融资太少，过于依赖间接融资。

4. 激励机制的缺乏削弱了金融机构发展绿色金融的内在动力

本就存在的趋利性导致绿色金融大概率成为"冷饭"，再加上还没有对金融机构的相应激励，导致各大金融机构投身绿色金融的情绪更低，所以更加坚定信心去转投收入高的高消耗产业。而且，绿色金融相关的法律条文没有落地，企业更多地持观望态度，并没有主动投身绿色金融的动力。

（二）天津绿色金融的发展方向

1. 健全法律法规保障体系，完善环保和金融部门的信息沟通和共享机制

未来，天津的绿色金融首先要解决的就是法律体系的完善问题。要根据时局和态势的变化，把握经济形势演变路径，准确掌握当前总体情况及时地对法律法规进行修订和完善，给绿色金融的后续发展打好坚实的制度后盾。若想将绿色金融推广，金融机构也需掌握充足准确的公司环保信息。双方应该多进行交流，适时展开合作，建立信息共享机制，增加双方的交流与沟通。天津须在不与国家政策方向相违背的情况下，因地制宜，创新出符合天津情况的绿色金融管理制度。

2. 根据天津市工业发展状况，有针对性地提供贷款等资金支持

天津是一座工业城市，经济腾飞的同时，化石燃料如石油与煤炭等的不断耗费直接构成了天津推动绿色经济腾飞的阻碍。燃烧化石燃料的历史已久，难以在短时期内做出闪电般的转型。绿色金融此时可以逐渐靠拢诸如核能、水电、天然气等清洁能源，采用优惠政策，而对以化石燃料燃烧为主的

传统工业施行更高的贷款利率，能够无形中促进转型的完成。此外，要借鉴国际经验，国外的环保信贷准则已经相对成熟，考虑天津自身发展特点量身打造有特色的信贷指南。为了进一步对金融机构激励，可以在考评中加上环保这一要素，这种低碳模式的经济可能会成为天津的一大新特色。

3. 建立环境和能源交易所，完善碳市场交易所

天津是中国老工业基地之一，悠久的工业历史也就意味着伴随生态环境的恶化，甚至埋下了发生社会问题的隐患。于是健全碳交易市场就有着非常大的意义。北京和上海建立碳交易市场比天津还要早，不过天津与它们并不一样，有自身独特的交易模式。采用的"自愿加入，强制减排"就是积极与世界接轨的象征，在我国碳金融的发展史上是具有历史性意义的。社会资金通过碳交易流向有需求的项目或者是企业，在这个过程中技术得到了升华与提升。可以抓住此契机渐渐摆脱依赖化石燃料的现状。

4. 开展国际金融合作

天津本身就是一个外向型经济的城市，在绿色金融刚刚开始的阶段，应主动与国际接轨，对于世界范围内的碳市场要积极参与，借鉴国外先进经验，投入到天津的碳金融建设中。此外还要虚心向国外讨教关于体制改革、金融立法、和低碳技术领域的经验教训。而且，天津作为国内碳金融发展的先驱，不仅要顾及自身发展，更要努力为全国提供可行性经验，与其他地区在体制改革和具体技术层面多交流，共同发展，共同进步。总之，天津发展绿色金融才刚刚起步，应探索出一条具有天津特色的绿色金融发展之路，以碳金融作为突破，在国内打响绿色金融领域的"天津品牌"。

专 题 篇

Special Topics

B.11
天津经济发展新动能研究

——以金融科技为例

舒 鑫 王 韩*

摘　要： 近年来，天津市金融发展稳健，在保持已有优势的基础上发展新金融，引进新技术。同时，天津市也陆续出台一系列相关政策支持智能科技产业的发展，但是金融与科技的融合中，金融科技稍有不足，还需进一步发展。本报告首先分析天津市经济发展的现状，发现并剖析其存在的问题；其次，分析天津市发展金融科技的必要性与可行性；再次，从消费升级、银行业态和服务实体经济三个方面分析金融科技促进经济发展的有效途径；最后，根据金融科技风险的特征对天

---

* 舒鑫，天津财经大学博士研究生，研究方向为金融风险；王韩，天津财经大学硕士研究生，研究方向为国际金融。

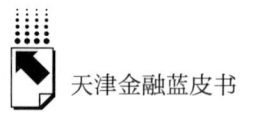

津市发展金融科技提出对策和建议。

关键词： 金融科技　新动能　有效途径

中国金融市场环境持续向好，并且有效推进国企改革，金融科技的积极应用也将为经济增加活力。为金融服务的科技，以科技为纲，金融为目标，通过技术的不断创新来实现金融业务上的创新，是金融与科技相互支撑、融合、促进的必然结果。并且，政府采取了更加有利于金融创新的政策，进一步激活实体经济的活力，将金融科技融于实体经济，推动我国经济的进一步向好发展。

天津经历了2016年的滨海新区"挤水"，经济受到严重影响，从加强环保监管、服务业发展不景气到2018年对重工业进行结构调整等，一再拉低天津经济发展水平。在全国呼吁提高经济质量的号召下，借鉴其他地区金融创新策略，通过金融科技助推传统金融业务，充分利用大数据、云计算等技术，将金融机构与金融科技有效结合起来，改善现阶段天津发展水平。

一　天津经济发展现状与问题

（一）发展现状

根据2018年天津市政府工作报告，过去五年，天津经济社会持续健康发展。其中，全市生产总值年均增长8.9%，一般公共预算收入年均增长8.4%，固定资产投资年均增长10.5%，社会消费品零售总额年均增长7.9%，城乡居民人均可支配收入年均增长8.9%，万元生产总值能耗累计下降25%，节能减排降碳完成国家下达的目标任务，2016~2017年天津市经济增速出现明显下降，由9%下降到3.6%。2018年第一季度，天津全市工业增加值2060.95亿元，同比增长0.2%，比2017年回落2.1个百分点。其中，规模以上工业增加值增长0.1%，比2017年回落2.2个百分点。此外，天津全市固定资产投资（不含农户）同比下降25.6%。天津社会消费品零售总额同比增长5.8%，外贸进出口总额同比增长3.1%。

天津市逐渐实现由高速增长向高质量发展转变，深入推进供给侧结构性改革，加快建设现代化经济体系。并将经济社会发展的主要预期目标定为：生产总值增长5%，一般公共预算收入增长3%，固定资产投资增长6%，社会消费品零售总额增长6%左右，新增就业48万人，居民人均可支配收入增长6.5%左右，城市居民消费价格涨幅控制在3%左右。其中，2018年天津经济增速目标为多年来最低。天津在处理"僵尸企业"工作中成绩显著，全年处理"僵尸企业"260户；持续深入去库存，盘活空置楼宇300万平方米、示范工业园区低效闲置土地1500亩等去产能工作扎实有效进行。在推进产业转型升级上，天津市大力发展先进制造业，深入对接《中国制造2025》，培育壮大新一代信息技术、新材料等十大高端产业集群，加快建设中欧先进制造产业园、滨海新区国家军民融合创新示范区，将先进制造业比重提高到60%以上，继续实施新一轮中小企业创新转型行动，累计6000多家企业实现转型。此外，在深入推进京津冀协同发展、防范化解重大风险攻坚战、精准脱贫攻坚战、污染防治攻坚战、乡村振兴战略、体制机制改革、高水平双向开放等方面都做好坚实的工作。

天津正在加快推进"五个现代化天津"建设，即推动创新发展的现代化天津建设取得突破性进展；推动开放包容的现代化天津建设取得突破性进展；推动生态宜居的现代化天津建设取得突破性进展；推动民主法治的现代化天津建设取得突破性进展；推动文明幸福的现代化天津建设取得突破性进展。为此，天津要成为全国领先的创新型城市和产业创新中心，全社会研发经费支出占生产总值比重达到3.6%，综合科技创新水平保持全国前列。还要争创全国发展软环境最优地区，全球范围内配置资源能力显著增强，开放型经济优势更加突出，国际化程度提升到新水平。希望天津抓住新一轮

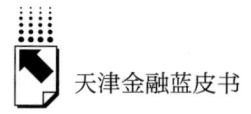

产业革命的机遇，实现新的突破。目前，天津正在积极申报自由贸易港，高标准建设自贸试验区，以国际视野和颠覆性思维打造自贸试验区升级版，加大制度创新力度，积极争取新的试点政策。天津需要加大以开放倒逼改革的步伐，早日从自贸区升级到自由贸易港，分享新一轮对外开放的改革红利。

（二）天津经济发展困境剖析

根据2016~2018年的统计数据，天津出现经济短板，究其缘由在于改革开放意识不够强，科技创新力滞后，区域优势减弱等问题。作为中国四个直辖市之一，2017年，天津的GDP增速竟下滑了近2/3，位列全国倒数第一，创28年新低，仅高于1989年的1.1%。

滨海新区的主动"挤水"是导致浪潮退去的一大重要原因，天津的经济状况无疑是让人震惊的，尤其是滨海新区主动挤出了占GDP约1/3的"水分"后，全市的经济增速也被大幅拉低：2017年天津经济增幅仅为3.6%，同比骤降了5.5个百分点（2016年增速为9.1%），远低于同期全国6.9%的均值。这在全国虽并不是仅有天津一例，但这也释放了一个信号，在追求经济质量上，不仅将GDP指标纳入其中，还需要重视科技、生态等指标，诸如科技创新、节能环保、改善民生等体现增长质量的指标将越来越受到重视。为此，全国各地的经济发展思路都应有所转变。

除了滨海新区"挤水"外，至少还有以下三方面因素制约天津经济发展。

1. 环保监管打压工业发展

从天津的产业结构来看，全市经济总量的近一半都是来自工业的贡献，而其中重工业的分量是不容小觑的。在2017年的限产"环保风暴"中，很多高耗能高污染的重工业企业直接被关停，这也直接影响了天津工业体系的上下游协同运作。结果就是在2017年，天津工业增加值同比增速仅为2.3%，较2016年的增速（8.4%）骤减6.1个百分点，这无疑重创了全市的GDP增长态势。

2. 服务业不景气削弱经济增长

以金融业为例，早在2006年，滨海新区就获国务院批准成为继上海浦东之后全国第二个综合配套改革试验区，同时获得多项扶持政策，包括设立东疆保税港区、进行金融改革试点等等。然而十多年过去了，除了渤海银行，天津似乎拿不出第二个令人印象深刻的金融机构。从代表地区经济的上市公司来看，在沪深两市挂牌的天津A股上市公司共有49家，其所属行业多为工业、能源、交通、房地产，同样几乎没有一家是金融企业。

3. 过于依赖投资拉动经济增长

同全国大多数城市相仿，天津的经济增长一直过于依赖投资拉动。2007~2011年，天津投资增速保持在每年20%以上，个别年份甚至超过40%，远超全国平均水平。而高速增长的投资也为天津GDP带来了每年增速超过15%的"繁荣"景象。然而，2012~2016年，随着投资增速从18.5%腰斩至8%，天津的GDP增速也从近14%降至9%左右。2017年，天津固定资产投资仅增长了0.5%，而同期，全国固定资产投资增长7.2%。这也彰显出天津经济的增长模式依旧过于粗放，转型已是迫在眉睫。

4. 偏向重工业进行结构调整

天津2018年第一季度经济增速为1.9%，这是自1993年以来有数据可查的最低值（第一季度数据按年化考虑）。其中，第二产业增加值增速为-1%，第三产业增加值增速为4.4%。不过，天津名义经济增速仍不低，第一季度为6.3%左右。

二 天津经济发展新动能：金融科技

2009年至今，金融科技已经发展至3.0时代，金融与科技的融合速度越来越快，技术驱动形成金融产品的推广周期越来越短，新型产品大规模覆盖用户的能力越来越强，影响广度和深度需要以新的视角和方法进行评估。金融科技的出现频率正在高速增长，并呈现替代"互联网金融"的趋势。尽管我国的金融科技在全球范围内居于领先地位，但仍处于发展早期，发展路径、商业模式尚在探索与实践中。简单来说，金融科技首先要遵从金融本质，以数据为基础，以技术为手段，服务金融行业，降低成本并提高效率。然而，随着跨界展业趋势的加深，金融科技正在被赋予更多的内涵。

（一）发展金融科技的现实意义

发展金融科技是推进金融供给侧结构性改革的内在要求，金融是现代化经济体系的核心，有助于进一步发挥金融在优化存量资源配置、扩大优质增量供给、实现供需动态平衡等供给侧结构性改革和优化中的关键性作用，有力推进实体经济"三去一降一补"。发展金融科技是解决金融发展不均衡不充分的有力手段。在金融普惠上，金融科技能够发挥现代信息技术的搜寻优势、网络效应和长尾效应，加大金融服务对农村、偏远地区、弱势群体的覆盖，为受限人群提供一系列合宜的、负责任的金融服务，包括支付、转账、储蓄、信贷、保险、证券、金融规划和账户报表等，提高金融服务的可获得性。基于多维度的数据资源以及大数据分析技术，金融机构可以为用户"量身打造"深度的个性化服务，实现金融服务的多样性。银行金融服务的移动化、自动化和智能化则能有效提升客户体验，提高金融服务的满意度。在理财服务上，采用人工智能、机器学习等技术手段，以数字化、自动化形式实现投资信息收集、资产组合配置、投资策略选择以及交易执行，最大限度地降低人力成本，并可服务海量投资者，具有规模效应，从而使理财投资门槛和服务费用大幅降低，为各层次投资者打开私人财富管理的大门。

金融科技对天津经济发展具有几点核心优势：金融科技使得边界模糊化，信用中介与信息中介边界模糊，部分需求端呈现多元化、碎片化、定制化，市场机构强调客户体验，提供场景化、综合化、一站式的产品或服务，金融产品或服务实体经济分摊风险辨识；降低业务门槛，分工专业化水平高，众多从业主体参与其中（自金融组织）；部分缓解信息不对称、在个别细分市场和领域提高风险管理水平（小额、信用贷款）。同时，金融科技对投资者适当性制度存在一定挑战,将原本门槛极高的金融产品,通过交易结构的"创新"实现期限或金额的切割与零售,例如依托互联网进行的资产管理业务的一个显著特征是小额、分散。客观来看,其资产端多为传统金融机构不愿承接或者较难处置的高风险资产,其客户多为缺乏风险识别能力、风险承担能力小的"长尾客户"。

对金融机构的影响,首先,改变金融功能的实现方式,金融科技使金融功能的实现载体更为多元,实现手段更为丰富。其中,"借贷"模式基于大数据、人工智能等技术手段,特聘信贷机构和金融科技公司的合作不断延伸,衍生出市场上泛指的"助贷"模式,即助贷机构利用自身掌握的获客、风控及贷后管理优势,向资金方(包括网贷、消费金融公司、小贷、银行、信托等)推荐借款人,并获取相关服务费的业务。在当前的"助贷"模式下,参与借贷业务的主体除了传统金融机构,还增加了提供客户推荐、风险评价、贷后催收等各类"赋能"服务的金融科技公司。在合作模式和操作手段上,传统金融机构可以仅仅利用合作机构的场景及渠道优势,获得客户并自担风险,也可以采取"获客+联合风控"的模式,参考合作机构的风控评价,共同承担风险损失,还可以将放贷业务的核心模块整体外包,仅凭借资金投放收取固定收益并把风险承担的责任以担保、承诺兜底回购等方式转嫁至合作"助贷"结构。其次,改变金融服务的供给方式,精细化分工和流水线作业成为金融服务供给的重要变化,在新的金融攻击模式和产业链重组过程中,金融服务的产业链有内生闭环转为开放外包,技术使金融行业的分工日益专业化、精细化,金融服务的生产链条被拉伸延展,并嵌入多种服务供给主体产生数据经营者、服务集成者、交易撮合者、财富管理者、风险匹配者、社交参与者等多种角色。传统金融机构的角色定位也开始有所转变,在新的金融供给模式和产业链重组过程中,以客户为中心的原则和场景化服务的模式带来了互联网金融企业强大的客户触达能力,培养了客户的"前端"黏性,习惯于"等客上门"的传统金融可能因为与客户的联系越来越弱,不得不在金融服务的链条上有所后移,最终退到金融服务的"后台"。

（二）金融科技主要技术和特征

关于金融科技这一概念的定义众说纷纭，不过对于学术界或者金融界而言还是比较清楚的。在金融稳定理事会首个关于金融科技的专题报告中，将金融科技（FinTech）定义为"指技术带来的金融创新，能创造新的业务模式、应用、流程或产品，从而对金融市场、金融机构或金融服务的提供方式造成重大影响"，将金融科技定义为一种金融产品和模式，属于金融行为，是科技在金融上的应用，其最终落脚点是金融，不是科技，是科技在金融中的运用。金融科技有效提供金融服务的可获得性和便捷性，降低金融交易成本。毕马威对金融科技的理解是：非传统企业以科技为尖刀切入金融领域，用更高效率的科技手段抢占市场，提升金融服务效率及更好地管理风险。尽管金融发展史上始终伴随着技术手段的运用，金融领域也经常是最新及时的使用者和受益者，但本轮科技发展不再是某一单项技术手段在某一特别金融业务的嵌入，可能全方位地作用于金融活动的全部流程、金融中介功能的发挥以及与之配套的风险治理。不是零敲碎打，而将是系统性影响，甚至渗透到货币层面，影响金融业态的划分，以及相应的金融监管逻辑。

1. 主要技术

金融科技通过互联网技术改造传统金融机构，改变工作流程，或者解决一些结构性障碍。有些是直接采用新技术颠覆式创新。金融科技的发展涉及大数据的应用、人工智能、区块链等先进技术，提升了金融行业的运行效率，同时降低了交易成本。而金融科技创新主要为支付创新，更多地采用直接融资，市场的基础设施建设的突飞猛进以及投资管理功能的类别，原本靠人，未来可能靠人工智能或机器人投顾。可从五维观分析金融科技的普及（技术观、功能观、中介观、监管观、组织观）。

其中，技术观包含五大技术（见图1），从内在技术逻辑讲，金融科技的主要驱动技术间并不是彼此隔离，而是相互交融、彼此促进的，其在金融行业中的应用可能性也在不断拓展、融合。

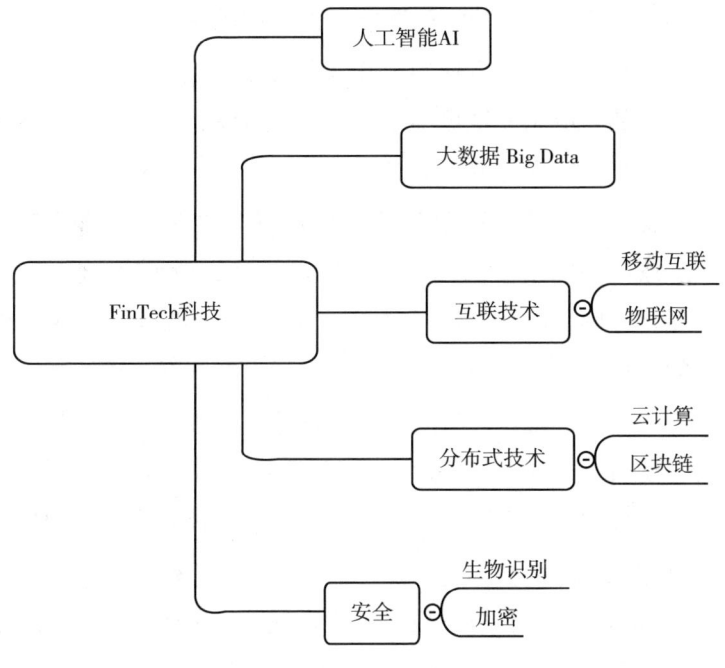

图 1　技术观及五大技术

（1）区块链。区块链技术是指通过去中心化和去信任的方式集体维护一个可靠数据库的技术方案。去中心化、去信任、点对点直接交互，区块链不依赖中心节点的管理，能够实现自主实时记录、更新和存储，无须信任第三方，交易双方将采用值得信任的技术和系统进行安全交易。区块链的多重属性包括：匿名性、自治性、开放性、可编程、可追溯、不可篡改、集体维护和无须许可等。

（2）大数据。指无法在一定时间范围内用常规软件工具进行捕捉、管理和处理的数据集合，是需要新处理模式才能具有更强的决策力、洞察发现力和流程优化能力的海量、高增长率和多样化的信息资产。其有大量数据、高速运行、信息多样性、低价值密度和真实性几大特征。

（3）人工智能。英文缩写为 AI。它是研究、开发用于模拟、延伸和扩展人的智能的理论、方法、技术及应用系统的一门新的技术科学。人工智能是计算机科学的一个分支，它企图了解智能的实质，并生产出一种新的能以

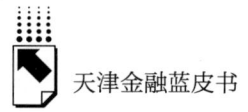

与人类智能相似的方式做出反应的智能机器,该领域的研究包括机器人、语言识别、图像识别、自然语言处理和专家系统等。人工智能从诞生以来,理论和技术日益成熟,应用领域也不断扩大,可以设想,未来人工智能带来的科技产品,将会是人类智慧的"容器"。

(4) 云计算。云计算是一种按使用量付费的模式。这种模式提供可用的、便捷的、按需的网络访问,进入可配置的计算资源共享池(资源包括网络、服务器、存储、应用软件、服务)。这些资源能够被快速提供,只需要投入很少的管理工作或与服务供应商进行很少的交互。该技术有基于互联网络、按需服务、资源池化、安全可靠和资源可控等的多重特征。

其主要驱动技术间的关系为大数据与云计算(云计算注重资源分配,大数据注重资源处理,大数据需要云计算支撑,云计算为大数据处理提供平台)、人工智能与大数据(人工智能的合箱功能要在数据的基础上诞生,人工智能又促进数据的发展,提高数据的收集速度和质量)、区块链与云计算(云计算服务的资源弹性、低成本、高可靠性等特质可以帮助区块链得到更快速、低廉的部署)、区块链与大数据(大数据技术弥补了区块链在数据分析方面的缺陷,而区块链记录数据的强信任背书和高质量也为大数据的分析提供了扎实的基础)、区块链与人工智能(统一的区块链基础协议可以让人工智能设备间互联互融,并在互动中积累学习经验,使人工智能程度进一步提升)。金融科技拥有显著的技术水平和强大的功能,使得不同技术之间可能形成互补、聚成合力。不同金融业务形态在金融属性、风险性质和使用规律上存在较大差异,不同金融业务与科技结合的速度和程度不同。

而金融科技在五大技术支持下,应用包揽八大领域:支付领域(支付处理、转账、移动支付、外汇、信用卡、预付费卡、奖励计划,如支付宝等)、保险(经纪、承保、理赔和风险管理)、规划(业务流程自动化、客户关系管理、库存供应链管理和个人理财工具)、借贷、众筹(众筹平台、社交借贷、抵押、企业贷款)、区块链(区块链协议开发、数字货币、智能合同、区块链支付和结算、资产和身份管理)、交易和投资(投资管理、机器人咨询、交易定价算法、交易IT、交易平台、经纪、清算)、数据分析

(大数据解决方案、数据可视化、预测分析和数据提供商),安全(数字身份、身份验证、欺诈管理、网络安全、数据加密)。

2. 金融科技的特征

金融科技没有改变金融的本质属性,其代码、算法均是金融市场现实规则的技术体现。金融的核心功能不变,支付清算,资金融通和风险管理,为实现经济资源的转移提供渠道,充分的价格发现,解决激励问题等;股权、债权、保险、信托等金融契约的内涵,权利与责任基本不变;金融科技没有改变金融风险的隐蔽性、传染性、突发性个较强的负外部性等特征。其主要有以下四个特征。

第一,不能离开金融场景谈金融科技。在科技赋能的话语体系下,似乎可以抛开对金融的理解谈科技,但这是一种误读。科技,需要内生于金融场景之中。金融机构发力金融科技,仅仅搭建几个实验室是不够的,重要的是在业务层面落地。信息科技人才不等于金融科技人才,只是将散落在金融机构内部的IT人才集中在一起,难以肩负起金融科技转型的重担。同样,对外合作中,金融机构需要的并非那些专门为赋能而赋能的新奇技术,比如没有数据源的大数据建模、没有应用场景的区块链技术、没有解决方案的云计算平台等,真正有价值的是那些在实际场景中得到验证的解决方案。

第二,同质化的赋能不是金融科技的全部。站在赋能的视角,各家机构的金融科技布局大同小异——大数据风控、智能营销、区块链应用等等。但从用户体验解决方案角度看,考虑到不同机构资源禀赋、战略重心、机制文化、人才储备等的不同,最终在用户层面呈现的是不同的体验。所以,不存在同质化的金融科技,同质化的赋能远不是金融科技的全部。

第三,金融科技终将走向平台化。金融科技是一种解决方案,那么最佳的承载形式便是平台化:一家机构提供基础设施,多家机构在平台上协作,形成一个稳固的多边生态系统,以保障金融服务的高效和安全。平台化天然地与网络效应连接,最终,一到两个巨头成为金融科技平台的载体。也不必恐惧,金融服务涉及多个环节,每个环节的市场空间都很大,都足以诞生一到两家平台型机构。所以,未来的演变方向或许是,基于分工的不同,金融科技领域会诞生不同的平台型组织，这类组织以多边生态系统的形式保持竞争力，并对外提供服务。

第四，中小金融机构也可以发力金融科技。金融科技的平台化协作，会大幅降低参与者的门槛，中小金融机构，也将成为生态内不可或缺的一分子。此外，金融科技的运用，技术层面可获取、同质化程度高，战略调整、思维模式、机制流程等软性因素的重要性会大大提高，只要能够扭转思维模式、转变心态，中小金融机构也有自己的比较优势。

三 天津发展金融科技可行性分析

随着全球金融科技投资领域热潮的不断升温，经过几年的发展，金融科技已经从边缘走向主流。2016年中国金融科技公司Top50部分名单为量化派、百度金融、财付通、点融网、陆金所、马上金融、蚂蚁金服、品钛、趣店、融360、同盾、随手科技、微众银行、众安保险。埃森哲数据显示，自2010年至2017年初，全球金融科技投资总额从17.91亿美元增长到232亿美元，增长了近11倍。其中，全球超过50%的金融科技投资涌向中国，中国是全球唯一一个年环比投资额翻倍的区域。

天津在发展金融科技上具有一定的优势，能提供先进的互联网技术和优秀的人才。

1. 互联网金融平台发展成熟

其中，天弘基金管理有限公司成立于2004年11月8日，历经近七年在资产管理行业的上下求索，公司日趋成熟。同时，公司的成长也得到了媒体及社会的关注，天弘基金通过对货币基金和指数基金等产品的布局，已经可以满足客户多元化的投资需求。此外，指数基金的发展顺应了客户行为在线化的趋势，产品相对简单清晰，且该类产品费用较低，可降低客户的投资成本，从而提高收益。此外，在2017年，国家互联网金融监测中心、互联网金融大数据中心、互联网金融标准检测认证中心正式在天津揭牌，天津是互联网金融协会的后台基地和技术保障中心。现阶段，天津拥有较多本土大型互联网公司,如搜狐视频、VNIDIA、华为海洋网络、国家超级计算天津中心、恩恩科技、绿色软件联盟、完美世界、曙光等。天津在信息技术能力上占有一定的位置。

2. 人才集聚

天津地处环渤海经济带,毗邻首都北京,在京津冀三地一体化发展中,被赋予"一基地三区"的功能定位,加速打造金融运用创新示范区,与河北一起共同疏解北京非首都功能,承接北京相关资源、技术转移,聚焦战略性新兴产业需求,在全市现行有效引育人才政策举措的基础上,梳理集成和优化创新。2018年5月16日,天津发布"海河英才"计划,在人才落户方面做了重大改革,大幅降低了人才落户门槛,以加快聚集更多优秀人才。除去政策吸引人才外,天津自身拥有强大的人才培养池,天津大学、河北工业大学等均能培养技术性人才,南开大学与天津财经大学等能专业性培养金融型人才,高校人才输送对天津金融发展以及科技技术创新具有现实性意义。

3. 基础设施完善

2003~2012年,天津规划将于家堡打造为类似曼哈顿的金融中央商务区或上海陆家嘴的金融中心。依据2017年雄安新区的发展规划战略,环渤海区域急需一个金融中心来刺激京津冀物流、信息流快速发展。于家堡金融中心可以随时进驻大量互联网科技企业,通过企业孵化器,逐渐将小企业塑造成适应社会经济环境的大企业。

四 金融科技拉动经济增长有效途径

2018年6月,天津市出台了《天津市关于加快推进智能科技产业发展若干政策》实施细则,通过十条政策支持企业智能化升级、支持软件和信息服务业发展、支持大数据产业发展、加强智能科技领域军民融合发展、提升智能科技研发创新能力。可见,天津市已经意识到大数据、人工智能等科技是未来发展所必需的,将其与金融结合形成金融科技更是目前金融发展的

大趋势。通过金融科技拉动经济增长,也是目前促进发展的有效途径。

金融科技发展方向大致有三个:第一,通过大数据、人工智能和互联网技术,大规模降低成本,降低准入门槛,让有合理金融需求的实体部门都能获得合理的、有尊严的金融服务;第二,通过大数据和分布式技术解决信用体系建设问题,健全天津经济金融体系的信用基础;第三,沿着供应链这条实体经济运转轨迹,运用最现代的科技手段,捕捉、跟踪商品与劳务流转,创造多样化的金融服务和金融产品。

(一)加快金融科技创新,促进消费升级

1. 引发金融科技需求

随着金融科技的发展,消费者的消费方式发生了巨大的变化:线上化与场景化。当今,消费方式转变的关键方向之一就是线上化与场景化,存在于大众生活的各个方面,包括衣食住行以及医疗服务等,互联网技术发挥着越来越不可小觑的作用。

生活场景线上化为金融科技拓展了发展空间。目前,消费升级的重要体现及发展趋势就是个人生活场景线上化。线上个人金融服务需求,包括移动支付、理财、征信、保险和信贷等等都在此过程中衍生。个人金融市场以普通大众为中心,以小额尾注,具有碎片化、高频率、大规模等特征,而传统的金融机构则是以高净值用户为主,办理大额、低频的金融业务。二者的区别还在于信息来源、投资决策、风险定价、金融产品设计以及信用评级机制也各不相同。

2. 金融供给欠缺

消费升级成为天津市经济增长转型的重要驱动力。随着天津市居民可支配收入的稳步增长,消费成为天津市经济增长的主要拉动力。数据显示,2017年天津的移动支付占比86%,高于全国城市平均水平。移动支付的场景几乎涵盖各个方面,越来越多的人不带钱包出门。

批发零售业在消费升级过程中的升级态势较为突出,新兴业态以较快的速度发展,传统批发零售业的转型有明显成效,线上线下融合趋势明显。

2018年第一季度，天津市批发和零售业限额以上企业实现网络零售额突破500亿元，同比增长20%。

个人生活场景线上化尚未提供有效的金融供给。作为消费升级的重要体现，个人生活场景化的资源配置并没有得到天津市实质性的回应，造成了供给较为严重不足的后果。近几年，天津市的金融市场稳健发展，在体系建设上的成效突出，金融市场体系逐步具有多层次性，但是，在为个人生活服务方面特别是全面实现个人生活场景线上化依然欠缺。

无论是直接融资还间接融资，2008年以来天津市颁布了各种金融业的政策性文件、制度。但是其服务对象集中于企业组织，对个人却有所忽略。消费者在生活场景线上化消费过程中的注重点在于心理体验，加之，生活场景线上化具有变动化、差异化、零散化和多样化等特质。相应的，金融机构则需为消费者提供碎片式、高频的金融服务，促进金融业务的升级与创新。但是天津市现行的金融体系包括银行在内的金融机构依旧实施传统的信贷原则及审批流程，根本没有针对个人的服务与供给。从个人生活场景化需求上来分析，天津市目前实行的金融体制与政策在促进消费升级方面还存在短板。

3. 加大金融科技创新力度

长期抑制金融，无法为长尾用户提供有效服务，更无法充分应用大数据技术，这就促使科技与金融的融合，同时开始了中国金融科技辉煌的发展历程。近几年，为全面落实《关于支持银行业金融机构加大创新力度开展科创企业投贷联动试点的指导意见》（银监发〔2016〕14号，以下简称《指导意见》）精神，天津市金融机构不断探索、创新，相继应用金融科技满足消费者对个人消费的需求。

（1）推动天津市金融科技创新。互联网的发展创新刷新了人们的生活方式，个人生活场景线上化也随之出现，进而对金融又提出了全新的要求。金融科技需要依赖相关技术，比如大数据、人工智能、区块链等来满足消费者对个人金融线上化的需求，因此这些技术的发展创新发挥的作用无疑是越来越大的。要推动天津市金融科技创新，为居民提供好

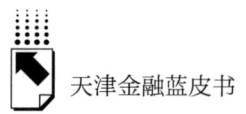

的服务，首先要进行技术工具的创新，进而促进天津市消费升级，带动经济高质、高速发展。

（2）创新传统的金融体系。社会的发展以及时代的进步，共享是必不可少的，传统金融机构和新金融机构应相互学习、相互结合、融合发展。相较于新金融机构，传统的金融机构具有更多的金融资源，但是其发展战略则须转型，积极面对市场的发展与变化，与新金融机构联合发展，共同应对市场的变化，并为市场的进一步发展提供新的契机，实现共赢。新金融机构与传统金融机构在合作的过程中可以先从分析二者间可以联合研发的特定业务入手，逐步挖掘、研发不同的业务来促进其进一步的合作。总而言之，传统金融同新金融的融合、共同发展，不仅是社会生活的需要，更是时代进步、社会发展的大趋势。

（3）加强金融创新过程中的合规与风险管理。虽然新型金融机构利用金融科技在产品、技术的研发和服务观念等方面可以满足消费者对个人生活场景线上化的需求，也为金融市场的发展提供了广阔的商业发展空间，但对传统金融机构的正常运营带来了冲击。在这个过程中，存在很多制约金融市场发展的障碍物。一方面，是否合规是关键问题。在监管制度上，目前天津市的金融监管制度并没有针对个人生活场景线上化需求而产生的金融机构、复合工具。深圳市金融办于2017年7月公布了《深圳市网络借贷信息中介机构备案登记管理办法（征求意见稿）》，上海市互联网金融行业协会发布了《上海市网络借贷电子合同存证业务指引》，至今天津市尚未制定针对金融科技监管方面的制度。在金融市场的许多领域，尤其是新型的金融科技领域，其直接的法律或制度存在欠缺，因此金融市场的合规问题就会浮现，合规风险也会因此而增大。另一方面，在监管模式和工具上。由于针对新金融市场的监管还未具体化，对其金融科技领域的监管依旧沿用传统的国家机构监管模式和监管措施，在个人金融消费的金融科技领域，相关部门尚未提出有效措施。在金融市场上，大量的法律漏洞确实存在，实施监管套利的金融机构甚至突破了集资诈骗、非法集资的法律界限。

（二）金融科技重塑银行业生态

金融科技迅猛发展、日新月异，天津市诸多商业银行相继建立经营网点，引进先进技术，使"科技"的技术融入"金融"业务当中，促进业务的创新，满足客户的消费需求，并将客户的心理体验提高。金融科技正逐步对天津市银行业产生深远影响。

1. 提高金融科技发展质量

来自美国的"金融科技"（FinTech），很明显是金融（Finance）与技术（Technology）的结合。具体分析时，首先明确是金融科技生态、模式还是金融科技技术中的哪一个。如果是金融科技生态，各个金融机构或许均有自己独特的生态，如蚂蚁金服、京东金融、百度金融等等金融科技巨头一起构筑金融科技生态，传统金融机构的金融科技部门，比如平安的"金融壹账通"等等。如果是金融科技模式，当下涉及较多的是第三方支付、众筹及网络借贷等互联网金融模式。如果是金融科技技术，目前利用的最多的有大数据、人工智能和云计算等。近几年，新技术——大数据、人工智能、区块链等得到了进一步的发展，智能投顾和数字货币等新型模式也随之衍生出来。金融科技能够有今天进的发展现状，其原因主要在于应用技术的发展创新以及应用熟练度的不断提高，同时进一步降低了应用成本，其应用潜力在金融科技上日渐突出。相关数据显示，在2010年商业银行的平均离柜率是45.2%，2017年为84.31%，几乎涨了一倍，中国可以说已站在金融科技领域的世界前列。

虽然中国金融科技领域的某些部分位于国际前沿，但天津市的金融科技领域却较为落后。目前，我国的金融科技巨头蚂蚁金服、百度金融、腾讯金融和京东金融分别位于杭州、北京、深圳、北京，天津还尚未出现在金融科技领域占有一席之地的金融科技公司。因此，天津市应在特定领域找到金融与科技的契合点，如支付领域。除此之外，还应顺应金融业务线上化的潮流，充分利用智能手机的普及度，使客户通过网上银行或者手机银行等办理相关业务。

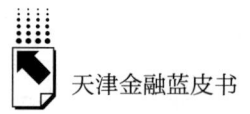

2. 银行网点要转型升级贴近客户

当下,天津市各个银行也在不断探索金融科技领域,不断推出新型的金融产品和服务类型。由此,网上银行可能会替代传统银行营业网点的说法出现了。

营业网点银行的是业务办理的阵地,也是与客户正面接触的一线,在银行为客户提供服务的过程中的作用是新金融无法替代的。既然无法被替代,那么营业网点就会继续存在。但是,从银行的发展来看,其营业网点须进行转型升级,引进人工智能等相关技术来将效能提高。银行须根据本身独有的特征和发展目标进行定位,针对不同的地区、营业网点提出相适应的规划。银行可以借助互联网技术、大数据等科技手段,提升金融业务的服务效率。作为传统的金融机构,在创新过程中,银行需要做的就是在不违规的前提下研究新业务、创新新产品和新服务,而技术只需引进。

虽然近几年金融科技发展对银行带来了不利冲击,但银行的营业网点非但没减少,某些银行还小规模增加网点铺设。具体分析其原因如下。

一方面,不同地区的金融发展不均衡制约。十九大报告中,习总书记提出,人民日益增长的美好生活需要与不平衡不充分的发展之间的矛盾是目前中国社会最主要的矛盾。目前,还有一定数量的农村存在于中国,很明显,较之于城市,农村的发展比较落后,二者不可能同步。就此而言,银行营业网点的数量在未来几年是不会大规模削减的,但可能会优化结构,预计一、二线城市和三线大城市也许会出现网点集聚。大城市会引进先进技术,侧重于打造精品化网点,引进更加智能的设备和自动化柜台。根据十九大报告中的乡村振兴战略,实现金融扶贫、发挥普惠金融的功能,只依靠技术而没有发挥技术功能之地是无法实施战略的。因此,小城镇的银行营业网点不会减少,有些地区的网点可能会增加。

另一方面,我国银行体系结构的制约。目前,我国的银行业是按照总、分、支机构进行分级、管理的,导致某些银行在是否实施金融科技战略方面犹豫不决。如果银行实现全面智能化或者互联网化,那么对分行和支行将会带来巨大的冲击,将由总行直接与客户接触,这会对银行的体系框架产生不利影响。实际上，银行的分支机构不会消失，但需要进行转型、创新。例如，总行下放权力，分行与支行具有更大的权力，将来分支机构可充分利用现有的"科技"为客户提供质高、量多的服务，或许会形成自己的品牌，这不失为一种转型。

金融科技在中国市场掀起了巨大的浪潮。天津市在这大浪下，须充分利用"科技"，比如区块链、人工智能等，将银行的营业网点进行转型升级，形成智慧型网点。通过客户的行为、表情洞悉客户的偏好与能力，掌握客户的风险偏好与财产管理的需求等并设计针对性的产品及个性化服务。在此过程中，通过建立实施监测风险机制，来实现风险预警和反电信诈骗，保证客户资金的安全性。利用人工智能技术对客户进行实时的感知和响应，也是银行网点将来的必备"智能"技术，会成为银行未来发展的核心竞争力，也是银行网点进行智能化转型的大趋势。

虽有为数不少的银行引进了人工智能，但由于网点智能化还未成熟，其效果并不理想。可见，天津市银行目前不会大规模的辞退职员，将网点智能化的主要目的在于引入机器人代替人工进行常规工作，提高效率的同时降低成本。但从现实情况分析，由于技术的需要，机器人也需要专业人员的定期维护与升级，与之相匹配的技术人员数量极少。当下，智能的银行经营网点还处于初级阶段，具有广阔的发展空间。一方面，没有足够的数据维度，尚未打通各类数据间的联系通道，有效交互无法实现，对大数据分析能力的利用不够熟练，不能提供较强的智能服务，还需人工做相应的补充。若天津市较强科技的探索与研究使技术逐渐成熟，机器便可以完成一些基础性的工作。在将来，人工的主要任务是进行创新，提供针对性、个性化的服务于金融产品，天津市的银行还需在创新上培养人才。

（三）金融科技助力小微金融，服务实体经济

2017年，天津市将积极推进普惠金融发展明确写入《天津市金融改革创新三年行动计划（2016~2018年）》（津政办发〔2015〕88号）和《天津市金融业发展"十三五"规划》（津发改规划〔2016〕842号），并出台

了《天津市普惠金融发展实施方案》助推普惠金融发展，并规划借助金融科技，深化普惠金融的发展。天津市的普惠金融也开始通过利用人工智能、云计算和大数据等技术研发更加快、准、稳的金融产品及服务，为微小企业、农民、城镇低收入人群等弱势群体提供更有效的服务，凭借技术手段为小微企业的发展提供源源不断的活力，有助于天津市普惠金融体系短板的弥补。

1. 小微企业融资问题突出

国务院总理李克强在2018年3月底召开的国务院常务会议上，6次提及了要降低小微企业的融资成本。强调要着力解决小微企业融资难、融资贵的问题。鼓励金融部门创新机制模式，抓好政策落实，确保2018年小微企业融资成本降下来。

天津市小微企业数量庞大，增势良好。截至2017年3月底，天津市金融机构为小微企业提供的贷款额合计达到6770亿元，比年初增加了4.81%。与2016年同期相比，增加了20201户贷款户，小微企业综合金融服务客户数量高达77万户，继续保持良好增势。截至2018年3月底，天津市民营经济市场主体97万户，同比增长17.31%；民营企业43.16万户，同比增长14.48%。虽然天津相关部门实施相应政策帮助小微企业缓解融资问题，但依然存在部分小微企业的融资需求得不到满足的情况。

金融科技的发展，为小微金融提供了重塑业态的可能性，为小微企业解决融资难等问题创造了机会。尤其是人工智能、大数据技术应用于金融领域，将金融服务的范围和效率大大提升，为更多的小微企业提供切实有效的服务和解决方案，满足小微企业在融资及信贷上的一系列需求。

2. 加强科技对金融的渗透，提高实体经济投入效率

加强科技对金融的渗透，创新金融业态对于解决小微企业融资问题有一定的帮助，将实体经济的投入效率提高。在目前的监管环境中，为小微企业服务这一领域的关键就是效率。金融科技应改变定位，从资产端回到资金端。

金融科技回到资金端，就必须切实考虑为小微企业提供金融服务的金融

机构以及小微企业的真正需求。对传统金融机构（银行等）来说，为小微企业提供的业务成本主要在资金、风控、运营和获客上，但在小微领域，区域化的持牌金融机构具有很强的获客能力，与此同时，随着监管越来越紧，不允许风控外包，因此提高运营效率、减少运营成本是金融科技为资金端提供服务最好的方式。

持牌金融机构同金融科技公司进行联合，除去风险、资产，共同研发、创新金融产品，金融科技公司为金融机构提供多维数据、建立IT系统、改善风控技术等，助推金融机构为小微企业服务效率的提高，使运营成本减少。

就目前整个行业来分析，互联网科技巨头：京东金融、腾讯金融蚂和蚁金服等已相继完成了业务转型，为金融机构更多地提供技术服务。麦肯锡对全球100家领先银行的调研结果显示，52%的银行与金融科技公司有合作关系。京东金融本身将自己定位为金融机构服务的科技公司，将会把自己的金融资产转给银行等金融机构，向科技型产品服务转型。相关数据统计，目前已有超过400家银行同京东金融合作。

3. 金融机构与科技公司融合发展

信息技术较强的公司更适合经营小微金融。近几年，随着小微金融业务的不断弱化，金融科技公司与金融机构的联合将进一步加强，不过这只是合作并非依赖。

线上与线下融合就是科技公司同金融机构合作的表现。例如，金融科技公司具有对线上数据先发了解的优势和挖掘数据的优势，金融机构对线下数据的拥有量较大，但这些数据零散、不标准，此时就可以借助金融科技公司的技术将原始数据进行整理、优化，探寻调整空间，帮助其将数据的作用更好地发挥出来。

2017年至今，大中型银行纷纷开始试水数字化新模式，与互联网企业合作，通过金融科技助推传统金融业务进行转型日渐成为潮流，包括在贷款流程、担保方式以及利用大数据的风险管理等方面创新，投身于将更便捷、更有效的金融服务提供给小微企业。除此之外，小额贷款公司、保险公司和

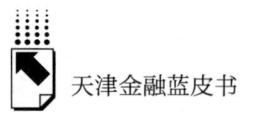

中小银行也开始逐渐与金融科技公司合作,充分利用大数据、云计算等技术,创新信贷产品,一次性满足小微企业对融资的需求。

五 金融科技面临的风险特征

(一)风险传播速度快

随着信息技术被广泛运用,可能由金融科技带来的风险比传统金融风险传播范围更广、扩散速度更快、溢出效应更强。在传统金融交易结算中,偶尔出现的失误或者误差需要一定的反应时间去发现并纠正错误,但金融科技出现的误差却因为在互联网环境中而极大地减少了回旋余地,因为金融科技业务发展有赖于先进的科技信息技术和交易平台系统,但流动于交易平台的资金不只是现实的货币资金,数字化货币所占比重要多得多。一旦爆发风险,对其进行化解存在一定的难度,金融风险的扩散速度和面积也会因此加大,而相应的补救成本也会随之增加,系统性风险发生的概率增大。

(二)风险监管难度高

金融科技可以绕开传统银行体系使资金由供给方直接传递到资金的需求方以及融资者,在"体外"完成资金循环,完全通过移动互联网及网络完成交易和支付过程,办理金融业务因虚拟化的交易而不再受时间和空间约束,交易对象不再清晰,交易过程更加隐晦,金融风险具有更加多样的形式,金融交易与现有监管逐渐脱钩,金融风险爆发的概率也会加大。

(三)风险渗透面积广

伴随着金融科技于金融业内更加深入的渗透,以信息化金融机构、众筹平台、大数据金融、P2P和第三方支付等为主的金融交易互联网平台的数据风险与信息安全风险相互交织，数据使用和保护不当导致信息安全和数据等方面的发生风险的概率增加。此外，金融机构同客户间具有交互性，致使各个金融机构之间、不同金融业务之间，甚至国际上风险的相关性逐渐突出。

（四）金融科技案例分析——爱财集团

爱财集团以场景为切入点，以金融科技拓展普惠金融的边界，为年轻人提供陪伴式消费金融服务。构建了"金融生态＋金融科技＋大资管"的金融服务生态系统。旗下涵盖年轻人消费场景运营平台"爱又米"，互联网理财平台米庄理财、线上小贷平台爱盈普惠等。迄今共获得四轮投资近6亿元，全生态注册用户超过1400万。基于金融科技和金融生态优势，与各大银行等金融机构战略合作，共创消费新格局。

爱财集团是中国领先的消费金融平台，其一直致力于传播分期生活方式，用信用帮助年轻人创造更美好的生活。目前，业务覆盖全国300多个城市，用户覆盖新都市白领等尚无征信的年轻人群，注册用户已超过1300万，年销售额突破100亿元，已经成为年轻人消费金融的重要平台，深受年轻人喜爱。

1. 爱财集团的金融模式："金融生态＋金融科技＋大资管"

爱财集团采用"金融生态＋金融科技＋大资管"的新金融模式，通过深度布局年轻人市场，打造完整的年轻人金融生态服务体系，牢牢掌握"源头"客户群体，提供高质量、高效率、具有持久性的金融服务。

2. 爱财集团的金融生态布局

爱财集团掌握源头客户的消费金融生态闭环，提供"伴成长的金融服务"。爱财集团布局"金融生态＋金融科技＋大资管"模式，形成了完善的产业闭环。爱财集团以最初的"爱又米"业务为基础，不断沿产业链拓展，最终形成包含校园实践平台的"出未校园"、拥有网络小贷功能的爱盈普惠、年轻人创业投资机构"原质资本"、互联网理财平台米庄理财等多个平台的综合金融服务集团。

3.爱财集团的金融科技

爱财集团拥有以"人工智能专家"为核心的金融科技系统。爱财集团自2014年成立以来,在金融科技领域不断创新开拓,走在行业的前沿。目前,拥有300多名员工的和信金融技术研发团队,拥有自主知识产权近20项。通过扎实的底层技术平台建设,一步步发展为以大数据为核心,以技术为驱动的"人工智能专家"系统。具备了"智能安全官""智能信审员""智能风控官""智能投资顾问""智能运营""智能销售""智能客服"等核心业务应用能力。爱财集团金融科技系统见图1。

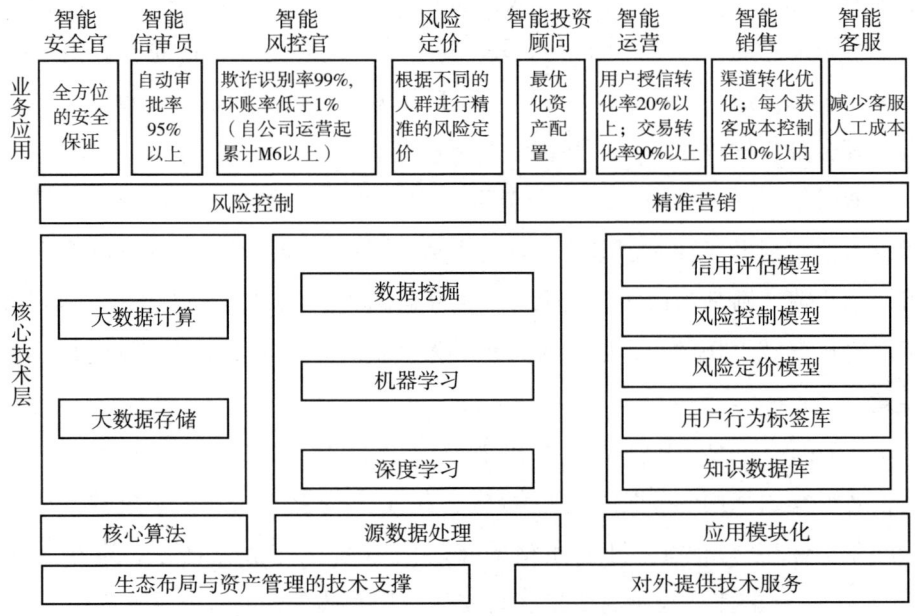

图1 爱财集团金融科技系统

4.爱财集团的风控模式

爱财集团具有全程的风控模型和风控系统。金融的核心是风控,伴随着金融科技的快速发展,借助人工智能和机器学习的突飞猛进,爱财集团基本实现对整个用户生态体系的风控管理能力。利用金融科技手段发现新信用的同时,还能更高效地实现风险管理。通过与多家大型风控平台协作,提高数据覆盖广度和交叉验证的正确率，可以甄别风险。接轨全球引入活体检验、人脸识别的等技术，微金融风控持续发力。爱财集团凭借独特的创新理念和技术与多方达成战略合作意向，构建智能风控引擎，共建金融风控生态联盟。

5. 爱财集团的大资管模式

爱财资管平台一端对接合作的消费资产，另一端对接资金的提供者，券商、银行、信托、消费金融公司等多个资金渠道。合作资产的每笔借款信息会实时传送到平台，通过平台的大数据及风控能力给出用户评级，同时根据资产状况对资产进行分级、定价，根据不同资金方对资产的要求，将这些筛选后的优质资产推送给各个金融机构。通过规则和计算实现资产和资产的智能筛选、在线自动匹配，资金实时到账，形成稳定的资金闭环。

6. 爱财集团的战略布局

爱财集团依托其消费金融生态获取的千万优质客户数据，一方面与如中国银行、招商银行等传统金融机构战略合作，使金融机构进驻爱又米平台为用户提供丰富的产品，另一方面又和一些大的风控征信公司进行战略合作，比如和同盾科技建立了互联网风险风控实验室来优化风控模型，增强风控能力。未来爱财集团将打造服务于年轻人、小微企业的零售银行，将长期积累下来的生态和技术优势结合起来，联合金融机构，完善金融供给，共同开拓普惠金融市场。

7. 爱财集团的启示

爱财集团一方面立足用户，利用金融科技将金融服务与用户紧密结合，获取了大量信用良好的优质年轻用户。另一方面，爱财集团通过与银行等传统金融机构达成战略合作，将更多年轻用户纳入征信体系，完善社会信用消费大数据，致力于培养年青一代的信用习惯，完善和优化社会信用体系。爱财集团通过布局金融、渠道、投资、资管四大板块，打造了完善的金融生态体系。同时，爱财集团金融生态的构建使其在数据、技术以及用户忠诚度这三方面建立了强大的行业壁垒。因此，在即将到来的金融科技的激烈竞争

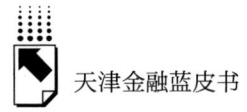

中，爱财已经占据了先发优势。

对于天津而言，一方面应鼓励金融科技公司在天津市设立分公司，鼓励本地银行等传统金融机构与金融科技公司合作，带动全市金融的转型升级；另一方面，天津市须引进先进技术，并将相关技术注入金融领域，带动金融科技的发展。除此之外，为控制金融科技带来的风险，监管部门须设立相关制度和政策有效防范风险。

六　天津发展金融科技的具体对策

（一）从政府视角促进金融科技发展

当前，金融科技领域的确存在一些无序发展的行业现象和监管真空的管理问题。目前，在5000多家P2P平台中，有3000多家停业，正常运营的平台只有10%左右是有证经营。一些伪平台，由于缺乏监管，风险把控丧失，导致多起跑路、集资诈骗等风险事件发生。因此监管部门一直在不断地更新监管规则，规范市场运行。日常监管和风险预警是地方金融机构的短板，北京、深圳、上海率先成为监管科技探索者。天津应充分借鉴各地区、各国家的监管经验，强化自身监管能力。

加强金融科技领域的监管问题，天津市金融工作局在2018年7月与蚂蚁金服合作，利用科技让监管"提早识别风险"。助力地方金融监管和科技创新，以及对金融风险的系统性防范，为金融监管部门预留更多的处置时间。金融科技和监管科技就像是"矛"和"盾"，二者不能此长彼短，但目前来看，监管科技发展要比金融科技相对滞后一些。除金融工作局在金融科技领域强化监管之外，还应充分发挥金融稳定发展委员会和金融科技委员会等监管团队的对外指导和对内协调作用。对外积极与企业沟通，掌握市场发展动态，了解金融科技企业对监管的诉求，增强机构对监管制度的理解。建立与其他国家监管机构的联系制度，通过合作开展新技术应用研究、定期举办圆桌会议、输出和引入先进技术、协调开展跨境业务监管等方式，加强监管机构间的沟通交流，致力于推动天津、全国、全球金融科技风险治理。对内做好与内部监管部门的协调和联系，及时反馈市场最新动态及监管缺陷，修订现有监管指引，推动建立协调、统一的监管框架。

但互联网金融具有不对称性、快速扩展性及跨区域等特点，除了中央监管之外，还需要委托天津各个区、县的金融机构监管，包括各区、县的金融局、金融办等。是否有可能实现"统一行业监管+地方金融办配合"的模式，把跨区域的行业监管集中统一到中央监管或者是中央监管的派驻机构。例如对小贷的监管，权力可以下放到地方，但是一旦涉及跨区域业务，就要纳入中央监管，或者禁止其跨区域业务。地方政府监管在风险处置上有自己的优势，包括公检法等方面的配合等，但是同时需要考虑到，鉴于这些业务的跨区域性、不对称性和快速扩散性，把全部的监管职责落实在地方政府会超出其能力和资源的承受程度。若能实现中央统一监管，基于当前越来越集中的信用信息包括银监系统、人民银行等各种信息系统，实现信息交流交互，其优势明显大于地方政府监管。

2018年，国务院在《进一步深化中国（天津）自由贸易试验区改革开放方案》中明确，探索建立公共信用信息和金融信用信息互补机制，加强金融信用信息基础设施建设，同时可大力发展金融科技，并加快对区块链技术与大数据技术等研究与运用。

（二）从企业视角强调数据治理

天津互联网金融平台较为成熟，应着力强化企业与科技、技术的有效结合。首先，加强企业的规划布局，加强金融服务创新，防控金融风险。努力打造硬科技孵化器，为主体开展提供关键技术、行业标准、知识产权和专利研发，统筹推进金融市场基础设施的建设。在金融科技应用场景方面大力推进示范应用，围绕智能征信、智能风控、供应链金融、监管科技等金融科技重点应用领域，支持企业开展技术和场景相结合的示范应用。

其次，提升企业的综合能力。一是自律。互联网金融这一新兴产业需要有自我克制的能力，需要行为边界、业务边界和外部约束机制让其保持定力。二是活力。需要处理好规范与发展的平衡问题，在一定边界范围内保持活力，在创新与风险之间取得平衡。三是耐力。目前，中国在金融科技领域具有引领世界的势头，天津作为我国四大直辖市之一，拥有环渤海、京津冀一体化发展等优势，唯有培养好耐力才能让金融科技行业行稳致远。这就需要政、产、学、研形成共识，需要明晰监管规则，建立包括标准制定在内的话语权。四是动力。文化、情怀、价值观需要保持一致。如果金融创新都是以套利为导向，而不是为社会提供服务，那么金融科技就失去了存在的意义，也就不能实现可持续发展。

再次，企业还需加强数据的治理能力，鉴于现在的数据大多数是孤岛式、分割式，不同企业都有各自的数据，且自身的数据分散在各自系统当中，有的证券公司有一百多个系统，很多系统之间的数据格式不一致，虽然有数据仓库，但是数据没有办法有效统一，导致大数据应用没有落实到实处。对于金融科技企业而言，发展金融科技最重要的实际上是数据处理，在大数据时代，数据具有生命周期，数据的生成、交换、应用等都需要一个规范，需要制定行业数据模型，通过行业数据模型的制定，来达到数据适合和类型的统一。而治理数据的推进思路大致应遵从三点：一是继续研究优化行业机构数据治理的组织架构；二是加强行业数据治理的技术标准的制定工作；三是继续推进行业数据逻辑模型建设，完善基金公司、期货公司、证券公司的逻辑模型编制等。

最后，在技术创新和人才培养方面大力发展金融创新。现阶段，行业内部缺乏懂技术又懂业务的复合型人才，新技术发展也处于初级阶段，很多东西现在正处于研究过程中，不够成熟。

（三）从银行等金融机构视角发展

随着金融科技的迅速发展和互联网金融的深入人心，银行的金融科技战略逐渐成为银行转型的关键所在。实现银行金融科技化发展需要以构建

"科技银行"为目标,从转变发展理念、培养创新能力和引入新兴科技、创新服务模式两个维度出发,使战略转型与战术调整统一,促进银行服务模式由传统执行式向交互式转变。在 2018 年中国金融科技发展论坛暨第二届中国金融科技(金领航)颁奖典礼上,兴业银行凭借在金融科技领域的创新实践和突出表现,获得卓越金融科技银行奖。该行始终坚定奉行"科技兴行"战略,在金融科技的浪潮中执守金融本源,主动拥抱大数据、云计算、人工智能等新科技手段,加快推进数字化转型,持续提升金融资源配置效率和客户服务水平,助力经济建设和满足人民美好生活的需要。天津市各个银行也应借鉴兴业银行的发展战略,主动顺应新兴金融科技发展,不断拥抱新技术,积极推进网点智能化建设,广泛布设智能柜台,且加强与其他银行为中小金融机构和客户提供涵盖支付结算、财富管理、科技输出、资金运用、融资服务、研究咨询等的综合金融服务,除了与机构业务合作共赢之外,还可以与业内领先科技公司积极开展合作,争取在人工智能、金融云等方面开展深度合作,共同创建数字化智能银行。

天津金融机构科技开发和创新能力与北京、上海、深圳、广州四大一线城市差距较大,且研发力量注重解决当前业务问题较多,投入未来创新发展相对较少。新形势下,金融机构要拿出一部分研发力量,紧跟金融科技发展前沿,持续学习掌握前沿技术,选择一些重点领域,开展具有一定超前性的创新研发,结合金融机构的品牌和基础设施优势增强竞争能力,通过加强"内部研发"和"与金融科技公司合作"来落实创新。面对众多新的闯入者和扑面而来的金融科技浪潮,金融机构必须采取应对之策。在推进金融科技发展战略过程中,金融机构会面临三方面的挑战:一是改变金融机构现有技术和系统面对较大阻力;二是新技术创新应用的速度难以适应市场需要;三是金融科技人才和相应企业文化缺乏。利用自身力量,加强重点领域金融科技研发。

加强创新管理能力。当前大数据、云计算、人工智能等数字技术正不断取得新的突破,金融市场快速变化,金融需求日益多元化、复杂化等新的挑战随之出现。金融从业机构应该与时俱进地对治理结构、管理模式、技术合

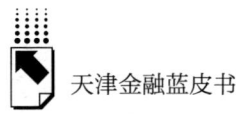

作方式进行适应性调整，推动金融科技创新可持续发展。秉承开放共赢精神，加强与金融科技相关企业的合作。金融机构要学习开源、开放的互联网文化，在加强自身人才培养和技术储备的同时，坚持开门创新。一方面，要勇于开放一些自身的数字化资源。这方面国外已经有一些先例。例如，德国Fidor Bank建立了一个专门的带有一定开放性的应用接口（API）并加大金融科技投资力度。融入金融科技浪潮风险投资一直是金融科技初创公司融资的主要途径。

B.12
资管新规下融资租赁的发展战略重构与对策分析

石振宇 倪鑫*

摘 要： 融资租赁是中国在改革开放后吸收外资的手段，中国的金融租赁行业先后经历了"繁荣—泡沫—矫正"，现在进入了一个发展的新时期。在经济"新常态"下，大力发展金融租赁业，促进产业结构的升级和转型，对促进经济的持续健康和稳定的发展有重要的实践意义。金融租赁支持实体经济发展的本质，就是优化金融资源的供求矛盾，解决中国金融租赁业支持实体经济发展问题，完善社会流动资金的配置。资管新规影响融资租赁发展的战略重构，对融资租赁的发展具有重要的意义。

关键词： 资管新规 融资租赁 战略重构

一 我国融资租赁发展：现状、问题与风险

（一）中国融资租赁业的发展历程

融资租赁是自中国的改革开放时期开始使用的吸收外资的手段。经过

---

* 石振宇，天津财经大学博士研究生，研究方向为金融周期；倪鑫，天津财经大学博士研究生，研究方向为国际金融。

中间的危机和行业的整顿，融资租赁业在中国逐渐发展，为了提高企业设备的更新力度和投资的扩大，谋求融资的便利。租赁业因中国的国家政策的变化而产生了一定的改变，但是租赁业的"融资+融物"的特征对产业资本和金融资本的对接有帮助。下面梳理融资租赁在中国发展的各个阶段的变化。

1. 起步发展阶段（1980~1987年）

1980年，中国国际信托投资公司为一个国有纺织企业引进纺织机械生产线。1981年中国和日本合资的第一个金融租赁公司成立，这是中国第一家融资租赁公司。第一驾波音747-800飞机租赁是融资租赁业发展的开始。

改革开放初期，中国的计划经济体制色彩依然浓厚，融资租赁业也受到影响。因此，各种各样的融资租赁公司的注册和业务往来都需要明确的政策指示。中国的租赁业是改革开放初期在相关法律空白的情况下，靠政府对外资及其信用政策的支持和吸收迅速发展起来的。自1988年起，共引进外资17.9亿美元，设立了24家租赁公司。

就融资租赁的对象来看，我国的租赁业务主要是轻工业的生产设备，由于当时社会和政府对融资租赁业缺乏认识，租赁公司对政府的依赖很大。租赁公司的经营不佳，政府的补助额度大。这个行业的内部风险被隐藏着。计划性经济寻租监管，租赁公司变相套取资金进入房地产等业务的现象时有发生，这与政府设置租赁公司的初衷相悖。

2. 风险暴露阶段（1988~1998年）

自1988年以来，中国政府致力于经济体制改革。原经济主体由政府担保的金融机构向市场化、独立化、自负盈亏的方向转换。最高人民法院明确表示，政府机关不承担担保义务。由于政府不再担保，金融租赁公司资金的来源受压缩，地方的租赁公司被迫通过高利贷维持运营。但是，由于提高资金成本，租赁业的收入也被压缩了。由于经营粗放，大量租赁公司拖欠租金，金融租赁业进入整理整顿阶段。

1993年，随着中国融资租赁业的会计改革，租赁业的税收优惠政策逐渐消失，1996年的税收法规调整以后，减缓了租赁业的下跌倾向。1995年，商业银行法明确表示，商业银行不能介入租赁业。这也导致有关银行退出租赁行业。受各种因素的综合影响，租赁业的渗透性逐渐下降，金融租赁业发展状况的低谷出现在1999年。

3. 行业整顿阶段（1999~2000年）

该阶段融资租赁的发展进入了国家立法阶段。融资租赁业的发展逐渐引起政府相关部门的重视，国家出台了奖励企业融资的相关法规，如税收优惠政策等陆续出台。但是，中国的融资租赁相关制度是在这个时期逐渐设立的，此时业界整体仍处于彷徨的状态，整体的融资规模不比前一时期有所发展。

1999年6月，中国人民银行邀请融资租赁业的国外专家举办金融租赁业的发展和挑战课题的研讨会。在这次会议上，中国的租赁行业首次接触到租赁业的发展阶段理论以及四个支柱理论等融资租赁业的相关专业理论。对融资租赁行业发展的分析，中国此后以四个支柱的理论为中心，发展金融租赁相关规章制度和政策措施。2000年，中国人民银行出台的金融租赁公司的管理方法，对金融租赁业的风险以及风险控制做出相关的说明，使租赁业有法可依。在这个过程中，巨额亏损的融资租赁公司通过破产、收购、重组等方式使整个行业逐渐规范化。

4. 调整建设阶段（2004~2007年）

在1997年亚洲的金融危机之后，中国金融体制改革的步伐逐渐加快。但是，金融租赁业的发展在商业银行发展之后。2006年，财政部和中国人民银行对租赁业的会计标准和融资租赁业可能面临的风险进行了相应的具体分析，使国内的融资租赁行业和国际融资租赁行业接轨，融资租赁业相关的会计处理更加透明化。这在某种程度上促进了国内融资租赁行业发展的国际化进程。2001年和2005年商务部修订了租赁行业的相关管理方法。2004年商务部对外资租赁的试点项目进行相应开放，使得中国运用外资有了更加顺畅的路径。虽然是租赁业的重新调整，也必须付出制定租赁业的规则所付出的成本。经过调整和探索，中国的融资租赁行业的相关制度规范建设也呈现越来越好的发展和转变。

5. 全面发展阶段（2007年至今）

随着中国金融租赁的法律制度和法律环境的趋好，并且有从中央到地方的大力支持，中国的融资租赁企业快速发展。2007年1月，银监会开始允许商业银行和大公司进入融资租赁业，扩大融资租赁相关业务范围，拓宽融资租赁资金的来源渠道。中国的国有银行作为第一批的试点单位，分别设立了各自的子公司，开展融资租赁的相关业务。此后，2008年，国家政策性银行和国家开发银行分别设立了相关的融资租赁公司。中国商业银行进入租赁业时，扩大租赁业的融资来源，融资租赁公司依靠银行的优势发挥了融资租赁的经济效益。另外，2009年，商务部把外资的租金的审查权下放，使租赁业整体发展更加繁荣。2007年以来，中国的租赁业受到国家的优惠政策促进，在金融危机后快速发展。

（二）中国融资租赁发展过程中存在的问题

改革开放初期，大型机械设备与融资租赁进入中国。在三十多年的发展中，中国的金融租赁行业先后经历了"繁荣—泡沫—矫正"，现在进入了一个发展的新时期。中国的金融租赁业的初衷是引进外资并利用，改革开放初期有特别的意义。但是，发展路径的不确定性给中国的融资租赁业的发展带来了强烈的政策性波动。经过业界的完善，2007年银监会出台《金融租赁公司管理方法》后，中国各种融资租赁公司的规模不断扩大，业务规模也急速扩大。但是，中国融资租赁业的发展还有很多问题，经验也不足。

1. 监管制度的缺失制约了行业的稳定和发展

融资租赁作为新的金融行业，监管制度还比较缺乏，这在很大程度上影响了融资租赁行业的发展和稳定。此外，中国的金融租赁的行业具有监督和管理不一致的问题。例如，在三种金融租赁公司中，银监会监督和管理金融租赁公司，内资和外资的金融租赁公司的建立和经营受到商务部的监督和管理。外国投资企业和内资企业的自律机构分别由外国投资企业协会的相关租赁业委员会和中国融资租赁企业委员会监管，这是管理需求方面的差异。当前，关于国内融资租赁业的法律法规也非常缺乏，适合的法律和法规也没有体现在其他相关的法律的规定中。租赁物权登记的最重要的制度还非常欠缺。这种状况和中国金融租赁业的快速上升对比明显。随着行业的发展，其他法律规定不能满足企业开展相关业务的需求，同时也引起了大量的法律纠纷，严重影响行业的发展和稳定。

分析中国实际，融资租赁仍然是避免信用限制或获得银行的贷款的方式。因此，应把融资租赁的企业转变为真正的"影子银行"，售后市场的租赁业务和商业银行的抵押贷款的运营模式和风险的管理都相同。融资租赁进行营销，根据信用标准进行。在租赁业务中，融资租赁的"类贷款"业务占了相当大的比重。

在中国一部分地区的金融租赁市场，融资租赁业务几乎所有项目和资金都来自托管银行。租赁企业将贷款项目转化为租赁项目，但银行对此租赁项目却没有追索权。在中西部大部分地区，融资租赁与拍卖和典当混在一起，融资租赁的核心概念、营销的相关的理念和真实的价值还不清楚。例如，在中国上千家的金融租赁公司中，位于东部城市的超过90%，但在中西部地区很多城市，甚至包括很多省会城市，至今没有金融租赁公司。很多中小企业面临财务困难时甚至寻求高利贷来摆脱困境，但从来没考虑通过融资的手段来解决企业的资金流动问题。

2. 行业的结构与区域的分布相对失衡

在中国金融租赁业的发展过程中，产业内部结构和地区分布的不平衡不仅损害了融资租赁业自身的发展，还制约了实体经济的稳定发展。2015年，中国融资租赁公司的总增长率基本上达到了104.7%。中国融资租赁公司的业务总量的增加比注册公司数量的增加更少。通过调查发现，大量的租赁公司进行注册投资，大量的租赁公司已经注册。实际上，空置率还是非常高的，很多公司并没有开展相关业务，公司成为套现的工具，新公司业务的增长特别慢。通过分析发现，内资和金融租赁的平均合同的余额上升。但近年来，外资的融资租赁公司的平均合同余额正在下降。租赁公司的平均合同余额下降，中国对外贸易和跨越国境的租赁业的发展停滞，应该引起监督和管理部门的高度重视。

另外，中国的金融租赁业的发展存在严重的地域性。东部发达地区，融资租赁公司数量多，中西部地区金融租赁公司数量少，或者也可能是东部地区的公司在中部地区和西部地区开展的相关的租赁业务。近年来，天津金融租赁业的发展相对而言是最快的，北京、上海、珠江三角洲也在快速的发展当中。这是由于东部地区的相关优势，中西部经济发展相对落后，融资租赁业务开展较为困难。2015年底，天津、上海、广东三个地区的2821家融资租赁公司占中国金融租赁公司总数的62.58%。而且，上述三地融资租赁公司的注册资金超过了9100亿元，占全国的60.19%。东部经济发展相对较快，融资租赁公司分布比较密集，中西部的经济发展相对较慢，融资租赁公司分布较为分散。融资租赁业务在很多地区没有得到充分的发展，各种新的融资方法很难启动。

3. 业务模式相对单一与融资渠道趋于集中

自2007年中国金融租赁有限公司成立以来，中国的融资租赁业基本上以售后租赁为主，其中直接融资和经营租赁的比重很小。租赁交易结构的本质是售后回租，这与银行的信用贷款比较相似。金融租赁公司的业务员基本来自银行，业务经营比较熟悉，客户使用自己的设备租赁实质上是抵押贷款。从融资观点来看，这种售后回租的方式可以产生规模的效果，有利于资金的快速周转，这也是国内外租赁受欢迎的原因之一。

中国租赁业务本质上是抵押贷款，其原因有三个。第一，监督和管理部门对租赁、非法集资之间的区别认识不够。第二，相关的实体经济对租赁的认识也是不够的，业务的开展以银行的贷款为主。第三，对租赁资产登记权利的管理缺乏一定的和必要的法律规定，回租业务可以回避中标的风险。

租赁模式在发达国家较为成熟，如委托租赁、杠杆租赁、联合租赁、项目租赁等。在中国，许多租赁模式的发展实际上很难推进。租赁业在中国处于一个比较简单的阶段。这样，中国的融资租赁有简单化的问题。考察中国金融租赁业的经营模式，业界之间的竞争激化、各企业间的租赁业务均质化、租赁公司之间的客户争夺是成本上升的问题。

从融资渠道来看，中国的相关金融租赁企业90%以上的外部资金来自银行的短期贷款，可能造成贷款的期限和租赁业务的不一致。另外，短期贷款是为了支持长期资金业务难以应对的企业资金流动性困难。资产和负债期限的错配问题是融资租赁企业相关业务中最严重的问题。融资租赁企业的租赁业务以中长期为主，几乎都是3~5年。例如，飞机、船舶等大型设备的租期已经超过10年。进一步分析发现，融资租赁业务的相关收益不存在承租人的信用风险，但资金的错配会扩大不确定性。在经济运行上升的时候，融资租赁企业的融资效率随着经济的增长而上升，合同期限长的业务将会发生收益的倒挂。但是，在经济下滑的周期，融资租赁公司面临如何处理租赁资产的问题。此时，转换资产的难度很大，非常容易导致租赁公司破产。

（三）中国融资租赁行业发展过程中存在的风险

1. 基于金融属性的相关视角融资租赁具有的风险

融资租赁作为新的金融业态，具有金融的本质属性。因此，融资租赁在发展过程中存在类似金融业普遍存在的相关风险，如不良资产风险以及信用风险和法律风险等，而且由于外部环境和内部环境的不确定性，导致融资租赁发展的不确定性，也会影响整个金融系统的稳定。

（1）信用风险

由于中国融资租赁相关行业发展不健全，售后业务的比重较高，所以中国的融资租赁业与银行信用相似，信用风险已经成为融资租赁业最重要的风险之一。首先，对于融资租赁业务的风险控制没有自主风险评估相关机制。其次，复制银行的贷款方式。和商业银行的贷款审核一样，在这个过程中也不可避免地存在同样的风险，类似流动性风险以及操作风险等。但与银行相比，租赁公司的事后监督和管理特别重要，银行对客户采用属地管辖规则，对当地的环境、经济状况、决策、法律法规有明确的了解。法律法规和信息的非对称处理更容易，可以立即控制信用风险。租赁相关的业务一般的期限是3～10年，其中3～5年期限的业务占比较高，属于中期或长期贷款。在银行贷款业务中，除了长期贷款以外，主要的信用业务集中在一年内，票据和其他融资比较少。通过短期融资，银行可以及时进行风险控制。长期租赁贷款在这个过程中带来了很大的不确定性。这种不确定性基本是租赁风险的主要来源，企业从租赁行业的项目中撤退相对而言也比银行困难。

事实上，从对相关法律风险的分析与考察可以看出，融资租赁的监督、税收、会计与法律密切相关。以目前最受关注的财税政策的营改增为例，国家税务总局和财政部于2013年在不同行业中进行了试点，对售后回租的影响比较大。原来的相关政策和措施鼓励融资租赁业的成长，2013年的财政和税收政策相反，在租赁业中征收相对而言更多的增值税。通过融资租赁业的及时反馈，这个政策被修正了。

中国相关政策的原意是使融资租赁业返回本质，但由于回租与贷款之间存在套利的空间，有隐性损失。在这个过程中发生的损失，不能量化评价。

（2）不良资产风险

根据融资租赁本身的相关特征，租赁公司的投资以及融资方式与商业银行的差异不大。中国的租赁交易的结构以回租为主，占比也较高。随着租赁业务的发展，融资租赁相关行业的不良资产的相关风险越来越重视。

现在，融资租赁的交易并没有完全融入中国信用系统的建设，即使是银监会管理的金融租赁公司，内部的风险管理也基本没有达到商业银行的管理水平。针对其管理的缺陷和其他干扰因素（业界的竞争、股东对管理层的一些评价、银行的一些评级因素等），租赁公司通常采用隐藏自己缺点的方式。第一，改变现有的一些还租方式，用新的业务冲抵原有的一些业务。第二，采用下游的客户直接冲抵的方法等。通过这些风险资产的隐匿方式，单一的租赁公司相关的坏账的比例是极低的，这实质上是一个"庞氏诈骗"，使这些不良资产的风险不被暴露。

(3) 监管和法律的风险

融资租赁业基本上处于受到多种监督和管理状态，租赁公司都会受到不同的监督和管理。外资租赁公司适用《外商投资租赁业的管理方法》和《融资租赁管理方法》，金融租赁公司适用《金融租赁公司管理办法》，内资租赁公司适用《融资租赁管理办法》。上述规定对三种融资租赁公司的设立规定有很大的不同。外资的金融租赁公司、金融租赁公司、内资金融租赁公司对注册的资本要求分别为1000万美元、1亿元、1.7亿元。租借项目的范围也有相应的规定，金融租赁公司为固定资产，外资型的则是动产和飞机以及汽车还有船舶等。2013年3月，商务部对《外商投资融资租赁公司管理方法》进行了变更和补充，取消了1000万美元的海外租赁公司注册的基本要求。房屋以及仓库还有房地产和相应的附属物等在租赁相关范围内增加。

法律环境方面，融资租赁的相关立法是比较缺乏的。一旦有纠纷发生，当事者的利益无法保证，例如租赁物的登记等。租赁合同中，租赁物的所有权与使用权是相分离的。如果承租人把租赁物转让给第三人，《合同法》则是优先第三方的权益保护，出租人会遭受到一些损失。1996年出台的《关于审理融资租赁合同纠纷案件若干问题的规定》和1999年《合同法》则相应地设立了"融资租赁合同"补充融资租赁相关交易的法律和法规。但是法律和法规仍难以满足融资租赁实践需求。面对新矛盾和问题，有效的法律性支持很难形成。中国融资租赁业的快速发展，最高人民法院也相应地完善法律环境。2014年出台的《关于审理融资租赁合同纠纷案件适用法律问题的解释》对租赁合同纠纷适用法律问题进行说明，对融资租赁纠纷的新问题进行说明。

全新司法解释的引入，某种程度解决了之前法律不完善，司法机关对融资租赁问题引起重视。但是，其规定仍然也有不合理的地方，对行业国际立法认定的贸易规则和理念在一定程度上有违背，如对不动产是否纳入融资租赁标的物未有明确的指示，司法解释等条款对相应的观念认知不足。这可能带来融资租赁业的潜在风险。

2. 基于融资租赁交易各方的风险考察

融资租赁作为一种较为创新的金融服务，在业务模式上与传统金融业务之间存在非常显著的差异。进一步分析与融资租赁各方参与融资租赁的风险、融资租赁交易各方之间的关系可以看出各交易链的不确定性构成了融资租赁发展的风险。由于链条较为复杂，因此，交易双方之间的一些风险也会相应地扩大，导致风险乘数效应。因此，在本部分中，对融资租赁行业的一些交易主体进行了分析，并分析了租赁业务中的各种风险来源。

（1）来自承租人的风险

信用风险是承租人面临的主要风险，是指债务人或承担人不履行合同对资金和资产（指主要的租赁的标的物）造成损失的可能性。因此，承租人的风险基本上主要有两个，一个是租赁物，另一个是资金。租赁物的风险，即物权的风险，主要是通过两个方面表现出来的。承租人运用信息的不对称性对出租人进行欺骗，隐藏出租人对租赁的标的物进行的处置。当前，中国对不动产制度的建设正逐步完善，租赁物权登记的一些问题在一些地方开始试点，原因是租赁的对象主要是以设备为主的一些不动产。还有承租人违约的相关问题。由于"融物"的作用，融资租赁也是把"双刃剑"。如果承租人违约，那么租赁物权的回收也是不确定的。但是，由于相关的法律在一定程度上的缺乏，20世纪90年代中国在融资租赁发展中存在很多的问题。政府担保和银行的撤离，导致承租人大量违约，租赁业的信用风险越来越大。各地的融资租赁业的发展也十分缓慢。

（2）来自供应商的风险

从供应商的角度来看，融资租赁业的风险基本上有两个主要的方面：一是所有权无效的相关问题，二是供应商的欺诈风险。根据融资租赁的特征，租赁物的各方的权益归属不同的个体。无效的所有权问题是租赁公司面临的法律风险和税收风险。根据租赁业的节税的功能，如果出租人失去租赁财产的所有权，就不能再拥有税收的相关优惠。这是因为在中国的回租的比例是很高的。另外，不难理解供应商的欺诈风险，主要是信息在一定程度上的不对称。租赁公司按照承租人的要求购买相应的设备，通过设备的采购，造成出租人以及承租人和供应商的信息的不对称，使出租人处于不利地位。

(3) 来自投资人的风险

融资租赁公司其自身也是企业，在这个过程中，主要有流动性的相关的风险。中国金融租赁公司的融资结构在很大程度上依赖于银行的信用。租赁业务大多数属于中长期融资方式。由于这种结构，租赁公司的发展在客观上受到"借短贷长"的制约，这是造成流动性风险的主要的原因。

为了进行更深入的考察，必须扩大融资路线，否则流动性风险会更加激化。这个时候，融资租赁公司的融资风险主要是资本效率，与资金有关的融资成本与其效率有密切的关系。融资成本和资金效率风险的主要原因是租赁业租金的定价机制。除对设备价值和市场利率考虑外，对设备市场和金融市场预测，以及设定合理的对冲完全有必要。商业银行的贷款利率的不确定性、租赁费支付和银行还款之间的时差也是流动性风险。相关流动性不足，融资租赁业的融资成本增加。

(4) 来自出租人自身的风险

就出租人而言，出租人自身的风险有三种：一是融资租赁本身的风险；二是租赁业务的风险溢价；三是担保人存在的风险。由于融资租赁业本身的风险是出租人的能力有限，所以出租人在选择行业时一定谨慎，在自己的能力范围内选择行业，不参加所有行业的业务。当出租人选择了错误的行业，该行业会失去自己相应的优势，造成企业的损失，从而带来一定的风险。在交易性质的操作中会出现风险的溢价。此外，双方在交易中签署的合同决定了承租人不对剩余价值负责，这意味着出租人承担相应的风险。因此，出租人的资产估值要尽可能合理。如果有偏差，租赁设备的套利空间可能会带来出租人的风险。出租人应该正确地估计租赁物的价值，对市场发展预期，这样可以有效地抑制相关风险。

二 资管新规下我国融资租赁的新发展

（一）我国资产管理业务存在的问题及对应新规约束

1. 刚性兑付

我国现有的资管产品模式大多是预期收益率，产品价值变化无法及时反映基础资产风险，投资者并不了解自己所需承担风险的大小。而金融机构创造的投资收益也有相当一部分成为管理费或是直接转为中间业务收入，不会流向投资者，自然无法要求投资者为风险买单。刚性兑付可能会滋生不公平竞争，银行成为风险最终的承担者。

鉴于此，《关于规范金融机构资产管理业务的指导意见》（简称资产新规）规定金融机构需对资管产品做净值化管理，净值生成必须遵循公允价值原则，即应及时反映基础资产风险与收益，使投资者明确自身要承担的风险，与此同时摒弃投资收益超额留存的旧方法，要求除去管理费的投资收益全部归属投资者。在新规中同样有了对刚性兑付的明确界定，如违背公允价值原则的保本保收益、通过滚动发行转移收益、自筹资金或代为偿付等。自然，新规也不会缺少对刚性兑付机构的惩戒手段，如持牌的存款类金融机构须足额补缴存款保险基金与存款准备金，对持牌的非存款类机构进行行政处罚。

2. 投资非标准化债权类资产

非标准化债权类资产大多是一些金融机构推出的资管产品的投资方向，具有影子银行的特点。该类产品流动性差、透明度低，对资本约束等监管规定进行了规避，资金部分流向了限制性领域，多数并没有在社会融资规模中被统计到。

为此，资管新规要求非标准化债权类资产若是被资管产品投资，必须遵循监管部门流动性管理、风险准备金规定、限额管理等标准细则，从而降低影子银行风险，收缩实体经济融资链条，减少实体经济融资成本，避免资管业务等同于变相的信贷业务。此外，强化金融为实体经济提供支持，就要继续推动金融体制改革，增加直接融资比例，大力发展多层次资本市场，完善宏观审慎与货币政策的"双支柱"框架体系。

3. 流动性风险

部分金融机构在开展资管业务的过程中，运用分离定价、集合运作、滚动发行的手段来运作筹集资金。将所募集的低价、短期资金投进长期的股权或债权项目，增加了产品的流动性风险，一旦后续资金无法正常募集，流动性紧张的问题就很容易显现。

针对流动性风险，新规命令禁止资金池业务，并在单独核算、单独建账、单独管理这"三单"管理的基础上，要求强化久期管理，规定封闭式产品期限最短不能少于90天，管理费率要依据产品期限而设定，期限越长，则应该有越小的管理费率，扭转资管产品的期限过短的现状，降低期限错配与流动性风险。

4. 资本和风险准备金计提要求不统一

资管产品对于金融机构来说是一项表外业务，投资者需要自己承担其中的投资风险。不过诸如操作风险还有另外一些风险可以通过采用一些措施来规避，因此，这就有风险补偿机制的存在价值了。风险准备金可以被提前计提。如今，因为行业的不同，风险准备金甚至是资管产品的资本总额都是不尽相同的。

在现有的对各行各业计提风险准备的规定下，资管新规又做规定，金融机构所计提的风险准备金额总数应是该项资管产品所有的管理费收益的10%，当然也可以对操作风险的资本抑或是相关的风险资本准备来做计提。有一种不再提取准备金的情况就是产品余额的1%等于风险准备金的余额。风险准备金的作用其实是对操作失误、技术故障、违法违规等行为对投资者或者资管产品的资产给予一定的补偿。财政部负责制定关于计提的规则与要求。不过例如信托公司，并不在需要计提风险准备抑或是缴纳操作风险资本的机构范围内，这就需要金融监管部门做出明确而又具体的细则来填补这个漏洞。

5.加杠杆

一些资管产品有严重的加杠杆倾向,催生了资产价格泡沫,对股市、债市均有很大的负面影响。对于资管产品来说,它的杠杆共有两种:一种是负债杠杆,就是产品在募集完成后,用质押回购、拆借等负债的方式来提高投资杠杆率;另一种为分级杠杆,其实就是把产品按照优劣进行份额的级别划分。除此之外,同样需要关注部分持有人用债务资金买入资管产品的加杠杆行为,当然还有人把手中的资管产品份额直接进行质押融资,此种情况同样需要关注。

针对负债杠杆,新规将私募与公募产品的负债比例上限分别定为200%与140%,分级私募产品达到了140%。为了让真正的负债情况得以体现,新规规定对单个产品计算总资产的时候,要围绕穿透原则,将资管产品的资产总值进行合并计算。为了对加杠杆加以抑制,从而减少资产价格泡沫,同时,新规还规定公司如果有过于高的资产负债率就不能够再投资资管产品了,个人也不能以向银行贷款的方式来对资管产品进行投资,因为此时用的是非自由资金。持有产品的人不可以用手中的产品份额做质押进行融资。

6.多层嵌套和通道

一些资管产品经过层层嵌套后,不仅使产品愈发复杂化,更使得资金链条被拉长,使资金不断空转,提高融资成本的同时也使得底层资产与风险不容易被穿透,埋下巨大风险隐患。

针对此种情形,资管新规要求监管部门对开展资管业务的金融机构实施平等准入,提供公平待遇,取消对不同类型机构设置的准入障碍,使本行业机构市场与其他监管部门的金融市场在产品投资方面可实现双向自由。此外,针对多层嵌套与通道业务,新规做了严格的规定,即通道只保留一层,已被投资的资管产品不可再转而投出,任何金融机构为资管产品提供的通道业务都不可规避杠杆与投资范围约束的监管限制。

(二)资管新规对融资租赁行业的影响

2018年资管新规一经出台,便在金融市场引发轩然大波,加强对资金供给端的监管、穿透核查、打破刚兑、去杠杆等成为金融监管主流思路，整个金融行业受到重大冲击。对属于类金融企业的融资租赁公司而言，其影响主要体现在融资渠道与融资成本对于租赁项目投向的反作用。

资管新规明确了资金投向的总体要求，即"引导社会资金流向实体经济，更好地支持经济结构调整和转型升级"，鼓励投资"国家重点领域和重大工程建设、科技创新和战略性新兴产业"，"一带一路"建设、京津冀协同发展等领域。鼓励金融机构通过发行资产管理产品募集资金支持经济结构转型和降低企业杠杆率，"不得直接或者间接投资法律法规和国家政策禁止进行债权和股权投资的行业和领域"。因此在租赁项目选择上，融资租赁公司未来也须顺应国家产业发展政策，积极拓展节能环保、清洁能源等鼓励类重点行业。

资管新规第21条提出要"消除多层嵌套和通道"，"金融机构不得为其他金融机构的资产管理产品提供规避投资范围、杠杆约束等监管要求的通道服务"。对于融资租赁公司来讲，其自身并非资管产品的发行者，而是通道的提供者，未来通道业务将明显压缩。而针对项目融资穿透核查的要求，租赁项目的投放须更注重承租人和项目自身的资质。第24条提出要"建立资产管理产品统一报告制度。人民银行负责统筹资产管理产品的数据编码和综合统计工作，会同金融监督管理部门拟定资产管理产品统计制度，建立资产管理产品信息系统，规范和统一产品标准、信息分类、代码、数据格式，逐只产品统计基本信息、募集信息、资产负债信息和终止信息。人民银行和金融监督管理部门加强资产管理产品的统计信息共享"。随着2018年4月9日《关于全面推进金融业综合统计工作意见》（简称《工作意见》）的推出，资管新规中关于"统计制度"的要求正式落地，《工作意见》系首次明确将融资租赁公司纳入统计范围，未来将建立中央与地方之间的金融信息共享机制，通过融资租赁将资金违规投放将受到限制。

2018年3月31日，财政部针对国有金融企业发布了《关于规范金融企业对地方政府和国有企业投融资行为有关问题的通知》（以下简称

"23号文"），从法律基础、合作原则、具体违规行为、约束角度和监管要素五个维度全面梳理了之前出台的系列政策，对国有金融企业在政府投融资项目中的行为提出了具体监管要求，强调平台类项目融资不得绑架地方政府信用，金融机构必须从市场化的角度去评价和参与所有的政府投融资项目。"23号文"的出台彻底斩断了国有金融机构违规向政府平台类项目提供变相融资的途径，国内大型金融租赁公司的平台类项目可能受到直接冲击，对于第三方融资租赁公司来说则将是机会与挑战并存。

三 促进我国融资租赁发展的政策建议

在经济进入"新常态"新的形势下，大力发展金融租赁业，促进产业结构升级和转型，对促进经济的持续健康和稳定的发展有重要的实践意义。解决中国金融租赁业支持实体经济发展的问题。金融租赁支持实体经济发展的本质，就是金融资源的供求矛盾的解决，完善社会流动资金的配置。提出了促进中国金融租赁业的发展的五项政策措施。

（一）增强融资租赁对实体经济的支持力度

融资租赁是新的金融业态，为金融服务实体经济的稳定发展提供了新的路线。在经济"新常态"下，发展融资租赁行业，充分发挥融资宏观方面和微观方面的经济效益，以融资和融物的方式加强对实体经济的支持。为促进供给方面的结构性改革，促进经济的持续的健全稳定的发展提供有力的保障。

1.明确融资租赁的市场定位，引导融资租赁回归其本质

金融的本质就是为实体经济的发展服务，但是在现在的中国金融行业发展过程中，过剩的金融将造成"脱实向虚"的现象，这不仅威胁实体经济的稳定发展，还严重威胁金融业的发展。因此，金融必须履行支持实体经济健康发展的义务。就融资租赁而言，为了保证相关行业的稳定发展和强大，

必须要坚持服务实体的经济本质。并且，根据相关实体经济的稳定发展必须确立明确的市场位置，充分发挥应有的作用。

近年来，中国金融租赁公司的数量也在急速增加，整体的业务规模也呈增长态势，但增幅小于注册企业，行业竞争激化。这些公司的主要目标是占市场份额，扩大公司的规模。这些公司的租赁产品的主要特征就是同质化，以直接租赁或售后租赁为主。客户的区域化程度更明显，营销的产品以价格战为主要基础，创新性比较差。随着融资租赁业的发展，市场规模也在逐渐扩大，顾客的需求和层次日益增多。融资租赁公司意识到要改变经营方法，从以市场份额为主的粗放型管理模式转变为风险和收益平衡的集聚发展模式，平衡良好的质量和利润，金融租赁公司的竞争进入一个新的时期。

2. 加速融资租赁相关业务体系的创新

近年来，融资租赁在中国急速发展，产业规模逐渐变大，金融的作用逐渐出现在金融系统和宏观经济的运行中。而且，必须加快金融租赁的业务体系革新，提高融资租赁业稳定发展的质量，从而为实体经济的稳定发展提供好的服务。

在当前通货膨胀、货币紧缩和金融监督和管理更加慎重的背景下，金融渠道不畅通成为中国金融租赁业的稳定健康发展的最大的障碍。为了维持可持续的竞争力，金融租赁公司就要具备专业的资产管理能力。这是目前中国金融租赁的公司所缺乏的。随着相关业务的发展，融资租赁公司开始分化，机构之间的专门化以及特色化和差异化不断出现。具有先进资产管理能力的优秀融资租赁的公司将获得长期发展的比较优势。

3. 积极发展互联网融资租赁平台

融资租赁业务是中国的经济发展过程中的重要组成部分。近年来，网络现代信息和通信技术的快速稳定发展，为包括金融行业在内的传统产业的稳定快速发展带来了新的挑战与机遇。特别是以国家的"十三五"和中国产业的转变为背景，中国的经济发展变为"互联网+"模式，"中国制造

2025"也成为国家的重要战略。充分利用相关互联网的优势以及便利性和低成本,促进融资租赁的精度以及服务效率,满足实体经济的部门融资需求,不可忽视融资租赁业对实体经济发展的推动。

建立相应的互联网融资租赁平台,为融资租赁公司和承租人提供高效以及开放和平等透明的网络服务平台,实现双方的直接对接。提高沟通的便利性和效率。对于融资租赁企业来说,网络融资租赁平台有助于管理成本的缩减和相关业务的开拓,提高融资租赁市场的渗透性。对于实体经济部门来说,融资租赁的服务渠道被互联网融资平台逐渐扩大,支持的力量也在增加。

4. 提升融资租赁的市场关注和认可

与传统的金融工具如银行信用、保险、债券、股票等相比,中国融资租赁的发展时间比较短。在融资市场中,特别是一些中小企业,对融资租赁认识的缺乏影响了融资租赁对实体经济的稳定和健康发展的支持作用。地方租赁行业协会可以通过统一组织和统一宣传使融资租赁提高中小企业的经济效益以及社会效益。企业在支持实体经济的稳定健康发展的基础上发挥优势,把租赁产品推向市场,使越来越多的企业选择融资租赁的方式。融资租赁行业在中小企业的融资市场中有很大的扩展空间。通过差异化服务的营销,挖掘中小企业的潜在客户。

(二)全面提升融资租赁公司的风险管理水平

作为金融革新的产物,融资租赁在中国仍处于发展的阶段。在国内外非常复杂的经济情况下,多重的金融风险逐渐暴露,威胁着中国金融行业健康稳定的发展。因此,要提高金融租赁公司的风险管理水平,保证行业健康以及稳定的发展,更好地服务于实体经济。

一方面,优化有关金融租赁公司的内部制度。建立相对健全的内部管理和控制制度是对融资租赁企业经营管理的必然要求。租赁公司的内部控制部门通常由项目的评审会和企业的审计部门等构成。租赁业务的前提是建立科学的融资内部控制制度。租赁公司应当建立严格的平衡结构,建立员工的问责机制，规范相关管理。有关决策必须根据规则以及制度进行。所有重要决议内部控制部门都要参加，总经理的集体决定系统执行，一般项目则实行项目管理制度，由项目经理主要负责，参与者共同负责。同时，必须明确职务管理、风险管理以及事前的指标。

另一方面，金融租赁公司应该综合运用各种各样的风险评估政策。中国的金融租赁公司在迅速增长和扩大，不能只强调数量的增加，无视潜在的风险。因此，从风险评估的角度来看，中国的融资租赁公司将加强风险管理的系统建设，综合运用各种风险管理方法，制定规范性的风险应对策略，提高市场经济发展过程中的竞争力。

（三）优化融资租赁发展的制度环境

融资租赁，作为新兴的金融形式，与银行、证券和保险等传统的金融机构相比，整体的发展水平和实力有较大的差别。因此，政府必须从监督和管理以及法律和税收等多个角度来更加有序地推进金融租赁业，为促进经济结构的转换提供良好的服务和支持。融资租赁的运行导致多头监管。对公司来说，必须充分发挥各自的比较优势。在不能统一监管的情况下，各监督部门需要进行法律地位平等的交流。政府在支持融资发展等方面起着非常的重要作用，但是，融资租赁法律法规还很不完善。

2004年3月，要通过实现中国金融租赁业规范化以及标准化，为中国金融租赁业的稳定发展提供制度保障。到目前为止，融资租赁的相关立法已经逐渐成为中国金融租赁业发展的最大制度瓶颈。税收政策作为融资租赁的四个支柱之一，是影响融资租赁业发展的重要因素。第一，明确融资租赁投资抵免政策，进一步明确资产投资的方向，不断促进产品的结构升级。大力推进企业融资的租赁设备的加速折旧，增加融资租赁业的业务比例。第二，建立融资租赁企业坏账准备金制度，提高租赁企业处理风险能力。降低融资租赁企业的税额，加快融资租赁企业的发展速度，为融资租赁业的有秩序稳定发展提供政策保障。

（四）提高融资租赁支持中小企业的力度

中小企业既是降低失业率的主力军也是中国实体经济稳定发展的重要组成部分。解决中小企业的融资困难是对融资租赁业的发展非常有利的一面。长期以来，由于传统观念的影响，中小企业的经营者针对融资租赁中的权利分割认识有限。"购买轻租"的观念烙印很深，制约了融资租赁业的迅速稳定发展。但是，对于很多企业来说，设备的使用价值比占有更重要。因此，中小企业要逐渐改变传统的观念，建立正确的资产配置观念，适应经济和金融发展的新时代。

融资租赁企业由于风险控制等因素的影响，将规模大、业绩好的大企业作为主要的服务对象，对中小企业的融资租赁业务造成很大的障碍。因此，许多融资租赁的公司必须改变传统"二八定律"的观念，建立"长尾效应"理念，充分发挥融资租赁普惠金融的效果。在风险有效控制的基础上，为中小企业提供好的租赁产品和服务。同时，租赁公司不断加强宣传能力，提高专业水平和员工的专业素质。

（五）大力推进租赁资产的证券化

通过与融资租赁公司相适应的资产管理的方式，推进租赁资产的证券化，降低融资租赁公司的资金压力，提高租赁资产的流动性，激活租赁资产。使租赁业更有效地推动实体经济的稳定和成长。金融租赁公司与信托以及证券和基金管理等金融机构合作，可以发行资产证券化产品，以实现租赁业务的扩大。一般来说，融资租赁的资产负债表使表外融资更加快捷，还将充分地解决融资租赁公司的融资等问题。对于金融租赁公司来说，租赁资产的证券化不仅能迅速地实现资金的回收，而且使融资的作用有效运行，提高企业的信用度等。

中国仍然需要健全租赁资产证券化的市场环境。要加强资产的证券化的基础建设，通过构建优先权益登记系统，有效披露资产的证券化过程中的基础资产的各项权利，健全资产证券化的法律以及税收制度，不断促进融资租赁资产证券化的稳步发展。

B.13
京津冀区域的科技金融协同发展研究

刘玚 杨春波*

摘　要： 随着科技不断进步，经济不断发展，科技金融已成为经济增长的新动力，以科技的力量推动金融资源配置的进一步优化，提高金融服务效率。目前，科技金融的发展多集中于一线城市，导致周边城市科研人才流失，发展基础不足。因此，应寻求一种区域合作机制，以技术研发、资本运作、成果孵化和规模生产应用的链条式过程促进整个区域的协同发展。本报告通过分析京津冀地区发展科技金融的现实基础及存在问题，提出未来协同发展科技金融的新思路与具体实施路径，以期促进京津冀的进一步协同发展。

关键词： 京津冀　科技金融　区域协同发展

一　京津冀协同发展背景下科技金融的发展空间

现代经济背景下，科技与金融已然成为促进经济发展和带动社会进步的核心动力。无论是当前火热的"互联网金融"还是"大数据""云计算"，其本质仍然是以科技进步带动资源配置的优化和工作效率的提升。而科技水平的提升从技术研发到成果转化的整个过程需要大量的金融资源支持，且这

---

* 刘玚，中国滨海金融协同创新中心研究员，天津财经大学金融系讲师，研究方向为货币政策、区域金融；杨春波，天津财经大学硕士研究生，研究方向为区域金融。

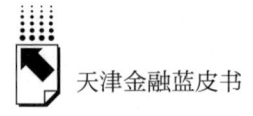

一过程伴随着巨大的风险。尽管科技金融的发展理念已提出多年，但其更多地集中于一线城市，应通过政府财税支持及担保等方式降低科技型企业的融资成本和融资门槛，引导金融资源流向科技型企业。从实际情况来看，仅有很少的城市能够利用本土经济金融的比较优势为科技型企业创造较好的研发环境，但这进一步导致研发型企业和人才过度集中，甚至造成周边城市的人才和资源流失。因此，需要寻找一条能够既提升技术研发效率又能通过合作机制将周边城市和区域纳入协作框架的合理路径，形成技术研发、资本运作、成果孵化和规模生产应用的链条式过程，最终实现区域经济协同发展目标。

京津冀作为我国第一个以国家战略的方式提出的协同发展规划区域，承载了国家对区域经济协同发展的希望，是中国都市圈建设的一个重要试验田。在2015年3月公布的《京津冀协同发展规划纲要》中，三地分别对自身的未来发展做出了明确定位：北京为"全国政治中心、文化中心、国际交往中心和科技创新中心"；天津为"全国先进制造研发基地、北方国际航运和新区、金融创新运营示范区和改革开放先行区"；河北为"全国现代商贸物流重要基地、产业转型升级试验区、新型城镇化与城乡统筹示范区和京津冀生态环境支撑区"。三者的发展定位已经明确了北京作为科技研发的核心地位，但这并不意味着天津与河北无法参与到整个科技创新研发及应用的过程当中，若能充分发挥三地各自的比较优势，必然能最大限度地通过科技金融支撑三地的协同发展，并最终实现各自的发展目标定位。

二 京津冀三地科技金融的发展现状与问题

（一）京津冀科技金融发展的基础

作为科技金融发展的重要载体，高新技术产业园的发展成为科技金融运营的重要参照。而从京津冀三地的高新科技产业园发展情况来看，主要包括以下两大特征。

第一，京津冀三地高新产业园的分布呈阶梯状。具体来看，北京以中关村国家自主创新示范区为核心，总体用地面积达到488平方公里，以"一区十六园"为主要格局，形成多维度高新技术制造业和战略新兴产业带，充分发挥高端产业的集聚效应。截至2017年，国家级高新技术企业15900余家，中关村高新技术企业超过20000家。这些企业中包含了先进制造业、生物工程、新能源与高效节能技术、新材料及应用技术、电子信息、环境保护及新医药等，几乎囊括了所有高端技术研发企业的种类。天津以滨海新区为核心，形成了"一区二十一园"布局的国家自主创新示范区，总用地面积达到245平方公里。截至2017年，天津市级（省部级）高新技术企业3265家，且在天津多年的"科技小巨人"政策引导下，创新区内科技型中小企业数量达到了8.8万家，其中有3900余家资产规模超过亿元。这些企业同样涉及许多高端制造行业，包括航天航空、专用设备、新材料、生物医药、汽车制造和电气机械等。河北省由于地域广阔，其高新区的分布离散程度相对更高，目前共有六个国家级高新区，包括石家庄、唐山、保定、承德、燕郊以及新成立的雄安新区。目前，国家级高新技术企业有1628家，优势产业主要分布在高端制造、生物医药和电子信息等领域。可以发现，北京在园区规模、企业数量和质量上远高于其他两地，且这种集聚效应有进一步放大的趋势。

第二，京津冀三地高新技术资源转移频率迅速提升。从京津冀三地跨区域投资与项目合作情况来看，各地在京津冀协同发展规划下的合作趋势显著。具体来看，2016年全年北京在天津的投资认缴总额达到899亿元，增幅达26%；在河北的投资认缴总额更是高达1140亿元，增幅为100%。天津从北京与河北两地引进高新技术投资项目2700个，投资总额接近2000亿元，占天津市实际利用内资总额的44%，其中北京与河北在滨海新区注册的项目数量就达到1021个，总投资额为1354亿元。这些项目中包含了多个有国企背景支持的高新技术项目，并依托项目在天津设立分公司甚至总部。河北作为主要项目的引进方，从北京和天津引进的高新技术项目达到4100余项，涉及资金3825亿元，且在近三年与北京、天津共同开发了55个科技园区、65个创新基地、157个创新平台，吸引了1300余家高新技术企业在河北落户。

（二）京津冀科技金融协作存在的问题

尽管目前京津冀三地科技研发和孵化资源呈相互流通趋势，但由于各地在科技投入、金融支持和政策协同等方面存在显著异质性，导致三地之间的科技金融发展存在明显差距。

从科技投入方面来看，北京、天津与河北由于产业结构的差异，使得企业在科技研发经费投入方面存在不同。从国家统计局公布的高新技术R&D经费投入情况来看，2007~2016年，北京高新技术企业R&D经费支出总额由320亿元上升至522亿元，天津高新技术企业R&D经费支出总额由43亿元上升至259亿元，而河北这一指标仅由26亿元上升至193亿元（见图1），尽管三地R&D经费投入均呈上升趋势，但北京无论是总量还是增速均遥遥领先于另外两地。而从投入结构上来看，北京科技投入资金主要来源于政府部门，天津与河北科技投入资金则主要来源于企业自身。在企业短期更加注重盈利能力的背景下，政府支持力度的大小对企业科技研发的动力支撑起到了关键作用。

从金融支持情况来看，以信贷为核心的传统金融服务对科技型企业的支撑存在结构性差异。以信息技术与软件服务和科研技术服务两大行业为例，2017年第一季度，北京市商业银行对信息技术及软件服务业的贷款余额达到1563.1亿元，占京津冀这一指标整体比重的90%；天津贷款余额为116.8亿元，而河北仅为57.8亿元，后两者的总体比重仅分别占整体的6.7%和6.3%。北京科研技术服务业贷款余额为223.3亿元，占比为66%，天津与河北的这一贷款余额分别为75.5亿元和36.6亿元，分别占比22.5%、10.9%。作为金融支持科技型企业发展的基础方式，北京企业所获得的银行信贷规模远远高于其他两地，而在金融支持政策存在地域门槛的约束下必然会进一步拉大三地之间科技型企业的发展差距。

从三地政策协调情况来看，目前在《京津冀协同发展规划纲要》的指

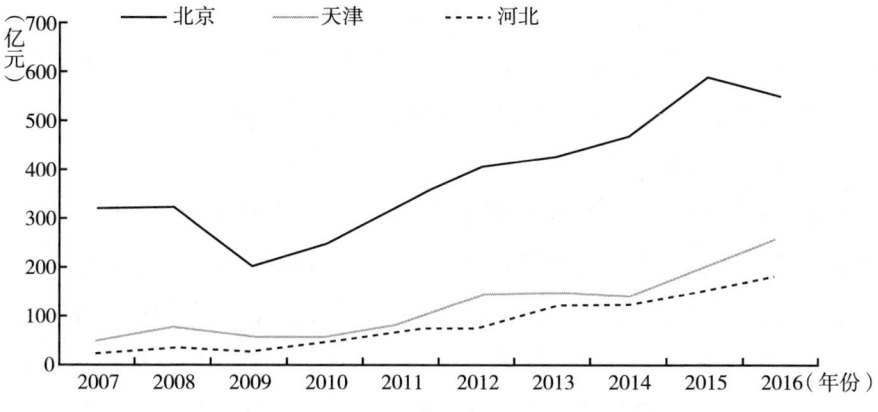

图1 京津冀三地 R&D 经费支出变化情况

资料来源：Wind 数据库。

导下各级政府通过出台相关文件对京津冀科技金融发展做出统筹与规划，如2016年印发的《京津冀协同发展人民银行三地协调机制》、2017年印发的《关于加快推进京津冀全面创新改革试验工作的通知》，文件中提到要构建跨区域的科技金融创新体系，但从实际操作和政策落地情况来看，仍然处于统筹研究等方面的基础性工作筹备进程当中，并无实质性进展。在金融辐射力度有限的约束下，技术溢出带动科技创新资本在区域间高效流动的效果并不显著，更加无法进一步提升知识和技术等内生增长要素自由流动。

三 京津冀科技金融协同发展的主要思路

从科技研发的过程来看，其核心在于通过对高新技术的研发和改进，使新技术能够在某种程度上提升生产与服务效率，并对依托该技术形成的产品进行规模化生产，最终使高新技术产业化。这其中所有的过程或步骤如果集中在某一城市中进行必然对当地政府形成巨大压力，并且在城市资源承载能力有限的情况下甚至可能成为城市发展的阻力。科技金融的协同发展宗旨在于通过对上述步骤进行合理的差异化分工，能够在缓解单一城市利用有限资源支撑科技金融发展压力的基础上提升金融支持科技型企业发展的效率，最大限度地优化高新技术的研发、实验、孵化和产业化过程，为区域科技创新乃至整个国家的技术水平进步提供全面而有效的解决方案。

当前阶段，京津冀三地科技金融协同发展仍处于起步阶段，但从京津冀的城市定位上来看已经可以发现未来三地科技金融的合作基础。北京的定位中包括科技创新中心，天津为金融创新运营示范区，而河北则是产业转型升级试验区。充分发挥三地在科学技术转变为生产力过程中的比较优势是实现科技金融协同发展的唯一路径。具体来看，北京、天津与河北的科技金融协同发展可遵循以下思路与定位（见图2）。

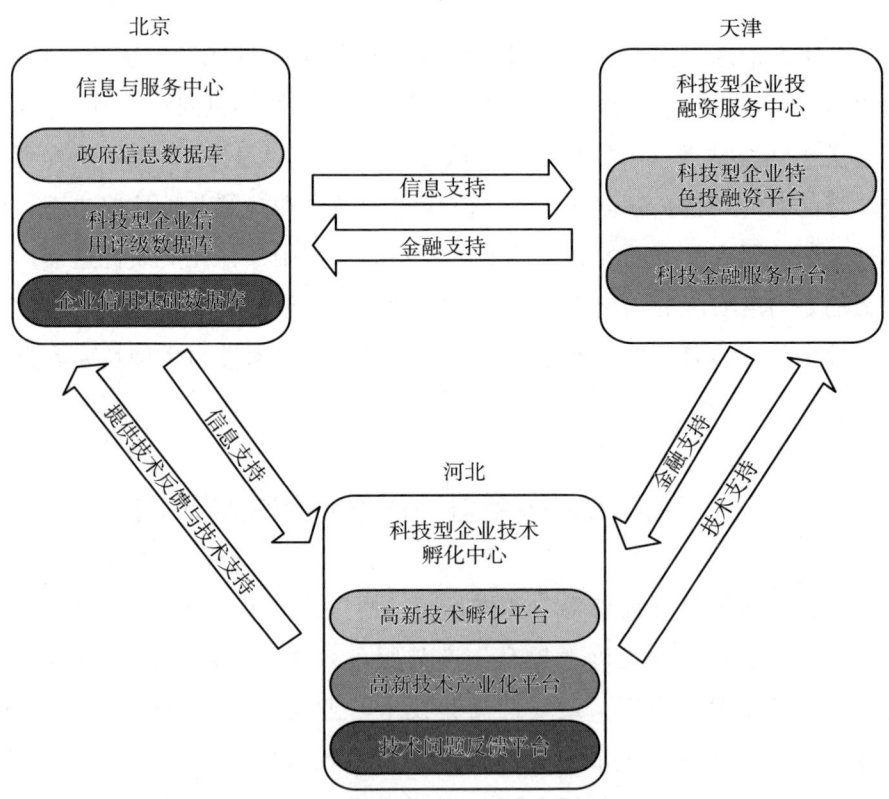

图2　京津冀科技金融协同发展的具体定位思路

北京应当依托中关村科技型企业集聚优势,建成科技金融的信息与服务中心。通过构建政府信息数据库、科技型企业信用评级数据库和企业信用基础数据库,打造科技型企业信息平台。在信息平台建设过程中,首先要通过多样化渠道(包括已经存在的和未来应当构建的)获取并整合高新技术企业的信用信息,构建完整的高新技术企业信用基础数据库;其次通过政策引导方式鼓励有融资需求的科技型企业主动参与外部信用评级,并设立第三方公司保存这些信用评级数据结果,建设信用评级数据库;最后以政府为主导,利用大数据技术整合科技信息、政策信息和人才信息等非金融信息,建设非金融信息平台,帮助企业快速并深刻地理解最新的科研、政策及人才相关信息。在各类信息平台建设完成后,通过公众媒体和信用中介机构提供信息输出渠道,以便提升科技金融市场的各类参与者之间的信息透明度,使北京成为科技金融协同发展的基础与核心。

天津应当依托非银行金融机构集聚优势,建成科技型企业投融资服务中心。尽管长期来看北京仍然是银行类金融机构的重要集聚地,但天津的金融服务在支持科技型企业发展时仍具有显著优势。一般情况下,科技型企业在种子期向成熟期发展过程中需要经历内源性融资—政府引导基金融资—风投资金—债权融资—股权融资这一梯形融资过程,这其中银行信贷融资仅占很小部分,大部分资金仍通过PE、VC或政府引导基金等方式进行筹集。这种特殊的融资过程为天津创造了极佳机遇。天津应当利用当前已经形成的新业态金融集聚优势:首先,积极探索"债券融资+股权融资"的融合型投融资模式,强化各类融资之间的协同合作,为科技型企业的整个发展周期提供链条式服务;其次,建设科技型企业特色投融资平台,强化科技型企业投融资过程的沟通与联合,以融资租赁、航运金融等金融业态为核心,打造科技金融在全国范围的品牌特色;最后,强化科技金融服务后台建设,利用科技金融服务平台,为科技型企业在资产估值、项目评估、风险预警等方面提供全方位支持,并以此承接北京金融服务机构的高端和区域性后台服务中心的转移。

河北应当充分发挥自身的土地资源与产业优势,建成科技型企业技术孵化中心。尽管河北省目前在支持科技型企业发展的投入与京津存在差距，但其丰富的土地资源可以为科技型企业所研发的技术成果孵化甚至产业化提供场所，有助于降低技术孵化和产业化过程中承担的成本。所形成的新技术在形成产业化规模后又能通过多种技术支持手段提高北京和天津的信息技术服务及投融资效率，形成良性循环。此外，技术孵化中心不仅是新技术实现产业化、提升生产效率的重要平台，同时也在科技金融信息与服务中心之间建立一套高效沟通的信息机制，为技术孵化过程中所遇到的技术性问题的反馈提供有效渠道。

四 京津冀科技金融协同发展的实施路径

从顶层设计来看，京津冀区域的科技金融协同发展强调要发挥各地在支持科技型企业产品研发、资金需求和技术产业化方面的比较优势，形成链式服务，最终打造完备的京津冀科技金融生态区。这一过程不仅需要京津冀三地各自制定符合自身定位的具体规划纲要，同时也要求各地政府、金融机构、技术型人才和企业之间形成相互沟通的长效机制。

第一，要完善科技金融发展的法律与政策体系。法律制度是保障经济发展和企业运营的基本要素，同样也是支撑京津冀科技金融协同发展的必要条件。京津冀三地应当在协同发展的战略框架下，建立经济、科技与金融的协同思路，构建针对科技金融协同发展的相关法律法规及政府支持机制，同时明确京津冀三地针对科技型企业发展的法律和政策，为科技型企业技术创新、金融服务和技术产业化提供良好的法制环境，同时也为科技金融活动提供更加明确的指引。

第二，各地政府需要强化科技金融协同发展的工作协调机制。在完善科技金融发展法律体系的基础上，应当建立各地政府支持科技型企业发展的联席会议制度，通过常态化沟通机制落实具体工作。具体来看，各地政府、人民银行以及监管部门之间应当成立科技金融工作协调小组，从京津冀全局出发，协调与配置科技型企业运营与发展过程中所需的各种资源。

第三，建立京津冀科技型企业发展联盟。以京津冀科技金融生态区为蓝本，纳入与科技型企业相关的所有部门，包括政府、金融机构、监管部门、科技型企业及高等院校，打造以协同创新为核心的科技型企业，发展联盟，为各部门、机构与高校提供技术研发、政策支持、金融服务和人才培养全面且专业的技术性平台，为构建京津冀区域内科技型企业的链式发展、提升信息透明度、防止出现重复竞争甚至恶性竞争提供高效交流与沟通平台，为最终打造京津冀科技金融生态区提供有效支撑。

社会科学文献出版社 | 皮书系列

✤ 皮书起源 ✤

"皮书"起源于十七、十八世纪的英国,主要指官方或社会组织正式发表的重要文件或报告,多以"白皮书"命名。在中国,"皮书"这一概念被社会广泛接受,并被成功运作、发展成为一种全新的出版形态,则源于中国社会科学院社会科学文献出版社。

✤ 皮书定义 ✤

皮书是对中国与世界发展状况和热点问题进行年度监测,以专业的角度、专家的视野和实证研究方法,针对某一领域或区域现状与发展态势展开分析和预测,具备原创性、实证性、专业性、连续性、前沿性、时效性等特点的公开出版物,由一系列权威研究报告组成。

✤ 皮书作者 ✤

皮书系列的作者以中国社会科学院、著名高校、地方社会科学院的研究人员为主,多为国内一流研究机构的权威专家学者,他们的看法和观点代表了学界对中国与世界的现实和未来最高水平的解读与分析。

✤ 皮书荣誉 ✤

皮书系列已成为社会科学文献出版社的著名图书品牌和中国社会科学院的知名学术品牌。2016年,皮书系列正式列入"十三五"国家重点出版规划项目;2013~2018年,重点皮书列入中国社会科学院承担的国家哲学社会科学创新工程项目;2018年,59种院外皮书使用"中国社会科学院创新工程学术出版项目"标识。

中国皮书网

（网址：www.pishu.cn）

发布皮书研创资讯，传播皮书精彩内容
引领皮书出版潮流，打造皮书服务平台

栏目设置

关于皮书：何谓皮书、皮书分类、皮书大事记、皮书荣誉、
皮书出版第一人、皮书编辑部

最新资讯：通知公告、新闻动态、媒体聚焦、网站专题、视频直播、下载专区

皮书研创：皮书规范、皮书选题、皮书出版、皮书研究、研创团队

皮书评奖评价：指标体系、皮书评价、皮书评奖

互动专区：皮书说、社科数托邦、皮书微博、留言板

所获荣誉

2008年、2011年，中国皮书网均在全国新闻出版业网站荣誉评选中获得"最具商业价值网站"称号；

2012年，获得"出版业网站百强"称号。

网库合一

2014年，中国皮书网与皮书数据库端口合一，实现资源共享。

权威报告·一手数据·特色资源

皮书数据库
ANNUAL REPORT(YEARBOOK) DATABASE

当代中国经济与社会发展高端智库平台

所获荣誉

- 2016年,入选"'十三五'国家重点电子出版物出版规划骨干工程"
- 2015年,荣获"搜索中国正能量 点赞2015""创新中国科技创新奖"
- 2013年,荣获"中国出版政府奖·网络出版物奖"提名奖
- 连续多年荣获中国数字出版博览会"数字出版·优秀品牌"奖

成为会员

通过网址www.pishu.com.cn访问皮书数据库网站或下载皮书数据库APP,进行手机号码验证或邮箱验证即可成为皮书数据库会员。

会员福利

- 使用手机号码首次注册的会员,账号自动充值100元体验金,可直接购买和查看数据库内容(仅限PC端)。
- 已注册用户购书后可免费获赠100元皮书数据库充值卡。刮开充值卡涂层获取充值密码,登录并进入"会员中心"—"在线充值"—"充值卡充值",充值成功后即可购买和查看数据库内容(仅限PC端)。
- 会员福利最终解释权归社会科学文献出版社所有。

卡号: 354991255664
密码:

数据库服务热线: 400-008-6695
数据库服务QQ: 2475522410
数据库服务邮箱: database@ssap.cn
图书销售热线: 010-59367070/7028
图书服务QQ: 1265056568
图书服务邮箱: duzhe@ssap.cn

S 基本子库
SUB DATABASE

中国社会发展数据库（下设12个子库）

全面整合国内外中国社会发展研究成果，汇聚独家统计数据、深度分析报告，涉及社会、人口、政治、教育、法律等12个领域，为了解中国社会发展动态、跟踪社会核心热点、分析社会发展趋势提供一站式资源搜索和数据分析与挖掘服务。

中国经济发展数据库（下设12个子库）

基于"皮书系列"中涉及中国经济发展的研究资料构建，内容涵盖宏观经济、农业经济、工业经济、产业经济等12个重点经济领域，为实时掌控经济运行态势、把握经济发展规律、洞察经济形势、进行经济决策提供参考和依据。

中国行业发展数据库（下设17个子库）

以中国国民经济行业分类为依据，覆盖金融业、旅游、医疗卫生、交通运输、能源矿产等100多个行业，跟踪分析国民经济相关行业市场运行状况和政策导向，汇集行业发展前沿资讯，为投资、从业及各种经济决策提供理论基础和实践指导。

中国区域发展数据库（下设6个子库）

对中国特定区域内的经济、社会、文化等领域现状与发展情况进行深度分析和预测，研究层级至县及县以下行政区，涉及地区、区域经济体、城市、农村等不同维度。为地方经济社会宏观态势研究、发展经验研究、案例分析提供数据服务。

中国文化传媒数据库（下设18个子库）

汇聚文化传媒领域专家观点、热点资讯，梳理国内外中国文化发展相关学术研究成果、一手统计数据，涵盖文化产业、新闻传播、电影娱乐、文学艺术、群众文化等18个重点研究领域。为文化传媒研究提供相关数据、研究报告和综合分析服务。

世界经济与国际关系数据库（下设6个子库）

立足"皮书系列"世界经济、国际关系相关学术资源，整合世界经济、国际政治、世界文化与科技、全球性问题、国际组织与国际法、区域研究6大领域研究成果，为世界经济与国际关系研究提供全方位数据分析，为决策和形势研判提供参考。

法律声明

"皮书系列"(含蓝皮书、绿皮书、黄皮书)之品牌由社会科学文献出版社最早使用并持续至今,现已被中国图书市场所熟知。"皮书系列"的相关商标已在中华人民共和国国家工商行政管理总局商标局注册,如LOGO( )、皮书、Pishu、经济蓝皮书、社会蓝皮书等。"皮书系列"图书的注册商标专用权及封面设计、版式设计的著作权均为社会科学文献出版社所有。未经社会科学文献出版社书面授权许可,任何使用与"皮书系列"图书注册商标、封面设计、版式设计相同或者近似的文字、图形或其组合的行为均系侵权行为。

经作者授权,本书的专有出版权及信息网络传播权等为社会科学文献出版社享有。未经社会科学文献出版社书面授权许可,任何就本书内容的复制、发行或以数字形式进行网络传播的行为均系侵权行为。

社会科学文献出版社将通过法律途径追究上述侵权行为的法律责任,维护自身合法权益。

欢迎社会各界人士对侵犯社会科学文献出版社上述权利的侵权行为进行举报。电话:010-59367121,电子邮箱:fawubu@ssap.cn。

社会科学文献出版社